# この本の特色としくみ

本書は，中学で学ぶ歴史の内容を３段階のレベルに分けた，ハイレベルな問題集です。各単元は，Step A（標準問題）と Step B（応用問題）の順になっていて，内容のまとまりごとに Step C（難関レベル問題）があります。また，巻末には「テーマ別問題」「総合実力テスト」を設けているため，総合的な実力を確かめることができます。

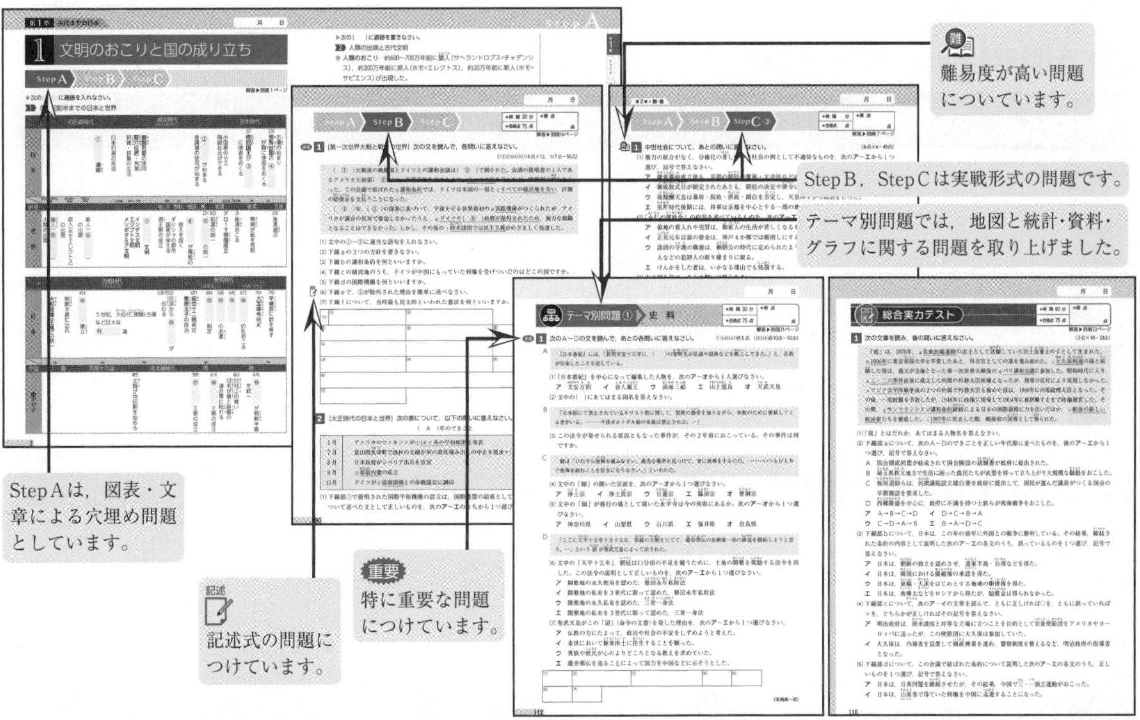


CONTENTS 目次

# 1 文明のおこりと国の成り立ち

Step A　Step B　Step C

解答▶別冊1ページ

▶次の ____ に適語を入れなさい。

## 1 8世紀前半までの日本と世界

| | 旧石器時代 | 縄文時代〔新石器時代〕 | 弥生時代 |
|---|---|---|---|
| 日本 | ① ____ 遺跡 / 日本列島の形成 / 磨製石器の使用 / 竪穴住居・貝塚 / 狩猟・採集の生活 | ② ____ が始まる / 金属器の使用が始まる / 小国家の分立 / 階級社会ができる | 57 倭奴国王が ③ ____ に使者をおくる / 239 古墳の始まり / 邪馬台国の ④ ____ が魏に使者をおくる |

約600〜700万年前　約200万年前　約20万年前　1万年前　6000〜3000　1000 〜 300　200　紀元前｜紀元後　100　200

中国：殷｜周｜春秋・戦国｜秦｜前漢｜後漢｜三国

| 世界 |
|---|
| 猿人（⑤ ____ ）/ 人類の出現 |
| 原人（ホモ＝エレクトス）の出現 |
| 新人（⑥ ____ ）の出現 |
| ⑦ ____ 文明 / インダス文明 / エジプト文明 / メソポタミア文明 |
| 殷の成立 |
| ギリシャの都市国家が栄える |
| ⑧ ____ が儒教の教えを説く |
| 221 ⑨ ____ の統一 |
| 202 前漢の統一 |
| 27 ローマ帝国成立 |
| 25 後漢おこる |
| 蔡倫が紙を発明 |
| 220 後漢滅ぶ |

| | 古墳時代（古墳文化） | 飛鳥時代（飛鳥文化） | （白鳳文化） |
|---|---|---|---|
| 日本 | 大和政権（王権）の統一 / 朝鮮半島に出兵 / 414 ⑩ ____ 建立 / 5世紀，大仙（仁徳陵）古墳など巨大な ⑪ ____ 墳 / 538（552）百済から ⑫ ____ が伝わる | 603 冠位十二階制定 / 聖徳太子の政治 / 604 ⑬ ____ 制定 / 630 ⑭ ____ の派遣 / 645 ⑮ ____ | 672 ⑯ ____ の乱おこる / 701 大宝律令制定 / 710 平城京に都を移す |

300　400　500　600　700

中国：晋｜五胡十六国｜南北朝時代｜隋｜唐

| 東アジア |
|---|
| 485 北魏が均田制を始める |
| 589 ⑰ ____ 王朝の成立 |
| 618 ⑱ ____ 王朝の成立 |
| 663 白村江の戦い / 日本が唐と新羅の連合軍に敗れる |
| 676 ⑲ ____ が朝鮮半島を統一 |

▶次の[　　]に適語を書きなさい。

## 2 人類の出現と古代文明

1 **人類のおこり**…約600～700万年前に猿人(サヘラントロプス=チャデンシス)，約200万年前に原人(ホモ=エレクトス)，約20万年前に新人(ホモ=サピエンス)が出現した。

2 **古代文明**…大陸の大河流域で[⑳　　　　]・メソポタミア・インダス・中国文明がおこった。

3 **中国文明**…黄河流域では，紀元前1600年ごろ殷という国が生まれ，のちの漢字のもととなる[㉑　　　　]が使われるようになった。

4 **中国の統一**…紀元前３世紀，秦の[㉒　　　　]が中国を統一し，**万里の長城**を築いた。ついで漢が中国を統一し，西方との交流でシルクロード(絹の道)が発達し，中国の絹が[㉓　　　　]に運ばれた。

5 **ギリシャ・ローマの文明**…紀元前８世紀ごろ，ギリシャでは都市国家([㉔　　　　])が生まれ民主政が行われた。紀元前４世紀にマケドニアの[㉕　　　　]の遠征でギリシャ文明が東方に広まり[㉖　　　　]文化が栄えた。その後，紀元前１世紀には[㉓]が地中海一帯を支配した。

⑳
㉑
㉒
㉓
㉔
㉕
㉖

## 3 日本のあけぼの

1 **日本の始まり**…氷河時代の日本は大陸と陸続きであったが，今から約１万年前に大陸から切り離され，現在のような日本列島となった。

2 **旧石器時代**…岩かげや洞穴に住み，**打製石器**を使い主に狩りや漁，木の実などの採集をしていた。

3 **縄文時代**…[㉗　　　　]に住み，主に狩りや漁，木の実などの採集をしていた。石を鋭く磨いた[㉘　　　　]石器や，**縄文土器**が使用された。

4 **弥生時代**…水田耕作が行われ，**石包丁**で稲穂をつみ取り，[㉙　　　　]に蓄えた。**青銅器・鉄器**が使用され，縄文土器よりも薄くて，かざりの少ない**弥生土器**がつくられた。

㉗
㉘
㉙

## 4 くにのおこり

1 **むらからくにへ**…紀元前後のころ，日本は倭とよばれ100余国に分かれていた。１世紀半ば，奴の国王が漢に使いを送り，皇帝から金印を授かった。

2 **邪馬台国**…３世紀，女王[㉚　　　　]が治め，30ほどの小国を従えていた**邪馬台国**が魏に使いを送った。

3 **大和政権(王権)**…５世紀ごろまでに，九州から東北南部までを支配した。

㉚

## 5 聖徳太子の政治と律令政治の始まり

1 **聖徳太子の政治**…[㉛　　　　]天皇の摂政として政治の立て直しをはかり，才能や功績のある人を役人に取り立てるため[㉜　　　　]を定めた。また，役人の心得を示した[㉝　　　　]を定め，**小野妹子**を[㉞　　　　]として中国に送った。

2 **大化の改新**…645年，[㉟　　　　]と**中臣鎌足**らは蘇我氏を滅ぼし，**大化の改新**といわれる政治の改革を始めた。大化の改新では，土地や人民を，国家が直接支配する[㊱　　　　]という方針が打ち出された。

㉛
㉜
㉝
㉞
㉟
㊱

Step A　Step B-①　Step C

| ●時 間 30 分 | ●得 点 |
| --- | --- |
| ●合格点 75 点 | 点 |

解答▶別冊１ページ

## 1 [日本のあけぼの] 次の各問いに答えなさい。

(8点×5－40点)

(1) 右のア～エは，旧石器時代から古墳時代までの，各時代を代表する遺物とそれぞれの遺物がつくられたころの時代の説明を書いたカードである。旧石器時代にあてはまるものを，ア～エから１つ選び，記号で答えなさい。

**ア**

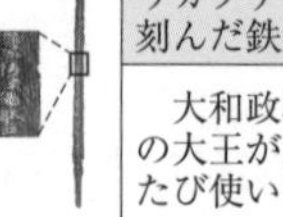

ワカタケル大王の名を刻んだ鉄剣(部分)

大和政権(大和王権)の大王が，中国にたびたび使いを送った。

**イ**

亀ヶ岡遺跡(青森県)で発見された土偶

日本列島では，表面に縄目のような文様がある土器がつくられていた。

**ウ**

岩宿遺跡(群馬県)から発見された道具

地球は氷河時代で，日本列島は大陸と陸続きだった。

**エ**

「漢委奴国王」と刻まれた金印

中国の歴史書によると，日本列島には，多くの小さな国が各地にできていた。

(2) Ｔさんの学校の近くには，今から5000年ほど前の遺跡がある。この遺跡で見られると考えられるものを，次のア～エから１つ選び，記号で答えなさい。

**ア**　水田のあぜ道や水路のあと　　**イ**　住居の柱が立てられていた穴

**ウ**　方形と円形を組み合わせた形の古墳　　**エ**　ごばん目状に区切られた都市のあと

(3) 次の図は，Ｔさんが夏休みの自由研究で，縄文時代と弥生時代の「人々の食と生活」を調べ，カードにまとめたものである。これを見て，次の問いに答えなさい。

| ○ | 時代 | 人々の食と生活 |
| --- | --- | --- |
| | 縄文 | a土器がつくられ，新たな方法で調理が行われるようになった。 |

| ○ | 時代 | 人々の食と生活 |
| --- | --- | --- |
| | 弥生 | b大陸から伝わった稲作が広まっていった。 |

①下線部ａに関して，右の写真１のような土器を使って行われるようになった調理の方法のうち，主なものを１つ書きなさい。

②下線部ｂに関して，収穫した稲を蓄えた，右の写真２のようなつくりの倉庫を何といいますか。

③下線部ｂに関して，稲作は現在の何地方から広まったか。次のア～エから１つ選び，記号で答えなさい。

**ア**　九州地方　　**イ**　四国地方

**ウ**　東北地方　　**エ**　北海道地方

写真１

写真２

| (1) | (2) | (3) ① | ② | ③ |
| --- | --- | --- | --- | --- |
| | | | | |

〔岡山一改〕

## 重要 2 [聖徳太子の政治と律令政治の始まり] 次のＡとＢの文を読んで，あとの各問いに答えなさい。

((4)8点，他7点×4－36点)

Ａ 推古天皇の摂政となった聖徳太子は，政治を改革するために冠位十二階の制度を設けたり，①十七条の憲法を定めたりした。

Ｂ ②中大兄皇子らは，唐から帰国した留学生らの協力を得て，唐の律令制にならった政治改革を開始した。

(1) 下線部①の十七条の憲法は，だれの心構えを示したものか。次の**ア**～**エ**から1つ選び，記号で答えなさい。

**ア** 農民　**イ** 僧　**ウ** 役人　**エ** 天皇

(2) 下線部②の中大兄皇子（なかのおおえのおうじ）について述べた文として正しいものを，次の**ア**～**エ**から1つ選び，記号で答えなさい。

**ア** 壬申（じんしん）の乱に勝利した。　**イ** 中臣鎌足（なかとみのかまたり）らとともに蘇我（そが）氏を倒（たお）した。

**ウ** 大宝律令（たいほうりつりょう）を定め，政治のしくみを整えた。　**エ** 中国の南朝に，たびたび使いを送った。

(3) Aの文のころ，都を中心に仏教をもとにした文化が栄えたが，この文化を何といいますか。また，この文化の代表的な仏像が所蔵されている建物を，次の**ア**～**エ**から1つ選びなさい。

**ア** 金閣（きんかく）　**イ** 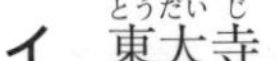東大寺（とうだいじ）　**ウ** 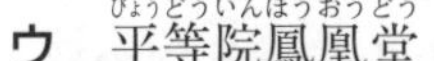平等院鳳凰堂（びょうどういんほうおうどう）　**エ** 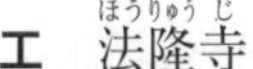法隆寺（ほうりゅうじ）

(4) 次の**ア**～**エ**は，Bの文から平城京（へいじょうきょう）に都が移されるまでにおこったできごとである。**ア**～**エ**を年代の古い順に並べかえ，左から記号で答えなさい。

**ア** 百済（くだら／ペクチェ）を助けるために大軍を送ったが，新羅（しらぎ／シルラ）・唐（とう）の連合軍に大敗した。

**イ** 大宝律令がつくられ，天皇を頂点とする国家のしくみができあがった。

**ウ** 天武（てんむ）天皇の死後，奈良盆地（ならぼんち）の南部に藤原京（ふじわらきょう）がつくられた。

**エ** 中大兄皇子が大津（おおつ）で即位（そくい）して天智（てんじ）天皇となり，全国の戸籍（こせき）をつくった。

| (1) | (2) | (3) 文化 | 建物 | (4) |
|---|---|---|---|---|
| | | | | → → → |

〔沖縄―改〕

## 3 [飛鳥（あすか）時代] 次の各問いに答えなさい。　(8点×3－24点)

(1) 日本で初めて年号が定められたのは，7世紀中ごろに行われた政治改革のときであるという。何という年号か。漢字で答えなさい。

(2) 7世紀の日本について述べた文として，誤っているものを1つ選び，記号で答えなさい。

**ア** 天皇のおいの聖徳太子は，冠位（かんい）十二階の制度を定め，家柄（いえがら）にとらわれず，才能や功績のある人を役人に取り立てようとした。

**イ** 中大兄皇子と中臣鎌足は，蘇我蝦夷（そがのえみし）・入鹿（いるか）の親子を倒し，朝廷（ちょうてい）や地方の組織を改め，権力の集中を目指した。

**ウ** 白村江（はくすきのえ／はくそんこう）の戦いに勝利した中大兄皇子は，難波宮（なにわのみや）で即位して天智天皇となり，国内の改革を進めた。

**エ** 皇位を巡（めぐ）る争いに勝利して即位した天武天皇の没後（ぼつご），皇后（こうごう）の持統（じとう）天皇が即位し，藤原京をつくるなど律令制度を実施（じっし）する準備を整えた。

(3) 次の中で，年号ではなく，干支（えと）にあたるものはどれか。1つ選び，記号で答えなさい。

**ア** 保元（ほうげん）　**イ** 文永（ぶんえい）

**ウ** 慶長（けいちょう）　**エ** 戊辰（ぼしん）

| (1) | (2) | (3) |
|---|---|---|
| | | |

〔帝塚山学院泉ケ丘高―改〕

Step A　Step B-②　Step C

| ●時 間 30 分 | ●得 点 |
|---|---|
| ●合格点 75 点 | 点 |

解答▶別冊 2 ページ

**1** [古代国家の歩み] 次の文章の空欄に適切な語または数字を入れなさい。 (5点×8−40点)

漢字文化圏では，甲(コウ・きのえ)乙(オツ・きのと)などの十干と，子(シ・ね)丑(チュウ・うし)寅(イン・とら)などの十二支を組み合わせた干支(カンシ・えと)とよばれる，60の組み合わせで，古くから年や日を表してきた。

日本列島では，( ① )世紀に漢字が受け入れられ，干支による年の表記も使用されだしたとされる。この世紀には，関東地方まで( ② )の支配が及んでいたことを裏付けるものとして，埼玉県の稲荷山古墳から出土した鉄剣の銘文があげられるが，この中には辛亥(シンガイ・かのとい)年という言葉がすでに使用されている。干支表記によれば60年ごとに同じ組み合わせが巡ってくるのであり，満60歳(数え61歳)を還暦というのはこれに由来する。

( ③ )年，(②)を事実上支配していた( ④ )氏が滅ぼされた事件は，この年の干支により乙巳の変ともよばれ，また中大兄(天智天皇)の死後，弟の( ⑤ )皇子と子の大友皇子が権力を争った( ⑥ )年の内乱は，( ⑦ )の乱とよばれている。

( ⑧ )年，大宝という元号(年号)の制定後，元号による紀年法(年の表記)が定着すると，事物や事件をその時の元号を冠してあらわすことが多くなる。

| ① | ② | ③ | ④ |
|---|---|---|---|
| ⑤ | ⑥ | ⑦ | ⑧ |

〔同志社高〕

**2** [東アジアの動きと日本] 次のA，Bの文章を読んで，あとの問いに答えなさい。 (5点×3−15点)

A 北京が記録に初めて登場するのは，今から3000年ほど前の①春秋・戦国時代である。北京は諸侯が治めた国の1つ，燕の国の都で，当時薊とよばれていた。②前漢の歴史家司馬遷の『史記』によると，この都市は東北の異民族地域とつながる軍事・経済上の重要な基地として発展した。

B『三国志』の英雄劉備が活躍した3世紀の三国時代から6世紀の南北朝時代まで，中国は分裂していた。この分裂を終わらせた③隋という王朝は，薊を通る運河をつくった。

(1) 下線部①について，春秋・戦国時代の中国では『諸子百家』とよばれる思想家たちが活躍した。このうち，日本にも大きな影響を与えた儒家という学派の創始者の名を答えなさい。

(2) 下線部②について，前漢の時代の中国と日本の関係について述べた文として正しいものを，次の**ア**～**エ**から1つ選び，記号で答えなさい。

**ア**　倭の奴国の王が，中国の皇帝からその支配を認める金印を授けられた。

**イ**　倭は多くの小国に分かれ，なかには楽浪郡に使いを送る国もあった。

**ウ**　倭の五王(讃・珍・済・興・武)が，あいついで中国に使いを送った。

**エ**　倭の女王卑弥呼が，中国の皇帝に使いを送り，多くの銅鏡を授けられた。

(3) 下線部③について，隋の時代の日本では，聖徳太子(厩戸皇子)が中心となって政治を行っていた。太子が，役人の心がまえを定めた制度を何といいますか。

| (1) | (2) | (3) |
|---|---|---|

〔洛南高〕

## 要 3 [飛鳥時代] 次の文章を読んで，あとの問いに答えなさい。 ((3)3点，他4点×3−15点)

推古天皇の時代には，①日本を取り巻く東アジアの様子は大きく変化した。そのような中で推古天皇は，おいの厩戸皇子を摂政とし，また，叔父の蘇我馬子らに助けられて政治を行ったが，その政治は②それまでの大和政権のしくみを大きく変えようとするものであった。このような政治改革はのちに③大化の改新に引き継つがれ，中央集権的な政治体制がつくられていくことになった。

(1) 下線部①について，推古天皇の時代の日本と中国の関係を述べた以下の文章のうち，正しいものを1つ選び，記号で答えなさい。

**ア** 日本は中国に使いを送り，朝鮮半島南部を支配する地位を認めてもらおうとした。

**イ** 日本は中国に使いを送り，「漢委奴国王」と刻まれた金印を授けられた。

**ウ** 日本は中国に使いを送り，「親魏倭王」の称号を与えられた。

**エ** 日本は中国に使いを送り，対等の立場で外交を行おうとした。

(2) 下線部②について，この時代に新たにつくられた制度の中に冠位十二階の制度がある。この制度に関する次の文章の空欄( a )・( b )に，適当な語句を補って文章を完成させなさい。

それまでは，豪族は氏ごとの地位を表す( a )を与えられて，代々決まった仕事で集団ごとに政権に奉仕していたが，冠位十二階の制度により豪族は個人の( b )や功績に応じて冠位を与えられ，それに応じた仕事を行った。

(3) 下線部③について，以下の史料のうち大化の改新に直接関係のあるものを1つ選びなさい。

**ア** 和をもって貴しとなし，さからうことなきを宗とせよ。

**イ** 大君は神にしませば　赤駒のはらばう田井を　都となしつ

**ウ** 初めて戸籍・計帳・班田収授法をつくれ。

**エ** 新たに溝池をつくり開墾を営むものあらば，多少に限らず給して三世に伝えしむ。

| (1) | (2) | a | b | (3) |
|---|---|---|---|---|
| | | | | |

〔愛光高〕

## 4 [中国の古代国家] 次の文章を読んで，あとの問いに答えなさい。 (5点×6−30点)

黄河中流の黄土地帯では，早くから農耕や牧畜が行われていた。紀元前1600年ごろ，( ① )の国がおこり，占いによる政治が行われ，占いには〔 a 〕文字が用いられた。紀元前1100年ごろ，(①)を倒した( ② )では，一族や家臣に土地を与え各地を支配させた。紀元前8世紀ごろから各地の支配者の力が強まり，分裂して争う( ③ )時代になった。〔 b 〕農具が使われ，牛耕も行われたため，農業生産が増え商工業も盛んになった。また多くの思想家が現れ，その後の東アジアの政治と文化に大きな影響を与えた。紀元前221年，( ④ )が中国を統一し，やがて漢にかわった。

(1) ( ① )〜( ④ )に適切な語句を，次の**ア〜コ**から選び，記号で答えなさい。

**ア** 明　**イ** 唐　**ウ** 殷　**エ** 宋　**オ** 周　**カ** 隋　**キ** 秦　**ク** 南北朝

**ケ** 春秋・戦国　**コ** 三国

(2)〔 a 〕・〔 b 〕に適切な語句を，漢字で答えなさい。

| (1) | ① | ② | ③ | ④ | (2) | a | b |
|---|---|---|---|---|---|---|---|
| | | | | | | | |

〔ラ・サール高〕

# 2 律令政治の確立と摂関政治

Step A　Step B　Step C

解答▶別冊2ページ

▶次の　　に適語を入れなさい。

## 1 8世紀前半～12世紀後半の日本と世界

**日本**（奈良時代〈天平文化〉→平安時代〈国風文化〉）

|  |  |
|---|---|
| 710 | 平城京に都を移す |
| 723 | ① 　　の制定 |
| 743 | ② 　　の制定 |
| 784 | 長岡京に都を移す |
| 794 | ③ 　　に都を移す |
| 858 | ④ 　　が摂政となる |
| 894 | ⑤ 　　が遣唐使を停止 |
| 935 | 平将門の乱がおこる |
| 939 | 藤原純友の乱がおこる |
| 1051～62 | ⑥ 　　合戦 |
| 1086 | ⑦ 　　が院政を始める |
| 1156 | ⑧ 　　の乱おこる |
| 1159 | ⑨ 　　の乱おこる |
| 1167 | 平清盛が ⑩ 　　になる |

700　800　900　1000　1100　1200

**中国**：唐／五代／北宋／金・南宋

**世界**

|  |  |
|---|---|
| 751 | イスラム帝国が中央アジアで唐と戦う |
| 755～63 | 安史の乱 |
| 875～84 | 黄巣の乱 |
| 907 | ⑪ 　　が滅ぶ |
| 936 | ⑫ 　　が朝鮮を統一 |
| 962 | 神聖ローマ帝国成立 |
| 1038 | アラブ地域にセルジューク朝建国 |
| 1096 | ⑬ 　　の遠征が始まる |
| 1127 | 宋(北宋)が滅ぶ |

## 2 律令による役所のしくみ

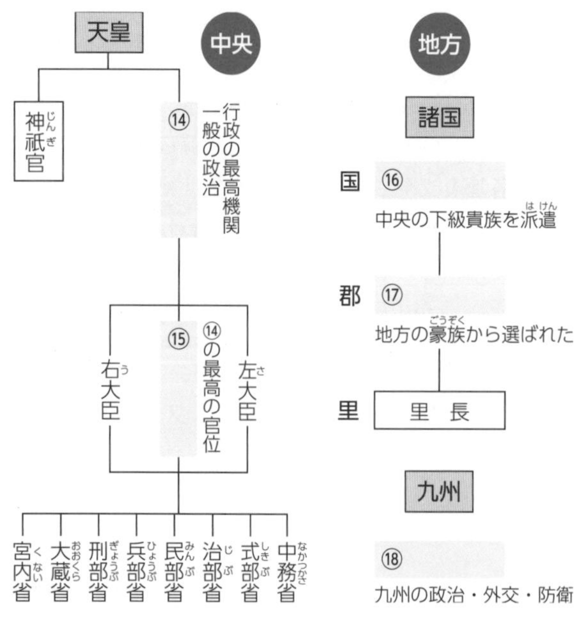


## 3 農民の負担

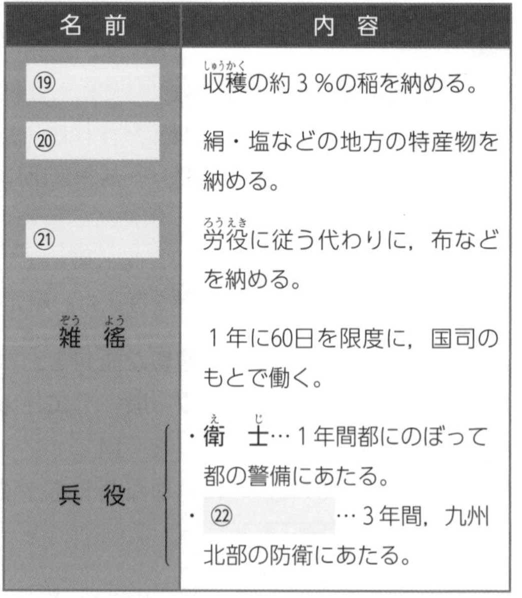

| 名前 | 内容 |
|---|---|
| ⑲ | 収穫の約3％の稲を納める。 |
| ⑳ | 絹・塩などの地方の特産物を納める。 |
| ㉑ | 労役に従う代わりに，布などを納める。 |
| 雑徭 | 1年に60日を限度に，国司のもとで働く。 |
| 兵役 | ・衛士…1年間都にのぼって都の警備にあたる。<br>・㉒ 　　…3年間，九州北部の防衛にあたる。 |

▶次の[　　]に適語を書きなさい。

## 4 律令国家の成立

1 **律令政治の完成**…701年，[㉓　　　　]が完成し，律令にもとづく政治体制が整った。中央に２官８省の役所をおき，九州には**大宰府**をおいた。地方は中央の貴族を**国司**として派遣し，その下に**郡司**などをおいた。

2 **奈良の都**…元明天皇のときに，唐の長安にならって[㉔　　　　]がつくられ，710年に**藤原京**から都を移した。

3 **聖武天皇の政治**…仏教の力で国の平安を保とうとし，国ごとに**国分寺**と国分尼寺を，都に総国分寺として[㉕　　　　]を建て，**大仏**を建立した。

4 **農民のくらし**…**班田収授法**により**口分田**を与えられた農民には，**租・調・庸**の税や兵役・労役が課せられた。

5 **開墾の奨励**…人口が増加し，口分田が不足して班田収授の実施が困難になったため，朝廷は723年に三世一身法を定め，20年後に[㉖　　　　]を制定し，墾田の私有を認めた。これにより**公地公民**の原則は崩れ**荘園**が増加した。

㉓＿＿＿＿

㉔＿＿＿＿

㉕＿＿＿＿

㉖＿＿＿＿

## 5 平安の都と摂関政治

1 **平安京**…[㉗　　　　]天皇は律令体制を立て直そうと，794年，平安京に都を移した。

2 **東北地方の支配**…朝廷は**坂上田村麻呂**を[㉘　　　　]に任命し，蝦夷の反乱をおさえて，東北地方の支配をかためた。

3 **摂関政治**…藤原氏は，天皇が幼いときは[㉙　　　　]として，また成人になると[㉚　　　　]として，天皇に代わって政治を行った。最盛期を迎えたのは**藤原道長**・[㉛　　　　]の父子のときである。

㉗＿＿＿＿

㉘＿＿＿＿

㉙＿＿＿＿

㉚＿＿＿＿

㉛＿＿＿＿

## 6 武士のおこりと成長

1 **武士の発生**…豪族や有力な名主は，自分の土地を守り勢力を広げるために，一族の者や家来に武芸を習わせ，やがて**武士団**を組織していった。

2 **武士の成長**…武士の勢力が強くなった10世紀の中ごろになると，関東では[㉜　　　　]が，瀬戸内海では[㉝　　　　]があいついで反乱をおこしたが，いずれも武士によって平定された。また，11世紀の後半には，東北地方で**前九年合戦**と**後三年合戦**がおきたが，この２度の争乱は東国の武士を率いた源義家らによって平定された。

㉜＿＿＿＿

㉝＿＿＿＿

## 7 院政と平氏の政治

1 **院　政**…後三条天皇のあとをついだ[㉞　　　　]天皇は，1086年に位を譲って上皇となってからも政治を行った。この政治を[㉟　　　　]という。

2 **平清盛の政治**…1156年の**保元の乱**，1159年の**平治の乱**に勝利した平清盛は，武士として初めて[㊱　　　　]となり政権を握った。一族で高位高官を独占し，多くの国々と荘園を支配した。

3 **日宋貿易**…平清盛は**兵庫の港**(大輪田泊)を整備し，日宋貿易をすすめた。

㉞＿＿＿＿

㉟＿＿＿＿

㊱＿＿＿＿

月　日

Step A　Step B-①　Step C

| ●時 間 30 分 | ●得 点 |
| --- | --- |
| ●合格点 75 点 | 点 |

解答▶別冊 2 ページ

## 1 [奈良時代の貴族と農民] 次の文を読んで，あとの問いに答えなさい。 （7点×5－35点）

A 平城京がつくられたころ，中央政府は(　　)法にもとづき，6年ごとにつくられる戸籍によって，6歳以上の人に口分田を与え，税などを課していた。その後，自然災害や人口増加などによって口分田が不足してきたため，中央政府は，8世紀中ごろに B 新しい法を定め，問題の解決をはかろうとした。

(1) 文中の(　)に適する語を，漢字4字で書きなさい。

(2) 下線部Aのころ，都やその周辺で使用されていたといわれている貨幣を，次の**ア**～**エ**から1つ選び，記号で答えなさい。

**ア** 　**イ**　**ウ** 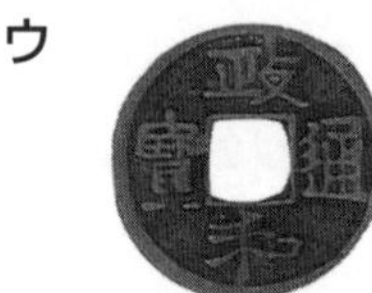　**エ** 

(3) 下線部Bの内容を，次の**ア**～**エ**から1つ選び，記号で答えなさい。

**ア**　農地の広さやその良し悪しを調べ，それに応じた税を課す。

**イ**　町人の財力を利用して農地を開発するとともに，税率を引き上げる。

**ウ**　せまい農地を，広い区画の農地に整理しなおす。

**エ**　新しく開墾した農地を永久に私有することを認める。

(4) 下線部Bの法令名を漢字7字で書きなさい。

(5) この時代，3年間，九州北部の警備にあたった兵士のことを何といいますか。

| (1) | (2) | (3) | (4) |
| --- | --- | --- | --- |
| (5) | | | |

〔富山一改〕

## 重要 2 [重要な人物] 次の資料1・2を見て，あとの問いに答えなさい。 （7点×5－35点）

資料1　聖武天皇

[ A ]時代の天皇で，724年に即位し，仏教の力で国を守ろうとした。当時の都では，a 中国との交流を通じて，国際色豊かな文化が栄えた。

資料2　平清盛

1167年，武士として初めて[ B ]の地位についた。中国との貿易による利益を得るため，b 兵庫の港(大輪田泊)を整備した。

(1) 資料1のAにあてはまる最も適切な時代を，次の**ア**～**エ**から1つ選びなさい。

**ア** 古墳　**イ** 飛鳥　**ウ** 奈良　**エ** 平安

(2) 資料1の下線部aについて，中国のこの時期の王朝名を答えなさい。

(3) 資料２のＢにあてはまる用語として最も適切なものを，次の**ア**～**エ**から１つ選びなさい。

**ア** 太政大臣　**イ** 大王　**ウ** 摂政　**エ** 関白

(4) 資料２の下線部ｂについて，兵庫の港(大輪田泊)がある地点はどこか。右の地図中の**ア**～**エ**から１つ選びなさい。

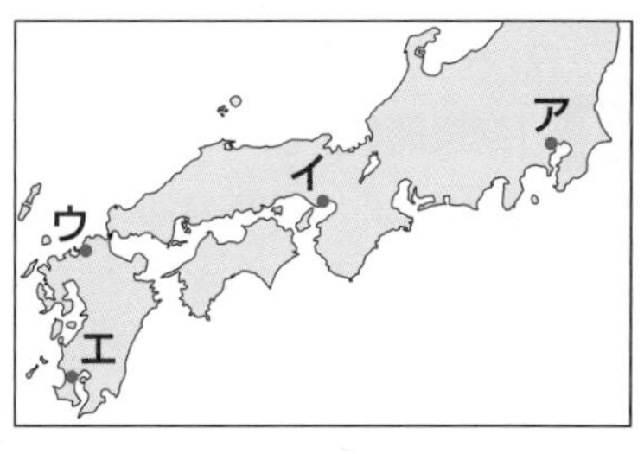


(5) 資料２に最も近い時期のできごとを，次の**ア**～**エ**から１つ選び，記号で答えなさい。

**ア** 源頼朝が守護・地頭の設置を朝廷に認めさせた。

**イ** 開墾した田地の永年私有が認められた。

**ウ** 藤原道長が摂政となり，実権を握った。

**エ** 白河上皇による院政が始まった。

| (1) | (2) | (3) | (4) | (5) |
|---|---|---|---|---|
| | | | | |

〔新潟―改〕

## 3 [古代国家の歩みと東アジア] 右の略年表を見て，各問いに答えなさい。 (10点×3―30点)

(1) 次の**ア**～**エ**は，年表中のＡの期間におこった武士の勢力伸長にかかわるできごとである。年代の古い順に左から並べて，その記号で答えなさい。

| 年代 | できごと |
|---|---|
| 710 | a 平城京に都を移す |
| 1016 | b 藤原道長が摂政になる |
| | ↑ Ａ ↓ |
| 1192 | 源頼朝が征夷大将軍になる |

**ア** 保元の乱，平治の乱がおこる。

**イ** 平清盛が太政大臣になる。

**ウ** 源頼朝が守護・地頭の設置を認められる。

**エ** 前九年合戦，後三年合戦がおこる。

(2) 年表中の下線部ａに関して，奈良時代の国内政治，文化および当時の朝鮮半島の統一国家について，右の表の①～③の組み合わせとして正しいものを，次の**ア**～**エ**から１つ選び，記号で答えなさい。

| ①国内政治 | ②文化 | ③朝鮮半島 |
|---|---|---|
| 1　冠位十二階の制定 | 1　唐招提寺の鑑真像 | 1　高句麗(コグリョ) |
| 2　三世一身法の制定 | 2　広隆寺の弥勒菩薩像 | 2　百済(ペクチェ) |
| 3　御成敗式目の制定 | 3　平等院の阿弥陀如来像 | 3　新羅(シルラ) |

**ア** ①―1　②―2　③―3　**イ** ①―2　②―3　③―2

**ウ** ①―2　②―1　③―3　**エ** ①―3　②―2　③―1

(3) 年表中の下線部ｂの人物に関して，当時の貴族は，右の写真のような屋敷に住んでいた。写真に見られる住居の建築様式を書きなさい。また，下線部ｂの人物の説明として正しいものを，次の**ア**～**エ**から１つ選び，記号で答えなさい。

**ア** 約50年にわたり，摂政・関白の地位を独占した。

**イ** 左大臣菅原道真を失脚させた。

**ウ** 伴・紀氏などを排斥し，皇室以外で初めて摂政となった。

**エ** 娘を次々に皇妃や皇太子妃とし，３代の天皇の外祖父となった。

| (1)　→　→　→ | (2) | (3) | |
|---|---|---|---|
| | | | |

〔茨城―改〕

Step A　Step B-②　Step C

| ●時間 30 分 | ●得点 |
| --- | --- |
| ●合格点 75 点 | 点 |

解答▶別冊 3 ページ

重要 **1** [奈良時代] 次の和歌について，あとの問いに答えなさい。(漢字で答えること。) (6点×5−30点)

A あおによし寧楽の都は咲く花の　におうがごとくいま盛りなり

B 韓衣裾にとりつき泣く子らを　置いてぞ来ぬや母なしにして

(1) Aの寧楽(奈良)の都を何といいますか。

(2) (1)の都は中国(唐)の何という都にならってつくられましたか。

(3) 都を奈良に移したのは西暦何年のことですか。

(4) Bの歌は北九州の守りにつく兵士が，子どもとの別れの悲しみをうたったものである。このような兵士のことを何といいますか。

(5) A・Bの歌は何という歌集に収められていますか。

| (1) | (2) | (3) | (4) |
| --- | --- | --- | --- |
| (5) | | | |

〔大阪体育大浪商高〕

**2** [平安時代] 次の文を読んで，あとの問いに答えなさい。 ((3)6点，他8点×2−22点)

日本における「茶」の歴史は，一説によれば，a 平安時代の b 9世紀に最澄が唐から茶の実を持ち帰り，比叡山の山麓に植えたことに始まる。その後，近畿地方で茶樹が植えられ朝廷に献上されたが，c 遣唐使停止以後，栽培が一時中断したとされる。

(1) 下線部aについて，平安時代におきた次の**ア**～**エ**のできごとについて，おこった順に並べなさい。

**ア**　平治の乱で勝利した平清盛が武士としてはじめて政治の実権を握った。

**イ**　平将門が関東で，藤原純友が瀬戸内海地方を中心に乱をおこした。

**ウ**　藤原頼通が平等院鳳凰堂をつくった。

**エ**　院政が白河上皇によって開始された。

(2) 下線部bについて，「9世紀」とは，西暦何年から何年までか。

(3) 下線部cについて，遣唐使派遣停止の意見を天皇に提出し，のちに都から大宰府に追放された人物名を答えなさい。

〔プール学院高—改〕

**3** [古代国家の歩み] 次の問いに答えなさい。 (8点×3−24点)

(1) 奈良時代の様子についての内容として誤っているものを，次の**ア**～**エ**から1つ選び，記号で答えなさい。

**ア**　農民にはさまざまな税や兵役の負担が重くのしかかり，よその土地に逃げる者もいた。

**イ**　戸籍に登録された6歳以上のすべての人に口分田が与えられ，死後，返すことになっていた。

**ウ**　氏や姓にとらわれず，才能や功績のある個人を役人に取り立てる制度がつくられた。

**エ**　東大寺の正倉院には，聖武天皇や光明皇后の遺品や大仏開眼供養の品々が納められた。

(2) 右の写真は，平安時代の末期に，ある一族が守護神として信仰していた神社である。その一族について書かれている文として誤っているものを，次の**ア**～**エ**から1つ選び，記号で答えなさい。

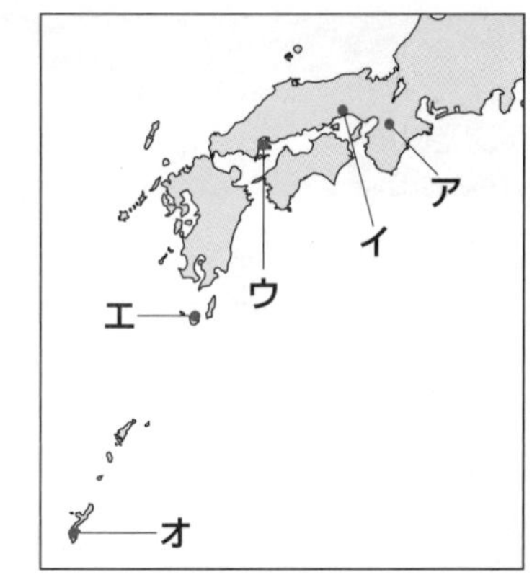


**ア** 源氏とならんで有力な武士団を形成していた。
**イ** 兵庫の港を整え，日宋貿易を積極的に行った。
**ウ** 多くの荘園を支配し，権勢をほこった。
**エ** 上皇となって院政を行う人物もあらわれた。

(3) 上の写真の建物のある神社の場所を，右上の略地図中の**ア**～**オ**から1つ選び，記号で答えなさい。

| (1) | (2) | (3) |
|---|---|---|
| | | |

〔徳島─改〕

**4** **[藤原氏から上皇へ] 次の文章を読んで，あとの問いに答えなさい。** (8点×3−24点)

> 桓武天皇は，新しい都で政治を立て直そうとして，A 都を平安京に移した。その後，朝廷では，B 藤原氏が勢力を強め，政治の実権を握るようになった。
> 11世紀末には，藤原氏中心の政治から，C 上皇中心の政治へと変化した。

(1) 下線部Aに関して，桓武天皇が都を平安京に移した理由として正しいものを，次の**ア**～**エ**から1つ選び，記号で答えなさい。

**ア** 壬申の乱後の混乱の中，都を移すことで天皇の権威を示そうとしたため。
**イ** 武士が政治の上で大きな力をふるうようになり，争いがおこったため。
**ウ** 大宝律令がつくられ，律令国家としての新しい都が必要になったため。
**エ** 貴族や僧の間の勢力争いが激しくなり，政治が混乱したため。

(2) 下線部Bのころ，日本独自の国風文化が生まれた。次の**ア**～**エ**からこの文化と関係の深いものを1つ選び，記号で答えなさい。

**ア**

東大寺南大門

**イ**

正倉院

**ウ**

平等院鳳凰堂

**エ**

法隆寺金堂

(3) 下線部Cに関して，このような政治を何といいますか。

| (1) | (2) | (3) |
|---|---|---|
| | | |

〔富　山〕

# 3 古代の社会・文化

Step A　Step B　Step C

解答▶別冊3ページ

▶次の［　　］に適語を入れなさい。

## 1 縄文時代～平安時代の社会と文化

| | 縄文時代 | 弥生時代 | 古墳時代（古墳文化） | 飛鳥時代（飛鳥文化） | 飛鳥時代（白鳳文化） | 奈良時代（天平文化） | 平安時代（国風文化） |
|---|---|---|---|---|---|---|---|
| 日本 | 狩猟・採集の生活 | 弥生土器<br>銅剣・銅鉾・銅鐸 | 埴輪・鏡・玉<br>大陸の文化が伝わる<br>百済から ①［　　］が伝わる | 607 ②［　　］ができる<br>玉虫厨子・天寿国繡帳 | ③［　　］古墳壁画<br>④［　　］東塔 | 712 ⑤［　　］ができる<br>720 ⑥［　　］ができる<br>752 ⑦［　　］大仏開眼 | 最澄が天台宗を伝える<br>空海が真言宗を伝える<br>905 ⑧［　　］が完成<br>⑨［　　］（清少納言）<br>⑩［　　］（紫式部）<br>平等院鳳凰堂ができる<br>中尊寺金色堂 |

| 年代 | 1万年前 | 紀元 | 300 | 500 | 700 | 900 | 1100 |
|---|---|---|---|---|---|---|---|

| 中国 | 漢 | 三国・南北朝 | 隋 | 唐 | 五代 | 北宋 |
|---|---|---|---|---|---|---|

## 2 天平文化

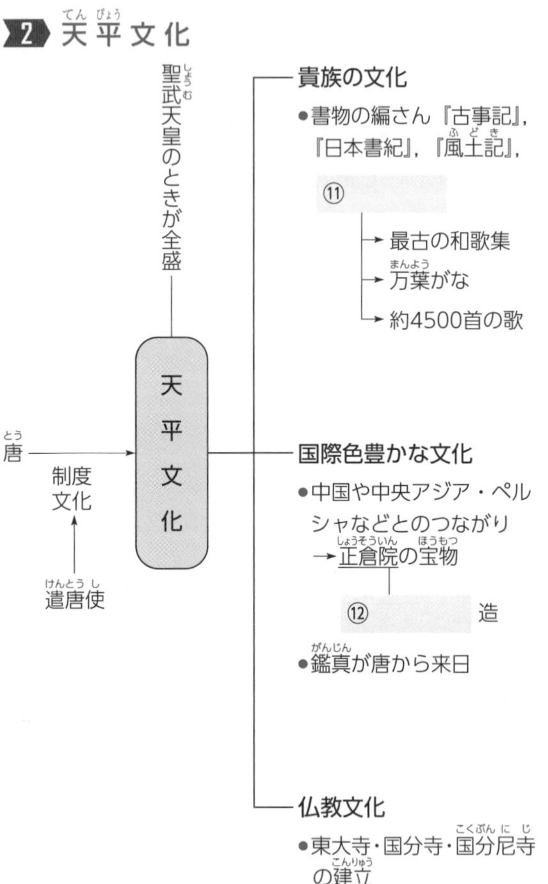


## 3 国風文化

遣唐使の停止 ＋ 摂関政治の全盛 ＋ かな文字の発明

→ 国風文化

- 貴族の住まい… ⑬［　　］造
- 大和絵…『源氏物語絵巻』
- 国文学の発達
  - 『古今和歌集』…紀貫之らが編集
  - 『枕草子』… ⑭［　　］
  - 『源氏物語』…紫式部
  - 『⑮［　　］』…紀貫之
- 文化の地方普及…中尊寺金色堂

浄土教・末法思想 → 浄土芸術 ― 平等院鳳凰堂（阿弥陀如来）

▶次の[　　]に適語を書きなさい。

### 4 縄文・弥生時代

1 **縄文時代の生活**…[⑯　　　　]に住み，狩りや漁・採集の生活をしていた。人々の間に貧富の差はなかった。

2 **縄文時代の道具**…磨製石器や骨角器，表面に縄目の文様などをつけた厚手で黒褐色の**縄文土器**を使った。

3 **縄文時代の遺物・遺跡**…豊かな収穫などを祈ったとされる，人の形をした[⑰　　　　]がつくられた。また，食料の食べかすなどを捨てた，当時のごみ捨て場であった[⑱　　　　]も各地にできた。

4 **稲作と金属器**…弥生時代には，大陸から伝わった[⑲　　　　]や金属器の技術が広まり，つりがねの形をした[⑳　　　　]などの青銅器は祭りの道具，鉄器は武器や農具・工具として用いられた。土器は，薄手で赤褐色の弥生土器が使われた。

⑯________
⑰________
⑱________
⑲________
⑳________

### 5 古墳・飛鳥時代

1 **古　墳**…３世紀後半～７世紀につくられた大王や豪族の墓を古墳とよぶ。古墳の周りや頂上に[㉑　　　　]がおかれた。

2 **古墳の種類**…方墳・円墳などのほか，[㉒　　　　]などがある。[㉒]の代表的なものとして，**大仙(仁徳陵)古墳**や五色塚古墳などがある。

3 **大陸文化の伝来**…[㉓　　　　]により，大陸のすぐれた学問や土木技術，生産技術が伝えられた。

4 **飛鳥文化**…飛鳥地方を中心に栄えた日本で初めての[㉔　　　　]文化で，中国・朝鮮をはじめ，ギリシャやインドなどの文化の影響も見られる。

5 **飛鳥文化の遺産**…[㉕　　　　]は現存する世界最古の木造建築物とされ，世界文化遺産に登録されている。[㉕]の金堂にある[㉖　　　　]は，止利仏師の作といわれている。

㉑________
㉒________
㉓________
㉔________
㉕________
㉖________

### 6 奈良・平安時代

1 **天平文化**…[㉗　　　　]天皇の在位した天平年間を中心とした，仏教の影響を大きく受けた国際色豊かな，貴族文化である。東大寺の[㉘　　　　]には，[㉗]天皇の遺品などが納められている。

2 **天平文化の遺産**…東大寺の**大仏**や[㉙　　　　]寺の鑑真和上像，興福寺の阿修羅像などが有名である。

3 **国風文化**…[㉚　　　　]政治全盛の10世紀ごろから，唐の文化をふまえつつも日本の風土や生活にあった文化が発達し始めた。

4 **国文学の発展**…かな文字が発明され，[㉛　　　　]は『源氏物語』を，[㉜　　　　]は『枕草子』を著した。

5 **浄土信仰**…念仏を唱え阿弥陀仏にすがれば，死後に**極楽浄土**に生まれ変われるとする信仰である。空也や源信がこの信仰をすすめた。

㉗________
㉘________
㉙________
㉚________
㉛________
㉜________

Step A　Step B　Step C

●時 間 30 分　●得 点　点
●合格点 75 点

解答▶別冊 4 ページ

**1** [古代の文化] 次の文は，広志君と留学生のアリスさんの会話の一部である。これを読んで，下の(1)・(2)の問いに答えなさい。（8点×4－32点）

写真 1

アリス「この建物(写真１)はどんな建物ですか。」
広　志「これは現存する世界最古の木造建築と言われ，世界文化遺産に指定されている寺院です。この建物の柱にはギリシャの影響(えいきょう)がみられます。」
アリス「この楽器(写真２)は何ですか。」
広　志「これは東大寺の倉に納められている琵琶(びわ)で，ペルシャやインドなどの影響があるといわれています。」

写真 2

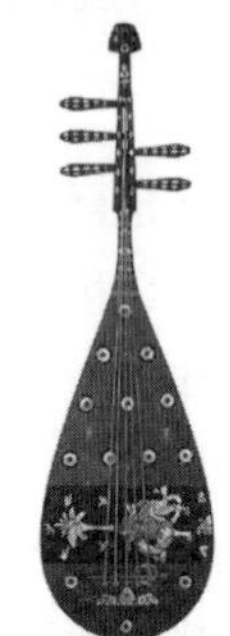

〔青森—改〕

(1) 写真１の寺院の名称(めいしょう)と，写真２の琵琶が納められている東大寺の倉の名称を，それぞれ書きなさい。

(2) 写真１の寺院と写真２の琵琶について，それぞれ最も関係が深い文化を，次の**ア**～**エ**の中から１つずつ選びなさい。

**ア**　古墳(こふん)文化　**イ**　天平(てんぴょう)文化　**ウ**　飛鳥(あすか)文化　**エ**　桃山(ももやま)文化

| (1) | 写真 1 | 写真 2 | (2) | 写真 1 | 写真 2 |
|---|---|---|---|---|---|
| | | | | | |

重要 **2** [天平文化] 奈美(なみ)さんと良平君は，社会科で課題学習に取り組んだ。学習テーマを，「衣服を通して人々のくらしを考える」と決め，教科書に載(の)っている各時代の資料や，図書館や身のまわりにある資料を調べた。各問いに答えなさい。（6点×5－30点）

(1) 右の絵について，次の問いに答えなさい。

①この絵は，正倉院(しょうそういん)に所蔵されているものである。この絵が描(えが)かれた時代のわが国の文化は何とよばれているか。次の**ア**～**エ**から１つ選びなさい。

**ア**　飛鳥文化　**イ**　天平文化　**ウ**　国風(こくふう)文化　**エ**　白鳳(はくほう)文化

②この絵に描かれた衣服などから，この時代の文化はどの国(王朝)の影響を最も強く受けていると考えられるか。次の**ア**～**エ**から１つ選びなさい。

**ア**　秦(しん)　**イ**　漢(かん)　**ウ**　元(げん)　**エ**　唐(とう)

③この絵が描かれたころのできごとについて述べた文として最も適切なものを，次の**ア**～**エ**から１つ選びなさい。

**ア**　苦難の末にわが国に来た鑑真(がんじん)とよばれる唐(とう)の僧(そう)によって仏教が発展した。
**イ**　奴(な)とよばれる国が漢に使者を送り，漢の皇帝(こうてい)から金印を与(あた)えられた。
**ウ**　卑弥呼(ひみこ)とよばれる女王が魏(ぎ)に使いを送り，「親魏倭王(しんぎわおう)」の称号(しょうごう)や銅鏡などを与えられた。
**エ**　フビライの使者が服属を求める国書を持参したが，幕府(ばくふ)は要求に応じなかった。

(2) 次のページの  の中の文は，「貧窮問答歌(ひんきゅうもんどうか)」を要約したものの一部である。これについて，次の問いに答えなさい。

> 田も作るのに
> 綿もない
> 粗末な袖なしの衣の
> 海松のように
> よれよれになった
> ぼろだけを
> 肩にうちかけ

難 ①文中の「粗末な袖なしの衣」に使われた衣服の材料は，何と考えられるか。その名称を書きなさい。

②この歌がよまれたころのできごとについて述べた文として最も適切なものを，次の**ア**～**エ**から1つ選びなさい。

**ア**　個人の才能を重視する，冠位十二階の制度が定められた。
**イ**　大和地域に，大型の前方後円墳がつくられ始めた。
**ウ**　中国の政治のしくみなどを学ぶため，遣唐使が派遣された。
**エ**　奥州藤原氏が，平泉に阿弥陀堂を中心とする寺院を建立した。

| (1) | ① | ② | ③ | (2) | ① | ② |
|---|---|---|---|---|---|---|
| | | | | | | |

〔奈良―改〕

## 3 [遣唐使] 次の文を読んで，問いに答えなさい。　(10点×2―20点)

唐が中国を統一すると，日本からは十数回にわたってａ遣唐使が派遣された。遣唐使とこれに同行した留学生や僧によって，唐の進んだ制度や文化が日本にもたらされ，ｂ奈良の都では，唐の文化の影響を強く受けた天平文化が栄えた。

(1) 下線部ａが初めて派遣されてから停止されるまでの次の**ア**～**エ**を，年代の古い順に並べなさい。

**ア** 唐の律令にならった大宝律令がつくられた。　**イ** 蘇我氏が滅ぼされ大化の改新が始まった。
**ウ** 政治を立て直すために平安京がつくられた。　**エ** 国ごとに国分寺を都に東大寺を建てた。

(2) 下線部ｂに関連して，奈良の都の人々のくらしについて述べた文として最も適切なものを，次の**ア**～**エ**から1つ選び，記号で答えなさい。

**ア**　阿弥陀仏にすがって極楽往生を願う浄土教が，貴族や庶民の心をとらえた。
**イ**　土師器の製法が伝わり，庶民の日常食器に使われるようになった。
**ウ**　市が開かれ，品物の売買には和同開珎などの銭貨が使用された。
**エ**　支配者階級の大人と非支配者階級の下戸という，厳しい身分の差があった。

| (1) | (2) |
|---|---|
| → → → | |

〔群馬―改〕

## 4 [国風文化] 右の写真に関して，次の問いに答えなさい。　(9点×2―18点)

(1) この建物を建てた人物は，その父に引き続き政権を担当した。この父子が政権を握っていたころの事象として誤っているものを，次の**ア**～**エ**から1つ選びなさい。

**ア**　貴族は寝殿造の家に住んだ。　**イ**　最澄が天台宗を広めた。
**ウ**　紫式部が『源氏物語』を著した。　**エ**　浄土信仰が貴族の間に広まった。

(2) この建物は極楽浄土をこの世にあらわしたものとされている。この時代に浄土へのあこがれが地方にも広まっていたことがわかる建物を，次の**ア**～**エ**から1つ選びなさい。

**ア**　正倉院　**イ**　中尊寺金色堂　**ウ**　飛鳥寺　**エ**　法隆寺

| (1) | (2) |
|---|---|
| | |

〔熊本―改〕

Step A　Step B　Step C-①

| ●時 間 30 分 | ●得 点 |
|---|---|
| ●合格点 75 点 | 点 |

解答▶別冊4ページ

**1** 次の図の矢印の各時期について述べたⅠ～Ⅲの文を読んで，それぞれあとの問いに答えなさい。

紀元前　紀元後　（4点×6－24点）

| 1 | 1 | 2 | 3 | 4 | 5 | 6 | 7 | 8 | 9 | 10 | 11 | 12 | 13 |
|---|---|---|---|---|---|---|---|---|---|---|---|---|---|
| ⇧Ⅰ | | | | | | | ⇧Ⅱ・Ⅲ | | | | | | |

注：算用数字は，世紀を示す。

Ⅰ 楽浪郡の海の向こうに倭人がいて，国は百余国に分かれていたと中国の史書に書かれている。

(1) この時の中国の王朝は何か。次の**ア**～**オ**から１つ選びなさい。
**ア** 宋　**イ** 魏　**ウ** 漢　**エ** 隋　**オ** 秦

(2) 日本ではこの時期にまだつくられていなかったものを，次の**ア**～**オ**から１つ選びなさい。
**ア** すき・くわ　**イ** 須恵器　**ウ** 石包丁　**エ** 銅鐸　**オ** 高床倉庫

Ⅱ 煬帝の大業3年，①倭の王　多利思比孤が使いをよこして貢物を持ってきた。その使者は，「日が出るところの天子が，日が沈むところの天子に手紙を差し上げます。おかわりありませんか。」などと書いてある手紙を差し出した。

(3) 下線部①について，実際に使者を送ったと考えられる人物を，次から１つ選びなさい。
**ア** 天智天皇　**イ** 天武天皇　**ウ** 聖徳太子　**エ** 蘇我入鹿　**オ** 聖武天皇

(4) この時期の朝鮮半島にあった国として誤っているものを，次の**ア**～**エ**から１つ選びなさい。
**ア** 新羅（シルラ）　**イ** 百済（ペクチェ）　**ウ** 高句麗（コグリョ）　**エ** 高麗（コリョ）

Ⅲ この世紀の中ごろ，中大兄皇子らが蘇我氏を倒し，新しい政治方針が発表されたといわれている。それは，土地と人民は国の支配とする，②行政のしくみを整える，人々を戸籍に登録して直接掌握し，班田収授を行う，また，③新しい税制を開始するというものであった。

(5) 下線部②について，次の行政の組織または役職名から，整える以前のものを１つ選びなさい。
**ア** 国司　**イ** 郡司　**ウ** 大宰府　**エ** 国造　**オ** 太政大臣

(6) 下線部③について，次の**ア**～**オ**から新しい税に含まれないものを１つ選びなさい。
**ア** 租　**イ** 庸　**ウ** 雑徭　**エ** 年貢　**オ** 衛士

| (1) | (2) | (3) | (4) | (5) | (6) |
|---|---|---|---|---|---|
| | | | | | |

〔広島大附高一改〕

**2** 次の文章の下線部について，正誤を判断し，正しい場合は〇，誤っている場合はそれぞれの語群から訂正に用いる語句を選び，記号で答えなさい。（5点×12－60点）

A ①縄文時代は，時期区分の上で，②新石器文化に属するが，他のユーラシア大陸の②新石器文化とは異なり，器づくりは始まったものの，農耕や牧畜をともなわないところにその特徴がある。

B 独特の形をした③円墳に代表される古墳は，日本における最初の巨大土木建造物である。古墳時代を通じて，それぞれの時期で規模の大きいものは，後の律令国家の中心となる④九州地域に集中している。

第1章 第2章 第3章 第4章 第5章 テーマ別問題 総合実力テスト

〔語群〕 ア 岩 宿　イ 前方後円墳　ウ 旧石器　エ 弥 生　オ 方 墳
カ 細石器　キ 中 国　ク 近 畿　ケ 金属器

C ⑤応仁の乱に勝利し，飛鳥にもどり即位した⑥天智天皇は，律令国家の完成にむけて種々の事業に着手したが，その完成は妻の持統天皇や嫡孫の手にゆだねられた。

D 従来の血統とは異なり，渡来系氏族の母を持つ⑦桓武天皇は，政治の改革と自らの新王朝を印象づけるため，山城国の⑧平安京に新たに都を造営した。

〔語群〕 ア 聖武天皇　イ 平城京　ウ 壬申の乱　エ 難波京　オ 天武天皇
カ 嘉吉の乱　キ 藤原京　ク 南北朝内乱　ケ 文武天皇

E 学者としても名高い⑨小野妹子は，異例の昇進により高位高官の地位を得た。⑩遣唐使の責任者に任命されたとき，かれは中国王朝の衰えを理由に250年続いた⑩遣唐使の停止を建言した。

F ⑪平将門は大輪田泊(兵庫の港)を修復したりして，瀬戸内海航路の整備につとめ，宋との貿易に力をいれた。これに反旗をひるがえした⑫源頼朝は，相模の鎌倉に幕府を開き，東国に武家の中心地をつくりあげた。

〔語群〕 ア 遣隋使　イ 源義仲　ウ 勘合貿易　エ 平清盛　オ 菅原道真
カ 源義経　キ 吉備真備　ク 朱印船　ケ 倭 寇

| ① | ② | ③ | ④ | ⑤ | ⑥ | ⑦ | ⑧ |
|---|---|---|---|---|---|---|---|
| ⑨ | ⑩ | ⑪ | ⑫ | | | | |

〔同志社高―改〕

## 3 次の文を読んで，あとの問いに答えなさい。
((1)6点，他5点×2—16点)

天徳4(960)年9月23日，この夜，私はそばに仕える者たちの走り叫ぶ声を聞き，驚いて目を覚まし，その理由を問うた。少納言①藤原兼家によれば，「左兵衛陣門が焼け，消火できません」とのことだ。火の勢いはさかんで，私は衣冠を着して，紫宸殿の前の庭に出た。(中略)神武天皇以来，内裏が焼失したのは，②難波宮，③藤原宮，今回の平安京の3回だけで，平安京遷都から170年で初めて焼けてしまった。　(『扶桑略記』天徳4年9月23日条所収「村上天皇日記」による)

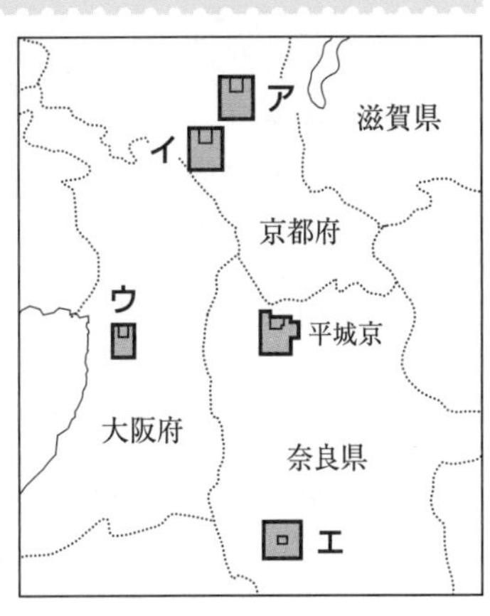


(1) 下線部①の子は，4人の娘を天皇のきさきにして，3人の孫が天皇となった。下線部①の子とはだれか。

(2) 下線部②に都が移された年は大化元年である。この年のできごととして正しいものを次のア～エから1つ選び，記号で答えなさい。

ア 初めての遣唐使が派遣された。
イ 白村江の戦い(はくそんこう)で日本が唐・新羅連合軍に敗れた。
ウ 蘇我蝦夷・入鹿親子が滅ぼされた。
エ 初めての全国的な戸籍が作成された。

(3) 下線部③はどこに位置するか，右の地図中のア～エのうちから1つ選び，記号で答えなさい。

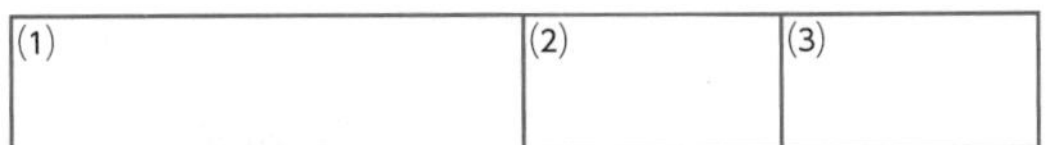

| (1) | (2) | (3) |
|---|---|---|

〔京都教育大附高―改〕

月　　日

Step A　Step B　Step C-②

| ●時 間 30 分 | ●得 点 |
| --- | --- |
| ●合格点 75 点 | 点 |

解答▶別冊5ページ

重要 **1** 次の文を読んで，あとの各問いに答えなさい。 (10点×4－40点)

日本では①縄文時代や弥生時代，それに続く古代社会では，自然や祖先をまつる原始的な宗教やそれから発展した宗教が行われていた。しかし，6世紀に大陸から仏教が伝わると，それ以後の日本では仏教の影響を受けた文化が発達するようになった。

日本で最初の仏教文化の花が開いたのは，6世紀末から7世紀初めの飛鳥文化であるが，やがて仏教によって国を守るという考えが広まり，8世紀には奈良の都を中心に②天平文化が栄えた。平安時代に入ると9世紀の初め，③最澄と空海が中国から天台宗と真言宗を伝え，貴族の間に広まった。続く④摂関政治の全盛期のころには，阿弥陀仏にすがることによって，死後，極楽浄土に生まれ変われると説いた浄土教がさかんになった。

(1) 下線部①に関連して，縄文時代について述べた文として適切なものを，次の**ア**～**エ**の中から1つ選び，記号で答えなさい。

**ア** 1946年に，群馬県岩宿で1人の青年によって，打製石器が発見されたのをきっかけに，日本でもこの時代の調査が行われるようになった。

**イ** 邪馬台国を中心に30あまりの小国が連合し，卑弥呼を女王として，中国の魏に使いを送った。

**ウ** 中国や朝鮮から多くの人々が渡来し，養蚕・機織や須恵器づくりなどの技術を伝えた。

**エ** 約1万年前から始まったこの時代に，人々は竪穴住居に住み，磨製石器や弓矢を用いて狩りをしたり，海で魚をとってくらしていた。

(2) 下線部②に関連して，天平文化について述べた文として適切でないものを，次の**ア**～**エ**の中から1つ選び，記号で答えなさい。

**ア** 現存する日本で初めての歴史書である『古事記』や『日本書紀』が編集された。

**イ** 東大寺の南大門が建てられ，またそこには，運慶らによってつくられた金剛力士像が置かれた。

**ウ** 東大寺正倉院には，聖武天皇や光明皇后の，この時代の文化を代表する遺品が納められた。

**エ** 乾漆造りといわれる新しい方法によって，興福寺の阿修羅像などの仏像がつくられた。

(3) 下線部③に関連して，最澄によって開かれた寺院を次の**ア**～**エ**の中から1つ選びなさい。

**ア** 龍安寺　**イ** 中尊寺　**ウ** 延暦寺　**エ** 金剛峯寺

(4) 下線部④に関連して，9世紀から11世紀の摂関政治や社会または文化について述べた文として適切なものを，次の**ア**～**エ**の中から1つ選び，記号で答えなさい。

**ア** 清少納言の『枕草子』や紫式部の『源氏物語』など，宮廷に仕える女性たちによって，すぐれた文学作品がつくられた。

**イ** 後醍醐天皇によって，建武の新政とよばれる，公家を重く用いた新しい政治が始められた。

**ウ** 農業では近畿地方を中心に二毛作が始まり，商業では地方の交通の要地などに，月3回の定期市が開かれるようになった。

**エ** 白河上皇・鳥羽上皇・後白河上皇など，上皇が政治の実権を握るようになり，多くの荘園が上皇のもとに集まるようになった。

| (1) | (2) | (3) | (4) |
| --- | --- | --- | --- |
| | | | |

〔お茶の水女子大附高一改〕

**重要** **2** 次の文を読み，あとの各問いに答えなさい。 (10点×5−50点)

a 縄文時代になると，人々は竪穴住居に定住し，豊かな恵みが手に入るよう，自然を恐れ，敬う考え方をもっていた。( ① )県の三内丸山遺跡からは大きな集落の跡が見つかり，クリなどの栽培が行われていたことが確認されている。

b 弥生時代に水稲耕作が広がると，水田や用水路を管理するために「むら」は大きくなり，土地や水を巡る争いが繰り返されるなか，やがて小さな「くに」が生まれていった。( ② )県の吉野ケ里遺跡には三重の堀が設けられ，こうした戦いに備えていたことを示している。

c 3世紀中ごろから奈良盆地の南東部に前方後円墳がつくられはじめ，4世紀後半以降，東北地方の南部から九州地方に広がっていった。( ③ )県の稲荷山古墳から出土した鉄剣には大和王権の大王の名が刻まれていて，この地方が大和王権の勢力に組み込まれたことを示している。

(1) 文中の( ① )～( ③ )にあてはまる県名を漢字で答えなさい。

(2) a～cの文について，縄文時代・弥生時代・古墳時代を説明した文として正しいものを，次の**ア～エ**から1つ選び，記号で答えなさい。

**ア** 縄文時代には，磨製石器を使って，マンモスやオオツノジカといった大型動物を集団でとらえた。

**イ** 弥生時代には，高温で焼き上げた須恵器とよばれるかたい土器が朝鮮半島から伝わった。

**ウ** 北海道と沖縄に弥生文化は伝わらず，それぞれの地域で独自の文化を続けていた。

**エ** 古墳時代の権力者は，銅鐸や銅矛などの青銅器を使って人々を支配していた。

(3) cの文の下線部について，4世紀後半にあったできごとを次の**ア～エ**から1つ選び，記号で答えなさい。

**ア** ゲルマン民族が大移動をおこし，ローマ帝国が東西に分裂した。

**イ** 南北に分裂していた中国を，隋王朝が統一した。

**ウ** アンデス山脈周辺で栄華を誇ったインカ帝国が滅亡した。

**エ** 新羅が朝鮮半島を統一した。

| (1) | ① | ② | ③ | (2) | (3) |
|---|---|---|---|---|---|
| | | | | | |

〔帝塚山高—改〕

**難** **3** 次の(1)・(2)の文で，①と②がともに正しければア，①が正しく②が誤っていればイ，①が誤って②が正しければウ，①と②がともに誤っていればエ，と答えなさい。 (5点×2−10点)

(1) ①物部氏を滅ぼした蘇我馬子は崇峻天皇を殺害し，初めての女帝である推古天皇を即位させた。推古天皇の甥にあたる聖徳太子は摂政となり，蘇我馬子とともに政治を行った。

②645年に中大兄皇子は中臣鎌足らとはかり，蘇我入鹿を殺害し政治の改革を始めた。年号を大化と定め，翌年には4箇条からなる改新の詔を出して政治の方針とした。

(2) ①律令時代の行政区分は，全国を五畿と七道に分け，そのもとに，国・郡・里がおかれた。大和や紀伊の国は五畿に含まれ，筑前や肥前の国は西海道に含まれた。

②律令時代の農民の基本的負担は租・庸・調であり，そのほかに雑徭，防人，運脚，出挙などがあった。これらはすべて成年男子にかかる負担であった。

| (1) | (2) |
|---|---|
| | |

〔久留米大附高〕

# 4 鎌倉幕府の成立と元寇

Step A　Step B　Step C

解答▶別冊5ページ

▶次の［　　］に適語を入れなさい。

## 1 12世紀末～14世紀前半の日本と世界

鎌倉時代（武家文化）

| |  |  |
|---|---|---|
| 日本 | 1185 | 守護・地頭がおかれる |
| 日本 | 1192 | 源頼朝が ①［　　］になる |
| 日本 | | 北条氏が実権を握る |
| 日本 | 1221 | ②［　　］の乱おこる |
| 日本 | | 京都に ③［　　］設置 |
| 日本 | 1232 | ④［　　］制定 |
| 日本 | 1274 | ⑤［　　］の役おこる |
| 日本 | 1281 | ⑥［　　］の役おこる |
| 日本 | 1297 | 永仁の ⑦［　　］ |
| 日本 | 1333 | **鎌倉幕府滅ぶ** |
| 中国 | 1200 / 1300 | 金／南宋／元 |
| 世界 | 1206 | ⑧［　　］がモンゴルを統一 |
| 世界 | 1271 | モンゴルが国号を ⑨［　　］とする |
| 世界 | 1279 | 宋（南宋）が滅ぶ |
| 世界 | | 『世界の記述（東方見聞録）』 |
| 世界 | | ダンテが『神曲』を著す |
| 世界 | | ルネサンスが始まる |

## 2 鎌倉幕府のしくみ

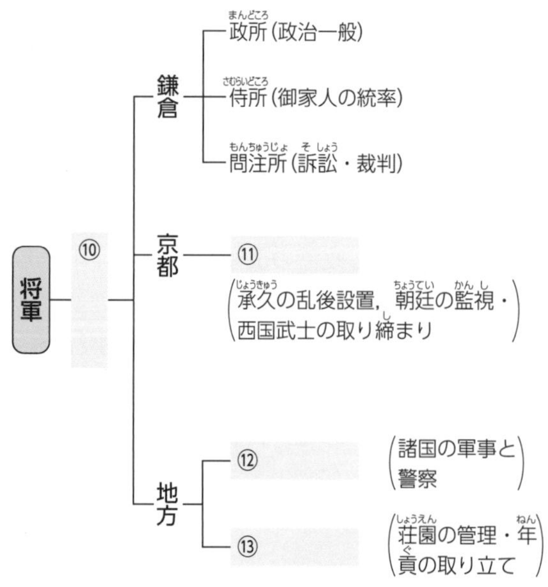


## 3 封建制度のしくみ

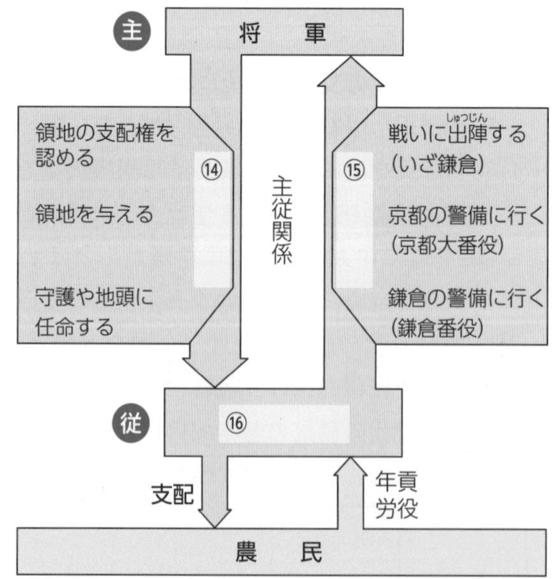

▶次の[　]に適語を書きなさい。

## 4 平氏の滅亡と鎌倉幕府の成立

1 **平氏の滅亡**…源義経は平氏と戦い，[⑰　　]の戦いで平氏を滅ぼした。

2 **鎌倉幕府の成立**…源頼朝は対立する義経をとらえることを口実に，1185年，守護・地頭をおくことを朝廷に認めさせ，1192年には[⑱　　]に任命された。こうして鎌倉に幕府を開いた。

3 **鎌倉幕府のしくみ**…中央に[⑲　　]・政所・問注所，国ごとに**守護**，荘園や公領に**地頭**，承久の乱ののち，京都に**六波羅探題**を設置した。

4 **封建制度**…土地を仲立ちとした**御恩**と**奉公**の関係を中心とした社会のしくみをいう。

## 5 北条氏による政治

1 **北条氏の進出**…源頼朝の死後，[⑳　　]となった北条氏が政治を動かした。

2 **承久の乱**…武家社会に不満をもつ貴族や寺社は，1221年に承久の乱をおこし幕府を倒そうとした。しかし，この計画は失敗に終わり，計画の中心人物の一人であった[㉑　　]は隠岐に流された。この後，朝廷を監視するために，京都に六波羅探題を設置した。

3 **御成敗式目(貞永式目)**…承久の乱の後，土地やその他について訴えごとが増えたので，[㉒　　]は「武士の憲法」ともいうべき**御成敗式目(貞永式目)**を定めた。

## 6 武士の生活

1 **武士のくらし**…武士は[㉓　　]が一族を統率して団結した。領地は[㉔　　]相続によって，女子にも与えられた。

2 **武芸に励む武士**…武士はつねに馬や弓矢の武芸をきたえ，名を重んじる心がまえをもっていた。

## 7 蒙古の襲来

1 **モンゴル帝国**…1206年に[㉕　　]がモンゴル民族を統一し，その後，モンゴル高原から中央アジア・西アジア・南ロシアにおよぶ大帝国を建設した。

2 **フビライ=ハン**…フビライ=ハンは中国の一部を支配し，都を大都(今の北京)に移し，国号を[㉖　　]とした。

3 **元の日本襲来**…元のフビライ=ハンは，日本を従わせようとたびたび使者を送ってきたが，**北条時宗**はこれにこたえなかったので，元軍が２度にわたって九州北部に襲来した。この２度にわたる元軍の襲来を[㉗　　]という。１度目が1274年で，この戦いは[㉘　　]といい，1281年には再度の襲来があり，この戦いは[㉙　　]といわれる。

4 **元寇の影響**…御家人の生活が苦しくなり，幕府への不満が高まった。御家人の生活苦を救うため，1297年に永仁の[㉚　　]を出したが，かえって御家人の生活を苦しめる結果になった。

⑰

⑱

⑲

⑳

㉑

㉒

㉓

㉔

㉕

㉖

㉗

㉘

㉙

㉚

Step A　Step B　Step C

| ●時 間 30 分 | ●得 点 |
|---|---|
| ●合格点 75 点 | 点 |

解答▶別冊 5 ページ

重要 **1** **[北条政子の演説]** 次の資料はある争乱のとき，北条政子が鎌倉の武士たちに，資料中の［ X ］の人物の御恩を説き，結束を訴えたものである。あとの問いに答えなさい。(6点×4−24点)

　みなの者よく聞きなさい。これが最後の言葉です。［ X ］が朝廷の敵を倒し，幕府を開いてこのかた，官職といい，土地といい，その恩は山より高く，海より深いものでした。みんながそれに報いたいという志はきっと浅くないはずです。名誉を大事にする者は，京都に向かって出陣し，逆臣を討ち取り，幕府を守りなさい。（『吾妻鏡』より）

(1) 資料中のXの人物はだれか，その人物名を書きなさい。

(2) 資料中の下線部の逆臣にあてはまる中心人物の名前を書き，この人物がこの争乱後に流された場所を，右の地図中の**ア**〜**エ**から1つ選びなさい。

(3) この争乱の結果，幕府が行ったこととして最も適切なものを，次の**ア**〜**エ**から1つ選びなさい。

**ア**　管領をおいて，将軍の政治を補佐した。
**イ**　京都所司代をおいて，朝廷と西国大名を監視させた。
**ウ**　六波羅探題をおいて，朝廷の監視や西国の支配をさせた。
**エ**　問注所をおいて，裁判の仕事をさせた。

| (1) | (2) | | (3) |
|---|---|---|---|
| | | | |

〔香川一改〕

**2** **[蒙古襲来]** 右の絵巻物について，次の問いに答えなさい。(6点×6−36点)

(1) この絵巻物は，ある国が日本に襲来したときの様子を描いたものである。その国を漢字1字で答えなさい。

(2) 絵巻物の中央で爆発している武器をひらがな4文字で答えなさい。

(3) この国の建国者フビライに仕えた，マルコ=ポーロが当時のアジアの様子を記したとされる著書の名前を答えなさい。

(4) この絵巻物が描かれた13世紀前後のユーラシア大陸の政治・経済・文化を述べた文として誤っているものを，次の**ア**〜**エ**から1つ選び，記号で答えなさい。

**ア**　ヨーロッパで発明された火薬や羅針盤，活字印刷の技術が中国や日本にも伝わった。
**イ**　エルサレムの支配を巡ってイスラーム勢力と十字軍の戦いが続いていた。
**ウ**　中国の商人が東南アジアとの間を行き来して交易を行っていた。
**エ**　宋の禅宗の僧侶が日本に招かれ，建長寺や円覚寺が建立された。

(5) この絵巻物で示した戦いの結果についての次の文の(　)にあてはまる語句を答えなさい。

この戦いでは新たな領土の獲得はなかったので，幕府は(　①　)にじゅうぶんな恩賞を与えることができず，(　②　)と奉公の関係で結ばれていた主従関係が，しだいに崩れていった。

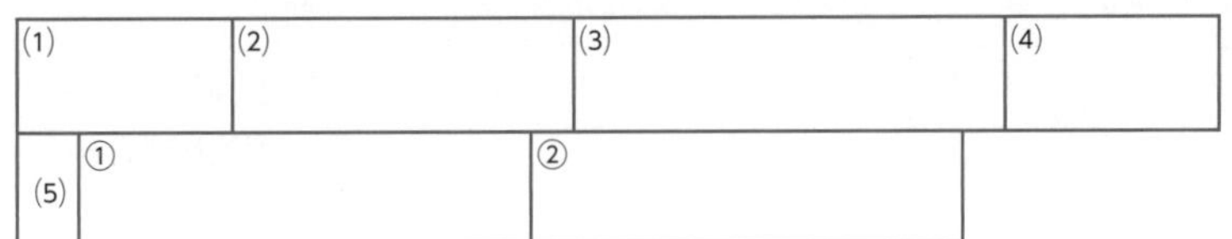

〔帝塚山高・東大寺学園高—改〕

## 3 [鎌倉時代の社会] 次の文を読み，下の問いに答えなさい。　(6点×2—12点)

鎌倉時代には，武士の力が強くなり，幕府がおかれた鎌倉を中心に，新しい交通路が整備された。また，地方の荘園から中央の領主へ年貢を輸送するために，遠隔地での取り引きも行われた。仏教も貴族から武士や民衆へと広がり，a 新しい仏教を説いて，各地を旅する僧侶の姿も見られた。

(1) 鎌倉時代の人や物の動きについて述べた文として誤っているものを，次のア〜エの中から1つ選び，記号で答えなさい。

**ア**　有力な御家人は，鎌倉に移り住み，鎌倉は武家政治の中心地として栄えた。地方の御家人には，幕府の警備のために鎌倉にやってくる者もいた。

**イ**　商業が盛んになって，交通の便利なところなどには，定期市が開かれた。そこでの売買には，中国から輸入された宋銭が使われるようになった。

**ウ**　一遍上人は，念仏踊りをしながら，各地に教えを広めた。『一遍上人絵伝』には，各地の門前町や港町，城下町などの都市の様子がいきいきと描かれている。

**エ**　平氏の繁栄から没落までを描いた『平家物語』は，武士や民衆の間に広く受け入れられた。琵琶法師が，各地をまわりながら，語り広めたのである。

(2) 鎌倉時代に成立した下線部 a の仏教を開いた僧侶を下のア〜オから3人選びなさい。

**ア** 法然　**イ** 良寛　**ウ** 親鸞　**エ** 日蓮　**オ** 一休

| (1) | (2)　・　・ |
|---|---|
| | |

〔筑波大附高—改〕

## 4 [鎌倉時代の歴史] 次の文を読んで，あとの問いに答えなさい。　(7点×4—28点)

鎌倉幕府は(　A　)年におこった承久の乱の後，(　B　)に六波羅探題を設け，朝廷の動きを監視した。また，執権(　C　)は1232年，御成敗式目を定めた。

(1) 文中Aに，年代を西暦で書きなさい。また，B，Cに入る最も適当な語句を答えなさい。

(2) 文中の御成敗式目について説明した文として適当でないものを，次のア〜エから1つ選びなさい。

**ア**　この法は，制定者の属した社会の先例や道理に基づいていた。

**イ**　この法は，権勢の有無にかかわらず公平に裁判するために制定された。

**ウ**　この法は，律令法の内容と異なる規定を含んでいた。

**エ**　この法は，公家の支配や律令を否定する目的で制定された。

| (1) | A | B | C | (2) |
|---|---|---|---|---|
| | | | | |

〔高知—改〕

# 室町幕府の成立と応仁の乱

Step A　Step B　Step C

解答▶別冊 6 ページ

▶次の　　　に適語を入れなさい。

## 1 14世紀前半～16世紀後半の日本と世界

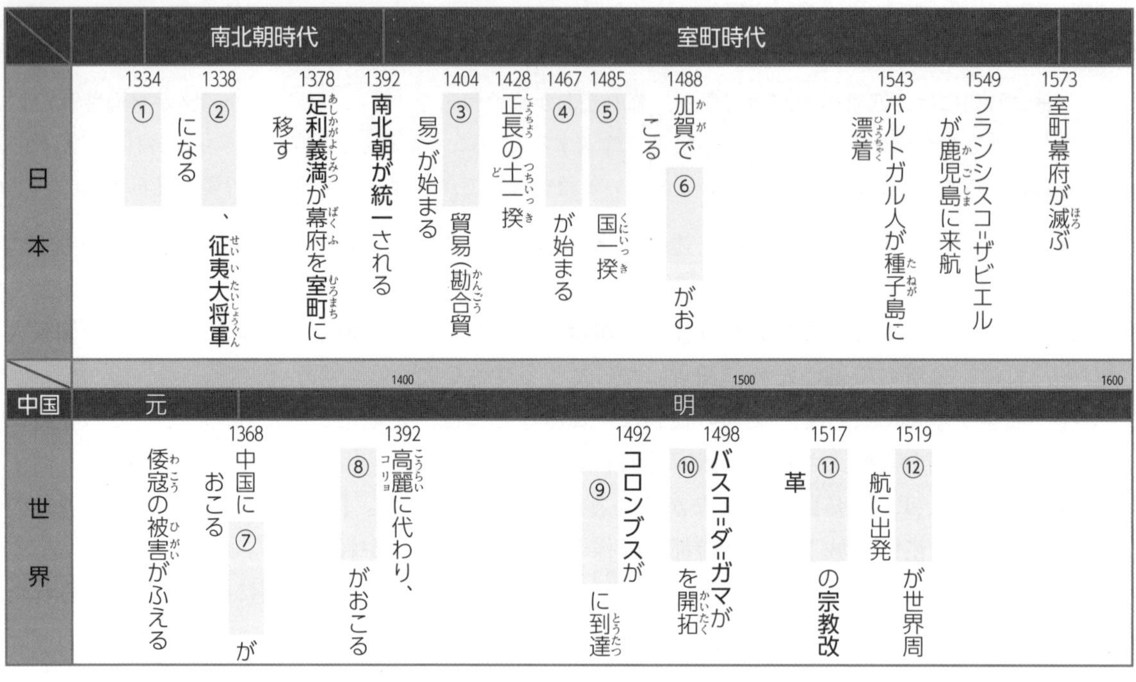


## 2 室町幕府のしくみ

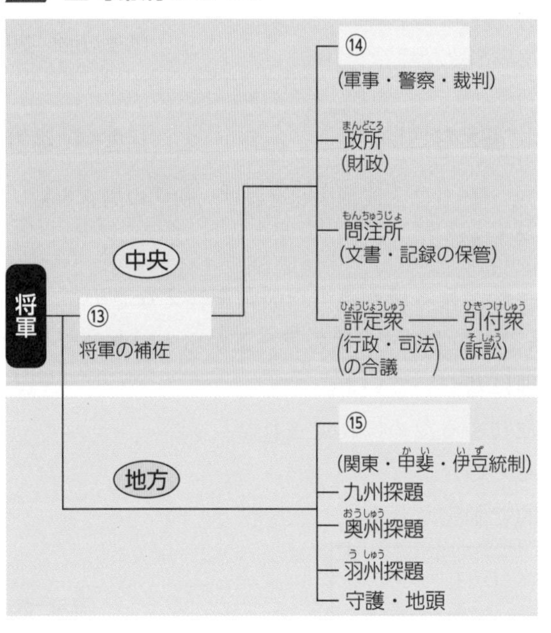


## 3 応仁の乱

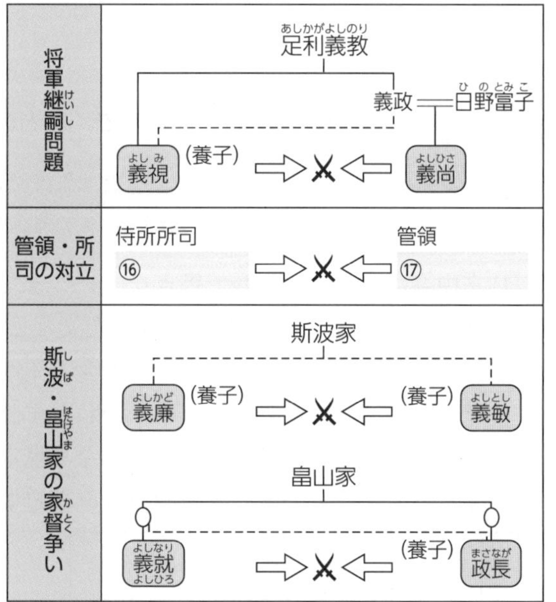

▶次の[　　]に適語を書きなさい。

## 4 建武の新政と南北朝の争乱

1 **鎌倉幕府の滅亡と建武の新政**…[⑱　　　　]は有力な御家人であった**足利尊氏**や，上野国の豪族である[⑲　　　　]などの協力を得，また，河内国の豪族[⑳　　　　]なども鎌倉方と戦い，1333年に鎌倉幕府を滅ぼした。[⑱]は，天皇を中心として，**建武の新政**を始めた。

2 **南北朝の争乱**…武家より[㉑　　　　]を重んじる建武の新政に不満をもつ武士をまとめて，足利尊氏が朝廷軍を破り，京都に別の天皇をたてると，[⑱]は[㉒　　　　]に逃れて**南朝**を開いた。全国の武士も京都の**北朝**か，[㉒]の南朝に分かれて争った。この時代を[㉓　　　　]という。

3 **南北朝の統一**…1392年，足利尊氏の孫で３代将軍[㉔　　　　]のとき，南朝と北朝が講和し，南北朝が統一された。

⑱
⑲
⑳
㉑
㉒
㉓
㉔

## 5 室町幕府の政治と外交

1 **室町幕府の成立**…1338年，足利尊氏が征夷大将軍に任じられ，京都に幕府を開いた。

2 **幕府のしくみ**…将軍を補佐して政治を担当する**管領**がおかれ，斯波氏・畠山氏・[㉕　　　　]の三氏が交代でこの職についた。また侍所の長官は，[㉖　　　　]とよばれる赤松・一色・山名・京極の四氏から任命された。

3 **明との貿易**…15世紀になると明の政治は乱れ，北からはモンゴル人の侵入，南では[㉗　　　　]の被害が広まり，明はこれらに苦しんだ。3代将軍の[㉔]は貿易による利益に目をつけ，[㉗]の取り締まりを条件に，明との貿易を行った。この貿易のとき，正式の貿易船と[㉗]を区別するために**勘合**という割札が用いられたことから，[㉘　　　　]貿易とよばれた。

㉕
㉖
㉗
㉘

## 6 武士と庶民の成長

1 **村の自治**…室町時代，農業生産の高まりとともに，農民の地位が向上し，[㉙　　　　]という自治的な組織が生まれ，神社や寺で[㉚　　　　]が開かれた。[㉚]では，かんがい用水や入会地の使い方や，村の決まり（村掟）が決められたりした。

2 **土一揆**…京都の山城では武士と農民とが一体となって，守護大名を追いはらう山城[㉛　　　　]がおこり，８年間自治を行った。北陸の加賀では，信仰で結びついた武士や農民たちが[㉜　　　　]をおこし，守護大名を倒して，約100年間自治を行った。

3 **応仁の乱**…将軍足利義政のあとつぎや管領家の相続争いなどがからんで，1467年に**応仁の乱**がおこり，約11年も続いた。乱後100年ほどは戦乱が続く戦国の世となり，幕府の権威は衰えた。

4 **戦国大名**…守護大名に代わって，実力で領国の支配者となった戦国大名は，領国内で[㉝　　　　]とよばれる独自の法律を定め，家臣や人民を統制した。

㉙
㉚
㉛
㉜
㉝

月　日

Step A　Step B　Step C

| ●時間 30分 | ●得点 |
| --- | --- |
| ●合格点 75点 | 点 |

解答▶別冊6ページ

重要 **1** **[建武の新政]** 次の史料は，『梅松論』という歴史書のうち，建武の新政について書かれた部分を現代語訳したものである(一部意訳を含む)。これを読んで，あとの問いに答えなさい。

(5点×6－30点)

a 保元・平治の乱や治承の乱以降，b 武家の支配のもとで政治が武士の自由にまかされていたが，元弘3(1333)年の今，天下がひとつになったことはありがたいことである。c 天皇のお考えになった政治は，d 延喜・天暦の昔にたちかえったようで，人々はおだやかに過ごし，それをたたえている。そのうちに，諸国の国司・守護も定め，公卿・殿上人がそれぞれ官位につく様子は，本当に立派な政治というべきである。

(1) 下線部aの保元・平治の2度の戦乱に勝利し，政治の実権を握った武士の名を答えなさい。また，この人物は武士でありながら，貴族の藤原氏と共通した点があった。その共通点を，次のア～エからすべて選び，記号で答えなさい。
- **ア**　自分の娘を天皇のきさきにし，生まれてきた子を天皇にした。
- **イ**　太政大臣になって，政治の実権を握った。
- **ウ**　摂政・関白となって，天皇を補佐するとともに，天皇に代わって政治を行った。
- **エ**　多くの荘園を保有して，経済的に豊かであった。

(2) 下線部bに関して，鎌倉幕府の説明として正しいものを1つ選び，記号で答えなさい。
- **ア**　将軍の補佐役として執権をおき，京都には六波羅探題をおいた。
- **イ**　将軍の補佐役として執権をおき，鎌倉には鎌倉府をおいた。
- **ウ**　将軍の補佐役として管領をおき，京都には六波羅探題をおいた。
- **エ**　将軍の補佐役として管領をおき，鎌倉には鎌倉府をおいた。

(3) 下線部cの天皇名を答えなさい。

(4) 下線部dの延喜・天暦の時代とは，10世紀の醍醐・村上の両天皇の時代をさす。次のうち，10世紀のできごとを1つ選び，記号で答えなさい。
- **ア**　紀貫之が『土佐日記』を書いた。　**イ**　雪舟が水墨画を描いた。
- **ウ**　『平家物語』が琵琶法師によって諸国で語られた。　**エ**　鑑真が来日した。

(5) 建武の新政が始まったときの中国と朝鮮の正しい組みあわせを1つ選び，記号で答えなさい。
- **ア**　明—高麗　**イ**　明—李氏朝鮮　**ウ**　宋—高麗
- **エ**　宋—李氏朝鮮　**オ**　元—高麗　**カ**　元—李氏朝鮮

| (1) | | (2) | (3) |
| --- | --- | --- | --- |
| (4) | (5) | | |

〔高知学芸高—改〕

**2** **[室町時代の国際関係]** 次の問いに答えなさい。

(6点×3－18点)

(1) 中国を明が支配している時代のヨーロッパでおこったできごとに関して以下の問いに答えなさい。

①15世紀の末期にスペインの援助を受け，地球球体説を信じて大西洋を西に向かうことでアジアをめざした人物はだれか答えなさい。

②16世紀になるとヨーロッパでは宗教改革がおこった。この時，宗教改革に対抗するため新たに設立され，日本にも宣教師を派遣したカトリック教会の団体は何か答えなさい。

(2) 次の文は，このころ統一を果たした，東アジアのある国の貿易を説明したものである。この国はどこか。国名を答えなさい。

> 東南アジアの香料や染料を仕入れて，中国や朝鮮・日本に売り込み，中国の陶磁器や日本の刀剣などを東南アジアに運んで，大きな利益をあげる貿易をしていた。

| (1) | ① | ② | (2) |
|---|---|---|---|
| | | | |

〔土佐高・広島大附高―改〕

## 3 [室町時代の社会] 次の文を読んで，あとの問いに答えなさい。

(7点×6−42点)

> ①室町時代になると②農産物の収穫は増加し，手工業も発達して各地に特産品が生まれた。これにともない各地に市がたち，③商品の輸送に商人が活躍するようになった。こうした諸産業の発達を背景に，都市や④農村に民衆による自治組織が生まれてきた。

(1) 下線部①に関し，この時代のアジアのできごととして適切に述べているものを，次の**ア**～**エ**から1つ選び，記号で答えなさい。

**ア** 新羅が朝鮮半島を統一した。　**イ** 高麗が滅び，朝鮮国がおこった。
**ウ** 隋が滅び，唐がおこった。　**エ** フビライ=ハンが国号を元と定めた。

(2) 下線部②について，次の文の(　)に入る語句を答えなさい。

> 鎌倉時代から室町時代にかけて，牛馬による耕作や(　A　)が広がった。また，田に水を引くために(　B　)を利用したり，肥料として草木の灰や糞尿を用いることで収穫量が増大した。

(3) 下線部③の，室町時代の輸送業者を次の**ア**～**エ**から1つ選び，記号で答えなさい。

**ア** 駅　馬　**イ** 菱垣廻船　**ウ** 馬　借　**エ** 土　倉

(4) 下線部④について，次の文の(　)に入る語句を答えなさい。

> 乙名・沙汰人や，武士的な性格をもつ有力農民の(　A　)などを指導者に(　B　)とよばれる組織がつくられ，村の掟を定めたり，年貢を請け負ったりした。

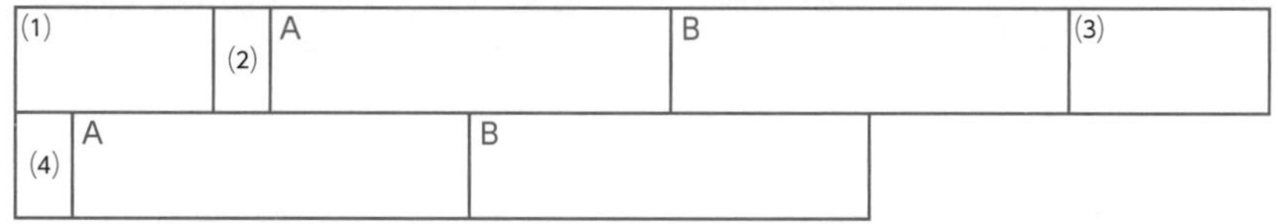

〔和歌山―改〕

## 4 [応仁の乱] 次の問いに答えなさい。

(5点×2−10点)

(1) 応仁の乱では，身分の低い雇兵が動員され，京都の多くの寺社や貴族の屋敷が焼かれた。身軽な姿で，集団戦法に適した雑兵であるこの雇兵のことを何というか，漢字2字で答えなさい。

(2) 応仁の乱で西軍が拠点を置いていたあたりに戦後織物職人が集まって住んだことが名前の由来となっている，現在でも京都でつくられている伝統的工芸品を何というか，漢字3字で答えなさい。

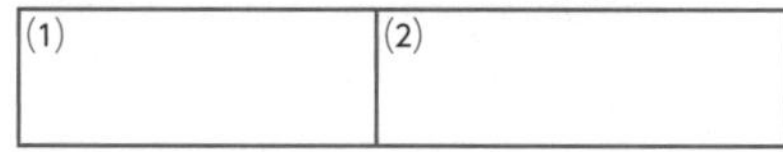

〔帝塚山学院泉ケ丘高―改〕

# 中世の産業・社会・文化

Step A　Step B　Step C

解答▶別冊 6 ページ

▶次の＿＿に適語を入れなさい。

## 1 鎌倉時代～室町時代の社会・文化

| 時代 | 年 | 日本 |
|---|---|---|
| 鎌倉時代（武家文化） | 1191 | ①＿＿が臨済宗を伝える |
| | 1205 | 藤原定家、②＿＿を編集する |
| | 1224 | ③＿＿が浄土真宗を開く |
| | | 元の襲来（元寇） |
| | | ④＿＿『徒然草』 |
| 南北朝時代 | 1333 | 鎌倉幕府が滅ぶ |
| | 1339 | 北畠親房『神皇正統記』 |
| | | 天龍寺ができる |
| | | 『太平記』ができる |
| 室町時代（北山文化） | 1397 | 義満が⑤＿＿を建立 |
| | | 観阿弥・⑥＿＿により、能楽が完成する |
| 室町時代（東山文化） | | 上杉憲実が足利学校を再興 |
| | | 蓮如が本願寺を建てる |
| | 1489 | 義政が⑦＿＿を建立 |
| | | 山口・小田原などの城下町が栄える |
| | 1573 | 室町幕府が滅ぶ |

| 年 | 1200 | 1300 | 1400 | 1500 |
|---|---|---|---|---|
| 中国 | 金・南宋 | 元 | 明 | |

## 2 鎌倉時代の文化遺産

東大寺 ⑧＿＿

大仏様の代表的建築物。僧の重源が宋(中国)の協力のもとに再建。

⑨＿＿像

⑧にあり，運慶・快慶らが制作。

⑩＿＿絵詞

鎌倉時代の代表的な絵巻物。御家人竹崎季長が元寇の際，奮戦した様子を描く。

## 3 室町時代の文化遺産

鹿苑寺 ⑪＿＿

室町時代前期，3代将軍足利義満が京都の北山に建てた。

慈照寺 ⑫＿＿

室町時代中期，8代将軍足利義政が京都の東山に建てた。

⑬＿＿造の代表例

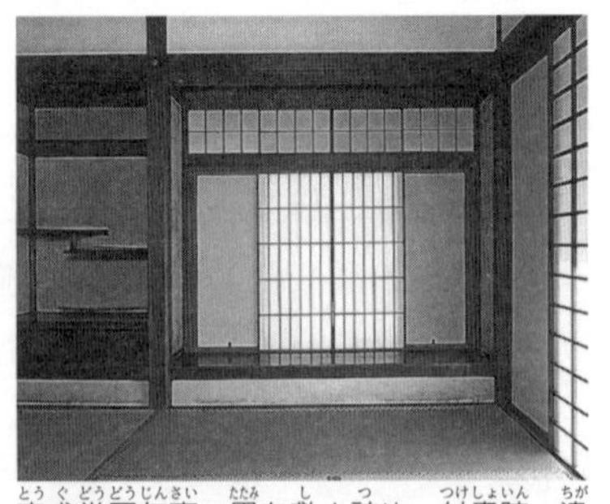

東求堂同仁斎。畳を敷き詰め，付書院・違い棚などを設ける。

▶次の[　　]に適語を書きなさい。

## 4 鎌倉時代の文化

1 **文　化**…武家社会にふさわしく，武士の合戦の様子をいきいきとあらわした**軍記物**といわれる作品があらわれた。なかでも[⑭　　　　]は名高く，**琵琶法師**によって語られた。和歌集では[⑮　　　　]らが編集した『**新古今和歌集**』が有名であり，歌人としては[⑮]のほかに**藤原俊成**，**西行**などがいる。

2 **鎌倉時代の新仏教**

| | | |
|---|---|---|
| 浄土宗 | [⑯　　　] | **念仏**を唱えるだけで，極楽往生できる。 |
| [⑰　　　] | **親　鸞** | **南無阿弥陀仏**を唱えれば，悪人でも救われる。 |
| [⑱　　　] | **一　遍** | 諸国を歩いて，**踊念仏**によって教えを広めた。 |
| 日蓮宗 | [⑲　　　] | **南無妙法蓮華経**と題目を唱える。 |
| [⑳　　　] | **栄　西** | **座禅**と質素な生活で悟りを開く。幕府の保護。 |
| [㉑　　　] | **道　元** | 座禅と修行を説く。権力をきらった。 |

3 **美　術**…**東大寺南大門金剛力士像**で知られる**運慶**・[㉒　　　　]らは，武士の社会にふさわしい力強い作品を残した。

⑭ ＿＿＿＿
⑮ ＿＿＿＿
⑯ ＿＿＿＿
⑰ ＿＿＿＿
⑱ ＿＿＿＿
⑲ ＿＿＿＿
⑳ ＿＿＿＿
㉑ ＿＿＿＿
㉒ ＿＿＿＿

## 5 室町時代の文化

1 **北山文化**…金閣を建てた[㉓　　　　]のころの文化を**北山文化**という。おもな文化遺産としては，[㉔　　　　]・**世阿弥**父子による[㉕　　　　]の大成，**連歌**の成立などがある。

2 **東山文化**…銀閣を建てた[㉖　　　　]のころの文化を**東山文化**という。おもな文化遺産としては，[㉗　　　　]造で有名な**東求堂**がある。そのほかに[㉘　　　　]に代表される**水墨画**の大成などがある。

3 **庶民文化の発達**…**狂言**や**お伽草子**などがあげられる。

4 **枯山水の庭園**…室町時代の庭園としては，天龍寺や[㉙　　　　]の庭が日本庭園の代表作である。これらは禅寺の落ち着いた静かな雰囲気と自然の美しさをよく調和させたすぐれた庭園である。

5 **学問と教育の普及**…関東管領の上杉憲実が再興した[㉚　　　　]には，儒学を学ぶ多くの人が集まった。

㉓ ＿＿＿＿
㉔ ＿＿＿＿
㉕ ＿＿＿＿
㉖ ＿＿＿＿
㉗ ＿＿＿＿
㉘ ＿＿＿＿
㉙ ＿＿＿＿
㉚ ＿＿＿＿

## 6 産業・社会と庶民のくらし

1 **農業の発達**…農業技術が進歩し，水田の裏作に麦をつくる[㉛　　　　]も行われるようになった。

2 **商業の発達**…商業もしだいにさかんになり，月に３度の定期市がたつところもでてきた。また，取り引きには中国から輸入された[㉜　　　　]が使われた。商品の売買には[㉜]や**明銭**などが使われ，高利貸しの[㉝　　　　]や**酒屋**が力をもち，港町では商品の保管・輸送を請け負う[㉞　　　　]，陸上交通の要所では**馬借**がさかんに営業しだした。

3 **都市の発達**…京都や奈良では，商工業者が[㉟　　　　]とよばれる同業者の組合をつくり，営業を独占し，**町衆**による自治も行われた。

㉛ ＿＿＿＿
㉜ ＿＿＿＿
㉝ ＿＿＿＿
㉞ ＿＿＿＿
㉟ ＿＿＿＿

Step A　Step B　Step C

| ●時 間 30 分 | ●得 点 |
| --- | --- |
| ●合格点 75 点 | 点 |

解答▶別冊6ページ

**1** **[室町時代の乱と一揆]** 次の問いに答えなさい。　((1)9点×4，(2)12点－48点)

(1) 次の各文に関係のある乱や一揆を下の語群から記号で選びなさい。

A 1428年におこったこの一揆は，各地の農村に広がり，幕府に借金帳消しの徳政令を要求するものとなった。

B 将軍足利義教の死後，幕府では守護大名間の勢力争いがおこり，細川氏と山名氏が将軍のあとつぎ問題を巡って対立し，京都を主戦場に全国的に戦乱が続いた。

C 京都府南部では，武士と農民とが一体となって，守護大名を追いはらい，８年間自治的支配を続けた。

D 北陸では，信仰で結びついた武士や農民たちが一揆をおこし，守護大名を倒して，約100年間自治を行った。

〔語群〕

**ア** 応仁の乱　**イ** 加賀の一向一揆　**ウ** 山城の国一揆　**エ** 正長の土一揆

(2) 下の者が上の者を実力でしのぐことを何といいますか。(漢字３字)

| (1) | A | B | C | D | (2) |
| --- | --- | --- | --- | --- | --- |
| | | | | | |

〔青森―改〕

**2** **[室町時代の文化]** 右の写真を参考に，問いに答えなさい。　(7点×2－14点)

(1) 写真の建物が京都に建てられたころの文化を何といいますか。

(2) (1)の文化に関することがらとして正しいものを，次の**ア**～**エ**から１つ選び，記号で答えなさい。

**ア** 雪舟は，宋や元で発達した水墨画を大成させた。

**イ** 運慶・快慶は，東大寺南大門の金剛力士像などの，力強い作品をつくった。

**ウ** 千利休は，大名や豪商らの間に広まった茶の湯を，茶道として大成した。

**エ** 松尾芭蕉は，連歌から派生した俳諧を，新しい文芸として発展させた。

| (1) | (2) |
| --- | --- |
| | |

〔富山―改〕

**3** **[鎌倉・室町時代の産業]** 次の文章を読んで，問いに答えなさい。　(6点×3－18点)

(1) 中世のわが国では，右の絵のように牛を利用して田を耕すなど，さまざまな方法を用いた農業が行われたが，米の裏作として麦をつくることも行われた。このように，同じ耕地で年２回，別の作物をつくることを何というか，書きなさい。

(2) 室町時代になると商品の流通が進み，港町や陸上交通の要地では，問丸，馬借といった運送業者の活動がさかんになった。室町時代の産業や流通の様子について述べたものを，次の**ア**～**エ**から１つ選び，記号で答えなさい。

**ア** 幕府は，株仲間を解散させて，商人の自由な取り引きを認めることにより，物価の引き下げをはかったが，効果はあがらなかった。

**イ** 商人や手工業者は，座とよばれる同業者の組合をつくり，京都や奈良では，土倉や酒屋が多くなり，諸国の農村で月に６度の定期市が開かれるようになった。

**ウ** 朝廷は都の東西に市を設けて，地方の産物を売買させ，和同開珎という貨幣をつくって流通に努めたが，地方では，稲や布が貨幣の役割を果たしていた。

**エ** 幕府は東廻りや西廻りなどの航路を整えて，東北地方や北陸地方の米などの物資を廻船で大阪や江戸に運ばせ，全国的な商品の流通を促した。

(3) 15世紀のわが国では，日明貿易により，写真の銅銭が輸入され，広く使用された。このころの経済の様子について述べたものを，次の**ア**～**エ**から１つ選び，記号で答えなさい。

永楽通宝

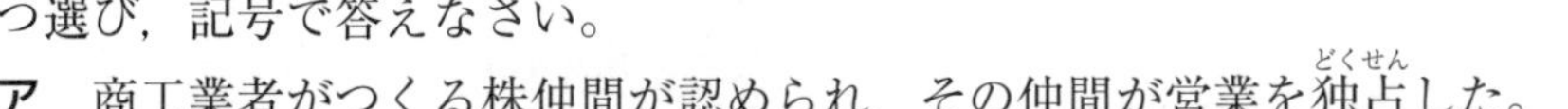

**ア** 商工業者がつくる株仲間が認められ，その仲間が営業を独占した。

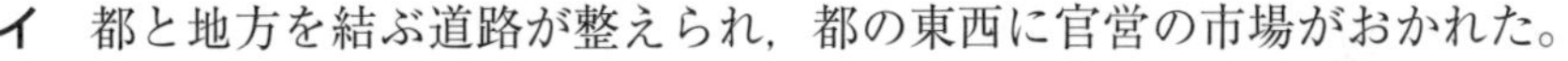

**イ** 都と地方を結ぶ道路が整えられ，都の東西に官営の市場がおかれた。

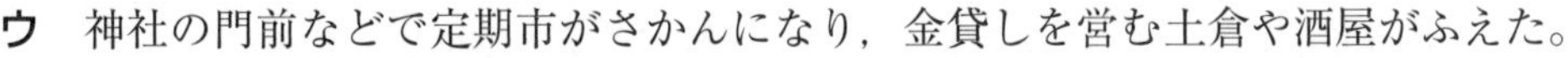

**ウ** 神社の門前などで定期市がさかんになり，金貸しを営む土倉や酒屋がふえた。

**エ** 西廻り航路が整備され，商人の中には大きな財力を持つ者があらわれた。

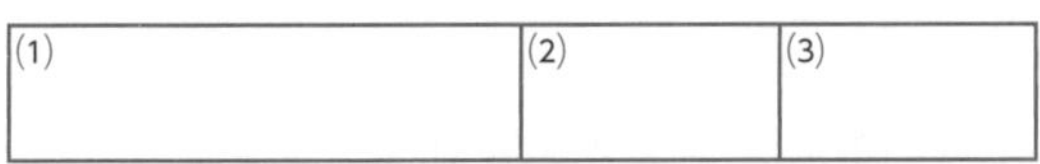

| (1) | (2) | (3) |
|---|---|---|
| | | |

〔東京・滋賀―改〕

## 要 4 ［室町時代の社会と経済・文化］次の問いに答えなさい。 （10点×2―20点）

(1) 右の絵は，室町時代の農民の「田植え」の様子を描いたものである。この絵に見られるような共同作業を行っている「むら」では，有力な農民の指導者のもとで，新しい自治組織が生まれてくるようになった。そのような「組織」を何というか，答えなさい。また，この「組織」の説明として正しくないものを，次の**ア**～**エ**から１つ選び，記号で答えなさい。

風俗図屏風

**ア** 家の代表者が神社や寺で寄合を開き，掟や山林の利用法を定めた。

**イ** ５～６戸で五人組をつくり，犯罪を防止し，年貢の納入を連帯責任とした。

**ウ** 戦乱に対して自衛したり，荘園領主や守護大名に抵抗することもあった。

**エ** むら全体で年貢を請け負い，一括して荘園領主に納めた。

(2) 室町時代の文化や社会，経済について説明した文として適当でないものを，次の**ア**～**エ**から１つ選び，記号で答えなさい。

**ア** 中国から帰国した僧によって日本の水墨画が完成された。

**イ** 平氏に焼かれた東大寺南大門が，中国の様式を取り入れて再建された。

**ウ** 明との貿易の拠点として，堺や博多などの港湾都市が栄えた。

**エ** 土倉や酒屋などの金融業者が納める税は，幕府の重要な財源の一つであった。

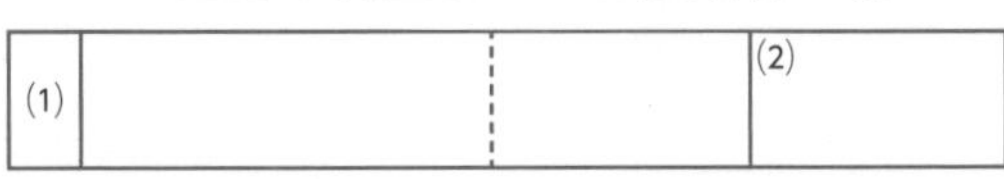

| (1) | | | (2) |
|---|---|---|---|
| | | | |

〔京都―改〕

月　日

Step A　Step B　Step C-①

| ●時 間 30 分 | ●得 点 |
|---|---|
| ●合格点 75 点 | 点 |

解答▶別冊7ページ

重要 **1** 右の歴史年表を見て，設問に答えなさい。 （5点×8－40点）

| 西暦 | ことがら |
|---|---|
| 1180年 | [ ① ]の命を受けた諸国の源氏が挙兵。 |
| 1183年 | 平氏，[ ② ]により京を追われる。 |
| 1185年 | 平氏滅亡。源頼朝，守護・地頭を設置。 |
| (　　)年 | 頼朝，征夷大将軍となる。 |
| 1221年 | 承久の乱。 |
| 〜 | |
| 1222年 | 後鳥羽上皇，（　A　）に流される。 |

(1) (　)内に，適当な年代を入れなさい。

(2) [　　]内に適当な人名をそれぞれ選び，記号で答えなさい。

ア　後白河上皇　　イ　以仁王

ウ　源義仲　　エ　北条政子

(3) (　A　)に適当な地名を選び，記号で答えなさい。

ア　京　都　　イ　鎌　倉　　ウ　佐　渡

エ　隠　岐　　オ　大　阪

(4) 守護・地頭について正しくないものを１つ選び，記号で答えなさい。

ア　守護は１国に１人，東国の有力な御家人があてられた。

イ　地頭は国内の御家人を指揮して，治安の維持にあたった。

ウ　地頭は荘園・公領におかれ，土地の管理，年貢の徴収・納入などを仕事とした。

(5) 御家人が守護・地頭に任命されて土地から収益を受けることを，奉公に対して何といいますか。

(6) 承久の乱ののち，西日本の御家人を統率し，朝廷の監視などのためにおかれたものを，次から１つ選びなさい。

ア　京都守護　　イ　六波羅探題　　ウ　京都探題　　エ　鎮西探題

(7) 次の人物の組み合わせの中から，親子の関係にあるものを１つ選びなさい。

ア　源頼朝・義経　　イ　源頼朝・実朝　　ウ　北条政子・泰時　　エ　北条政子・源頼朝

| (1) | (2) ① | ② | (3) | (4) | (5) |
|---|---|---|---|---|---|
| (6) | (7) | | | | |

**2** 次の仏教に関する問いに，それぞれ指定された字数の漢字で答えなさい。 （10点×3－30点）

(1) 日蓮は，あるものを唱えることによって人や国家が救われると説き，法華宗(日蓮宗)を開いたが，そのあるものとは何か，漢字２文字で答えなさい。

(2) 法然は，あるものを唱えれば，だれでも極楽浄土に往生できると説き，浄土宗を開いたが，そのあるものとは何か，漢字２文字で答えなさい。

（石川県教育委員会作成『ふるさと石川』より）

(3) 宋に渡った道元などによって新しい仏教が伝えられた。右上の写真は，石川県内のある寺において，この仏教で行われる修行を体験している様子を示したものである。この修行を特色とする仏教を，漢字２文字で答えなさい。

| (1) | (2) | (3) |
|---|---|---|
| | | |

〔京都女子高一改〕

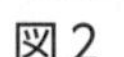

**3** 次の図１～３は，日本の中世に大きな影響を与えた戦乱や，それに関連する人物が描かれた資料である。これらの図を見てあとの問いに答えなさい。 （10点×3－30点）

図１

図２

図３

(1) 図１には，外国との戦いに備える鎌倉時代の武士の様子が描かれている。鎌倉時代の武士の生活ならびに武士とかかわりの深い文化について述べた文として誤っているものを，次の**ア**～**エ**から１つ選び，記号で答えなさい。

**ア**　図１には，モンゴル軍の上陸をはばむために築かれた防塁が描かれている。

**イ**　鎌倉幕府のつくった銅銭が流通し，高利貸しに借金する武士もあらわれた。

**ウ**　源平の争乱によって焼かれた東大寺が，鎌倉幕府の援助によって再建された。

**エ**　琵琶法師によって，源平の争乱を描いた『平家物語』が語り伝えられた。

(2) 図２の人物は，1392年に南北朝を統一して内乱を終わらせた人物である。この人物の名を答えなさい。また，この人物ならびに室町幕府の政治について述べた文として誤っているものを，次の**ア**～**エ**から１つ選び，記号で答えなさい。

**ア**　図２に描かれている人物は，有力守護大名によって暗殺された。

**イ**　図２の人物によって日明貿易が始まり，正式な貿易船には勘合が与えられた。

**ウ**　室町幕府は，京都の土倉や酒屋から税を徴収した。

**エ**　将軍の補佐役として管領がおかれ，有力守護大名が任命された。

(3) 図３には，15世紀後半に京都でおきた戦乱が描かれている。この戦乱以後，室町幕府は衰え下剋上の風潮が広がり，各地で戦国大名が争うようになったが，一方で質素で気品のある文化が広がっていった。この時期の政治・文化について述べた文として正しいものを，次の**ア**～**エ**から１つ選び，記号で答えなさい。

**ア**　図３には，承久の乱の際に集団で活動した軽装歩兵の足軽が描かれている。

**イ**　山城国では，浄土真宗を信仰する武士や農民たちの一向一揆が自治を行った。

**ウ**　戦国大名は分国法の中で喧嘩両成敗を規定し，家臣同士の争いを禁じた。

**エ**　足利義政の保護を受けた観阿弥と世阿弥によって，能が完成した。

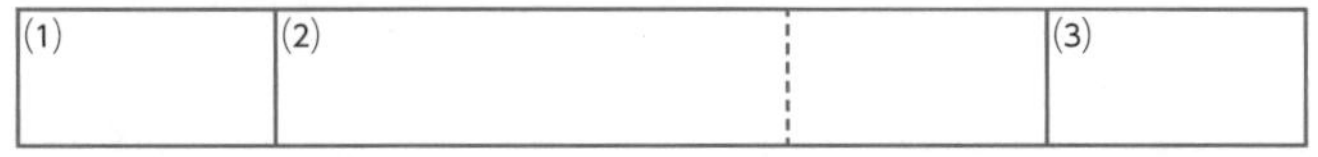

| (1) | (2) | | (3) |
|---|---|---|---|
| | | | |

〔福岡大附属大濠高一改〕

## Step A　Step B　Step C-②

| ●時 間 30 分 | ●得 点 |
|---|---|
| ●合格点 75 点 | 点 |

解答▶別冊 7 ページ

**重要 1** 次の写真と年表を見て，各問いに答えなさい。（7点×4−28点）

写真 1

写真 2

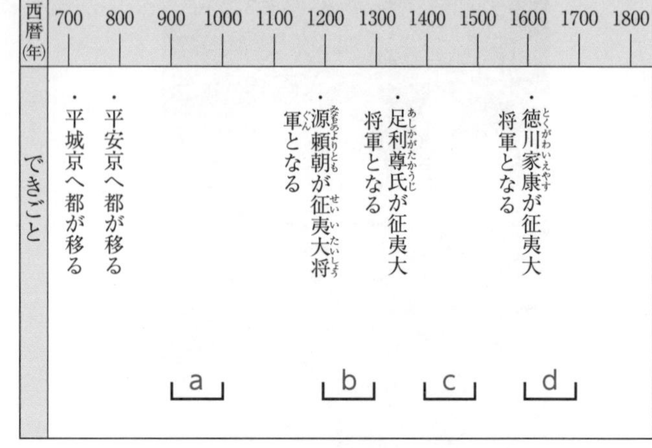


(1) 写真１のできごとと，写真２が建築された時期を，年表中のａ〜ｄから１つずつ選びなさい。

(2) 写真１のできごとがあったころの社会の様子と，写真２が建築されたころの社会の様子を述べた文を，次の**ア〜エ**から１つずつ選びなさい。

**ア**　近畿地方などに，悪党(あくとう)が現れ，荘園(しょうえん)領主の使者を追い返したり，年貢(ねんぐ)を奪(うば)ったりした。

**イ**　人口が増加するなどして，口分田(くぶんでん)が不足してきたため，朝廷(ちょうてい)は開墾(かいこん)を奨励(しょうれい)した。

**ウ**　有力な大名をたよって地方へ下る貴族や僧(そう)が多くなり，都の文化が地方へ伝わっていった。

**エ**　北条時宗(ほうじょうときむね)が幕府の権力を握(にぎ)り，政治を行っていた。

| (1) | 写真 1 | 写真 2 | (2) | 写真 1 | 写真 2 |
|---|---|---|---|---|---|
| | | | | | |

〔埼玉―改〕

**2** 次の略年表を見て，あとの(1)〜(4)の問いに答えなさい。（8点×4−32点）

| 年代 | できごと | |
|---|---|---|
| 1274 | 文永(ぶんえい)の役(えき)がおこる | ↑ |
| 1281 | 弘安(こうあん)の役がおこる | |
| 1333 | ①鎌倉幕府(かまくらばくふ)が滅ぶ | A |
| 1404 | 勘合(かんごう)貿易が始まる | ↓ |
| 1573 | ②室町(むろまち)幕府が滅ぶ | |

(1) 年表のＡの時期に，中国では国（王朝）が変わった。それは，何とよばれる国から何とよばれる国に変わったのか。その国名を書きなさい。

(2) 年表中の①の幕府で執権(しっけん)の地位にあったのは，次の**ア〜エ**のうちの何氏か。１つ選んで，その記号を書きなさい。

**ア**　新田(にった)氏　**イ**　北条氏　**ウ**　足利(あしかが)氏　**エ**　細川(ほそかわ)氏

(3) ①の幕府を倒(たお)して，天皇中心の政治を取り戻(もど)した天皇を選び，記号で答えなさい。

**ア**　白河(しらかわ)天皇　**イ**　後白河(ごしらかわ)天皇　**ウ**　後鳥羽(ごとば)天皇

**エ**　後醍醐(ごだいご)天皇

(4) 年表中の②は，ある人物が京都の室町に御所(ごしょ)を構えて政治を行ったことから，このようによばれている。京都の室町に御所を構えて政治を行った人物を選び，記号で答えなさい。

**ア**　足利尊氏(たかうじ)　**イ**　足利義満(よしみつ)　**ウ**　源 頼朝(みなもとのよりとも)　**エ**　北条時政(ときまさ)

| (1) | (2) | (3) | (4) |
|---|---|---|---|
| → | | | |

〔香川―改〕

## 3 次の文章を読んで，あとの各問いに答えなさい。 (8点×5－40点)

12世紀の中ごろには①平氏の政権が生まれ，12世紀末には源頼朝がそれを倒し，②鎌倉に新しい武家政権をつくった。こうして時代は③武士の時代へと移ってゆく。

約150年続いた鎌倉幕府も④14世紀には後醍醐天皇らによって倒されたが，後醍醐天皇による新政も短期間で失敗し，南北朝の内乱の時代が始まった。その後，⑤室町幕府の３代将軍足利義満の時代には南北朝は統一され，義満のもとで，室町幕府は全盛期を迎えた。

(1) 下線部①に関連して，平清盛が政権を握るきっかけとなった２つの戦いを，おきた順に答えなさい。

(2) 下線部②に関連して，鎌倉時代の文化について述べた文として適切なものを，次の**ア**～**ウ**から１つ選び，記号で答えなさい。

**ア** 運慶・快慶らによって，東大寺南大門の金剛力士像など，新しく力強い仏像彫刻がつくられた。

**イ** 政権の強さを反映して，『古事記』や『日本書紀』などの歴史書が書かれ，また，各地の地理や言い伝えを記した『風土記』が書かれた。

**ウ** 禅宗の影響で，石と砂だけを用いた枯山水の庭園がつくられたり，雪舟などの名手によって墨だけを用いた水墨画が多く描かれた。

(3) 下線部③の武士に関連して，武士と神社の関係は深く，武士が神社に愛用のよろいや刀を納めたり，神社を新たにつくったりすることもあり，また武士自身が死後に神としてまつられることもあった。そこで，「神社と，その神社にゆかりの深い武士の組み合わせ」として適切なものを，次の**ア**～**エ**から１つ選び，記号で答えなさい。

| | | | |
|---|---|---|---|
| **ア** | 厳島神社―楠木正成 | 鶴岡八幡宮―北条泰時 | 日光東照宮―豊臣秀吉 |
| **イ** | 厳島神社―平清盛 | 鶴岡八幡宮―源頼朝 | 日光東照宮―徳川家康 |
| **ウ** | 厳島神社―平将門 | 鶴岡八幡宮―足利尊氏 | 日光東照宮―織田信長 |
| **エ** | 厳島神社―毛利元就 | 鶴岡八幡宮―新田義貞 | 日光東照宮―武田信玄 |

(4) 下線部④に関連して，14世紀のできごとについて述べた文として適切なものを，次の**ア**～**エ**から１つ選び，記号で答えなさい。

**ア** 元の大軍が２回にわたって北九州を襲った。

**イ** 倭寇が高麗や中国の沿岸の村を襲った。

**ウ** 室町幕府と明との間で勘合貿易が行われた。

**エ** 近江の馬借や京都の農民たちによって，初の土一揆がおこった。

(5) 下線部⑤に関連して，室町時代のできごとについて述べた文として適切でないものを，次の**ア**～**エ**から１つ選び，記号で答えなさい。

**ア** 加賀国では一向宗の信徒が守護大名を追い出し，加賀国を治めた。

**イ** 名主や農民は，村を戦いなどから守るために惣とよばれる自治的な組織をつくり，団結を固めた。

**ウ** 幕府は財政の不足を補うために，土倉や酒屋から税を徴収した。

**エ** 後鳥羽上皇は幕府を倒そうとして兵をあげたが敗れ，隠岐に流された。

| (1) → | (2) | (3) | (4) | (5) |
|---|---|---|---|---|
| | | | | |

〔お茶の水女子大附高―改〕

Step A　Step B　Step C-③

| ●時間　分 | ●得点 |
|---|---|
| ●合格点　点 | 点 |

解答▶別冊7ページ

## 難 1 中世社会について，あとの問いに答えなさい。 (8点×6−48点)

⑴ 権力の統合がなく，分権化の著しい中世社会の例として不適切なものを，次の**ア〜エ**から1つ選び，記号で答えなさい。

**ア** 鎌倉幕府成立後も，京都の朝廷や貴族・大寺社などの力が残っていた。
**イ** 御成敗式目が制定されたあとも，朝廷の決定や律令は効力を持ち続けた。
**ウ** 後醍醐天皇は幕府・院政・摂政・関白を否定し，天皇みずから政治を行った。
**エ** 室町時代後期には，将軍は京都を中心とする一部の地方を支配するだけとなった。

⑵「永仁の徳政令」の内容を述べているものを，次の**ア〜エ**から1つ選び，記号で答えなさい。

**ア** 領地の質入れや売買は，御家人の生活が苦しくなるもとなので，今後は禁止する。
**イ** 正長元年以前の借金は，神戸4か郷では帳消しにする。
**ウ** 諸国の守護の職務は，頼朝公の時代に定められたように，京都の御所の警備と，謀反や殺人などの犯罪人の取り締まりに限る。
**エ** けんかをした者は，いかなる理由でも処罰する。

⑶ 右の図を見て，あとの問いに答えなさい。

①図中のAの人々は頭を布で包み，だれであるのかわからないようにしている。このような人々が正規の手続きを経ずに朝廷に要求を通そうとすることを何というか，漢字2字で答えなさい。

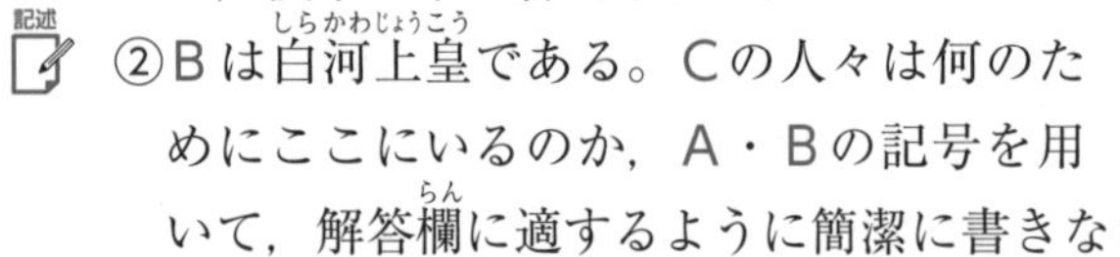

記述 ②Bは白河上皇である。Cの人々は何のためにここにいるのか，A・Bの記号を用いて，解答欄に適するように簡潔に書きなさい。

⑷ 中世の仏教について述べた文として誤っているものを，次の**ア〜エ**から1つ選び，記号で答えなさい。

**ア** 天台宗や真言宗などは，朝廷や幕府のために祈祷を行って保護され，強い力を持っていた。
**イ** 一遍は，念仏をすすめるために念仏の札を配り，踊りを取り入れて，布教を行った。
**ウ** 禅宗は，武士の気風によく合っていたため，幕府による保護を受け，中国から僧が招かれたりした。
**エ** 浄土信仰の教えを徹底し，一心に南無妙法蓮華経と唱えることで，極楽往生をめざす教えが生まれた。

⑸ 中世社会の東日本の様子について述べたA〜Cの文を年代の古い順に正しく並べたものを，下の**ア〜カ**から1つ選び，記号で答えなさい。

A 平泉を拠点としていた奥州藤原氏が滅亡した。
B 源頼義が前九年合戦で陸奥の豪族安倍氏を倒した。
C 平将門が周辺の武士団を率いて反乱をおこした。

**ア** A→B→C　**イ** A→C→B　**ウ** B→A→C
**エ** B→C→A　**オ** C→A→B　**カ** C→B→A

| (1) | (2) | (3) | ① |
|---|---|---|---|
| ② Cは　　　　ためにいる。 | | (4) | (5) |

〔滝高一改〕

**2** 次のA，Bの文を読み，あとの各問いに答えなさい。　(8点×4－32点)

A　源頼朝は朝廷の許しをえて，国ごとにa□をおき，荘園や公領には地頭をおいた。国ごとにおかれたa□は，その国の御家人の指揮や軍事・警察のことをつかさどった。

B　足利義満は明との間に，貿易船と倭寇を区別するために，勘合という合い札を用いた勘合貿易を始めた。貿易には，博多やb□の商人などがあたった。やがて，b□は港町として栄え，有力な商人が中心になって，町を自治的に運営するようになった。

(1) Aの文中のa□にあてはまる用語を書きなさい。

(2) Aの文中の下線部の御家人は将軍と主従関係を結んだ。この鎌倉時代の主従関係について述べた文として正しいものを，次の**ア**～**エ**から1つ選び，記号で答えなさい。

**ア**　国ごとにおかれた惣領が国内の御家人をまとめ，将軍に対する奉公を果たした。

**イ**　御家人は所有する土地の石高に応じて奉公を果たした。

**ウ**　将軍は御家人を荘園の地頭に任命したが，これは御恩を与えることを意味した。

**エ**　将軍は有力な御家人を守護に任命し，荘園の年貢の半分を取ることを認めた。

(3) Bの文中のb□にあてはまる港町の名称を書きなさい。また，その港町の位置を上の地図中の**ア**～**エ**から1つ選び，記号で答えなさい。

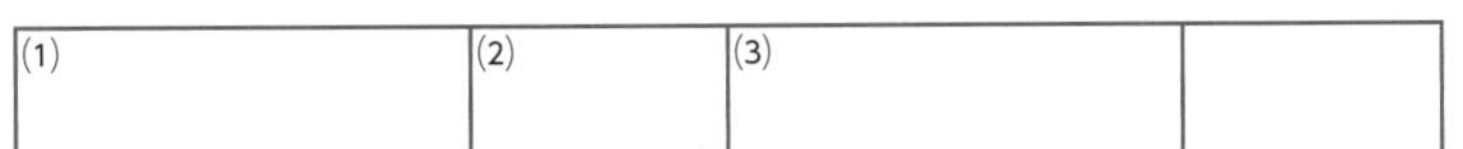

| (1) | (2) | (3) | |
|---|---|---|---|

〔埼玉一改〕

**3** 次の(1)，(2)の文を，下線部に着目しながら読み，
A，Bともに正しい場合は……ア　　Aが正しく，Bが誤りの場合は……イ
Aが誤りで，Bが正しい場合は……ウ　　A，Bともに誤りの場合は……エ
を解答欄に書きなさい。　(10点×2－20点)

(1) A　日蓮は最もすぐれた仏教の教えは法華経であるとして，題目(南無妙法蓮華経)を唱えれば，人も国も救われると説き，日蓮宗(法華宗)を開いた。

B　後醍醐天皇による建武の新政は，鎌倉幕府をたおした公家への恩賞が不十分なうえに，武士重視の政策が続いたため，足利尊氏は兵をあげて新政をたおした。

(2) A　鎌倉時代，幕府の後ろだてや武力によって，多くの守護が荘園に対する支配力を強めていくようになり，土地の支配をめぐってしばしば荘園領主と争うようになった。

B　将軍足利義満の死後，将軍家や管領家のあとつぎをめぐる対立から，応仁の乱がおこった。全国の守護大名は，東軍と西軍に分かれ，11年ものあいだ戦いが続いた。

| (1) | (2) |
|---|---|

〔近畿大附高一改〕

# 7 ヨーロッパ人の来航と天下統一

Step A　Step B　Step C

解答▶別冊8ページ

▶次の　　　に適語を入れなさい。

## 1 16世紀中ごろ～16世紀末の日本と世界

| | 室町時代 | | 安土桃山時代(桃山文化) | | | | | | | |
|---|---|---|---|---|---|---|---|---|---|---|
| 日本 | 1543 ポルトガル人が ① に漂着 | 1549 ② が鹿児島に来航 | 1573 室町幕府が滅ぶ | 1575 織田信長が武田氏を破る ③ の戦いで、 | 1576 信長が安土城を築く | 1582 ④ の変で信長が自害する | 1586 秀吉が太政大臣になる | 1590 **秀吉が天下を統一** | 1592 ⑤ の役 | 1597 ⑥ の役 | 1600 ⑦ の戦い |

| 中国 | 明 | | | | | |
|---|---|---|---|---|---|---|
| 世界 | 1558 エリザベス1世即位 | 1565 スペインがフィリピンを占領 | 1581 オランダの独立宣言 | 1588 イギリスがスペインの無敵艦隊を破る | 1600 イギリスが東インド会社をつくる | 1619 オランダがジャワに進出する |

## 2 主な戦国大名(16世紀半ばごろ)

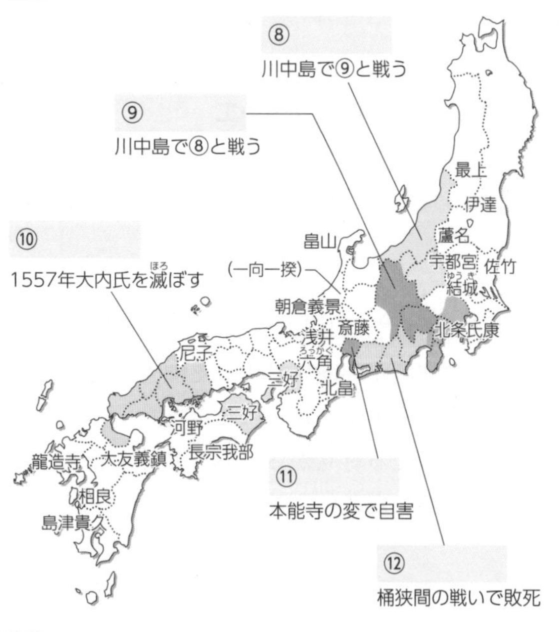


## 3 分国法(家法)の例(部分要約)

一、今川家の家臣は，勝手に他国の者と結婚してはならない。
⑬
今川義元らが制定

一、許可を得ないで他国へ手紙を書き送ってはならない。
⑭
武田信玄が制定

一、けんかや口論は禁止する。この命令に反すれば両方とも処罰する。
長宗我部元親百箇条
長宗我部元親が制定

一、本拠である朝倉館のほか，国内に城を構えてはならない。
⑮
朝倉敏景(孝景)が制定

▶次の[　　]に適語を書きなさい。

## 4 世界の動きとヨーロッパ人の来航

1 **ヨーロッパの文化**…ヨーロッパでは，15世紀ごろからギリシャ・ローマ時代のすぐれた文化を学びなおそうとして，学問や芸術がさかんになった。このことを[⑯　　　　]という。

2 **新航路の開拓**…ポルトガルはインドに直接通じる航路を開拓した。スペインはそれに対抗して西回りでアジアをめざした。スペインの援助を受けた[⑰　　　　]は1492年，**アメリカ大陸**付近の島に到達した。

3 **宗教改革**…キリスト教会の腐敗に対して，ドイツの[⑱　　　　]は信仰のあり方を正そうとして**宗教改革**を唱えた。

4 **ヨーロッパ人の来航**…1543年，[⑲　　　　]人が乗っていた中国の船が**種子島**に漂着し，[⑳　　　　]を伝えた。[㉑　　　　]の一行によって世界周航を実現させたスペインは，フィリピンのマニラを中心にアジア各地との貿易を行い，日本にも1584年に長崎の[㉒　　　　]に来た。

⑯ ______
⑰ ______
⑱ ______
⑲ ______
⑳ ______
㉑ ______
㉒ ______

## 5 織田信長・豊臣秀吉の天下統一への動き

1 **織田信長の統一事業**…[㉓　　　　]の国の小さな戦国大名であった**織田信長**は，[㉔　　　　]の戦いで東海の有力大名であった今川義元を破った。さらに，鉄砲を有効に使った戦法で，信長は甲斐の[㉕　　　　]氏を**長篠の戦い**で破り，翌年，豪華な天守をもつ[㉖　　　　]を築いた。

2 **信長の政策**…信長の城下では，市や座で特権をもっていた商工業者の権利をとりあげて，自由に商工業ができる[㉗　　　　]の政策がとられた。

3 **豊臣秀吉の全国統一**…信長が家臣の[㉘　　　　]にそむかれて，京都の本能寺で自殺に追い込まれると，**豊臣秀吉**が信長のあとを継いで統一の事業を進め，1590年，小田原の[㉙　　　　]氏を滅ぼして天下を統一した。

4 **秀吉の政策**…秀吉は全国の田畑を調べて，米の収穫高を**石高**で表す[㉚　　　　]を行い，[㉛　　　　]によって農民から武器をとりあげて，武士と農民の身分の区別を明らかにし，**兵農分離**を実現した。

5 **朝鮮侵略**…1592年，秀吉は朝鮮に出兵し，各地を占領した。しかし，朝鮮の民衆による義兵の抵抗や，[㉜　　　　]の率いる水軍が朝鮮南部で反撃し，日本軍に打撃を与えた。

㉓ ______
㉔ ______
㉕ ______
㉖ ______
㉗ ______
㉘ ______
㉙ ______
㉚ ______
㉛ ______
㉜ ______

## 6 桃山文化

1 **絵　画**…城中の書院のふすまや屛風には雄大な障壁画が多く描かれた。その代表作は[㉝　　　　]の描いた『唐獅子図屛風』である。また，[㉝]の作品である『[㉞　　　　]屛風』では，当時の京都の町並みや武士や庶民の生活がいきいきと描かれている。

2 **茶の湯**…「わび」・「さび」を重んじる**茶道**が発達し，[㉟　　　　]がわび茶を大成した。茶道の普及とともに茶室建築や陶磁器の制作もさかんになり，特に今の佐賀県の[㊱　　　　]や山口県の萩焼が有名である。

3 **芸　能**…**出雲の阿国**は京都に出て[㊲　　　　]を始めた。また，三味線に合わせて語る**浄瑠璃**が生まれた。

㉝ ______
㉞ ______
㉟ ______
㊱ ______
㊲ ______

Step A　Step B　Step C

| ●時 間 30 分 | ●得 点 |
| --- | --- |
| ●合格点 75 点 | 点 |

解答▶別冊 8 ページ

**1** [戦国大名と統一事業] 次の文を読んで，あとの各問いに記号で答えなさい。　(8点×5－40点)

応仁の乱後，約100年間にわたり全国各地で戦乱が続いた。この間に，かつて勢力をふるっていた守護大名が，下剋上の風潮の中で実力のある家臣・土豪らに倒され，守護大名に代わって，a 戦国大名が出現した。天下統一をめざす大名の中でも，b 織田信長は，c 今川義元を破ってから急速に勢力をのばし，敵対する大名や仏教勢力をおさえて京都にのぼり，統一の事業を進めた。しかし，信長もまた家臣の明智光秀に討たれたので，その統一の事業は，d 豊臣秀吉に受け継がれた。その後秀吉は，e 検地や刀狩によって封建制の土台をかためた。

(1) 下線部 a について，戦国大名に関係ないのはどれですか。
- ア　戦国大名は，領国支配のために，独自の法律をつくった。
- イ　領国内の支配を強化するために，土豪や国人を家臣にとりたてて，家臣団を形成した。
- ウ　大名の居城を中心に，商工業者や家臣を集めて住まわせた。
- エ　領国で自由に商工業を営めるようにするなどして，財政を豊かにする富国策をとった。
- オ　領国内の武士の裁判などのために，武家諸法度をつくった。

(2) 下線部 b について，織田信長が築いた壮大な安土城はどこにありましたか。
- ア　石山本願寺あと　イ　長良川の中流あたり　ウ　堺市のあたり
- エ　淀川の河口のあたり　オ　琵琶湖のほとり

(3) 下線部 c について，今川義元が織田信長に敗れた争いはどれですか。
- ア　桶狭間の戦い　イ　長篠の戦い　ウ　屋島の戦い
- エ　鳥羽・伏見の戦い　オ　本能寺の変

(4) 下線部 d について，右の絵は，豊臣秀吉が建てた城を描いたものであるが，徳川家康はこの城を攻め豊臣氏を滅ぼした。この城が建てられた都市について述べた文として誤っているものはどれですか。
- ア　天保のききんの被害がでる中，この都市で，元役人の大塩平八郎が乱をおこした。
- イ　幕末に日米和親条約が結ばれ，函館とともに，この都市の港を開くことが定められた。
- ウ　自由民権運動が広まる中，この都市に全国の代表者が集まり，国会期成同盟をつくった。
- エ　江戸時代に，この都市は江戸との間に定期航路が開かれ，「天下の台所」として発展した。

(5) 下線部 e について，秀吉の検地について述べているのはどれですか。
- ア　農民に土地を分け与える代わりに農民には租・調・庸の税を納めさせ，兵役につかせた。
- イ　農民に惣という自治組織をつくらせ，村人が全員で村を守るようにした。
- ウ　田畑の値段と所有者を決め，地価の３％にあたる地租を土地の所有者に納めさせた。
- エ　田畑の面積・土地のよしあし・収穫高を調べて年貢の額を決め，実際に耕作している農民に，年貢の負担を義務づけた。
- オ　農家を５戸ずつにまとめて連帯責任にし，年貢を完納させた。

| (1) | (2) | (3) | (4) | (5) |
| --- | --- | --- | --- | --- |
|  |  |  |  |  |

〔高田高一改〕

## 2 [全国統一への歩み] 右の年表を見て，次の問いに答えなさい。 (9点×4−36点)

| 年代 | できごと |
|---|---|
| 1573 | 室町幕府が滅びる………A |
| 1582 | 太閤検地が始まる………B |
| | ↕ C |
| 1590 | 豊臣秀吉が全国を統一 |
| 1600 | 関ヶ原の戦いがおこる…D |

(1) Aは，室町幕府の将軍が，織田信長によって追放されたことによるものである。追放された将軍を，次の**ア**～**エ**から1つ選び，記号で答えなさい。

**ア** 足利義持　**イ** 足利義尚　**ウ** 足利義視
**エ** 足利義昭

(2) Bの下線部について述べた文として誤っているものを，次の**ア**～**エ**から1つ選び，記号で答えなさい。

**ア** 米の収量をはかる枡を統一した。　**イ** 荘園領主が持っていた土地の権利を否定した。
**ウ** 直接耕作する農民の土地を取り上げた。**エ** 土地の良し悪しを調べ米の収量を石高で表した。

(3) Cの期間に社会におこった変化を説明した文として最も適当なものを，次の**ア**～**エ**から1つ選び，記号で答えなさい。

**ア** 荘園ごとに地頭が配置されたことで，将軍を頂点とした主従関係による支配制度が整った。
**イ** 藩主のかわりに府知事や県令が派遣されたことで，中央に権力を集める体制ができあがった。
**ウ** 農民から刀などの武器を取り上げたことで，武士と農民との身分の区別が明らかになった。
**エ** 戸籍が作成され班田収授法が実施されたことで，民衆と土地を支配するしくみができあがった。

(4) Dの下線部について，この戦いがおこった場所を，現在の都道府県名で答えなさい。

| (1) | (2) | (3) | (4) |
|---|---|---|---|
| | | | |

〔宮城—改〕

## 3 [キリスト教と貿易] 次の文章を読んで，あとの問いに答えなさい。 (6点×4−24点)

A イタリアで始まったルネサンスがヨーロッパに広まるなかで，ローマ教会への批判が高まった。ドイツの(　①　)はローマ教会から破門されたが，君主や貴族の保護を受けてキリスト教の新しい宗派を生み出した。スイスではカルバンが中心となって改革が進み，プロテスタントとよばれる新宗派のキリスト教徒があらわれた。

B 宗教改革に対抗して，ローマ教会はカトリックの布教を強化した。16世紀前半に創設された(　②　)会は，当時，ポルトガルやスペインが推し進めていた新大陸やアジアへの進出の動きとともに，宣教師を派遣して布教をすすめた。日本では(　③　)が鹿児島に到着してカトリックを伝えたが，江戸時代になるとキリスト教は禁止された。

(1) (　①　)～(　③　)にあてはまる語句・人名をカタカナで答えなさい。

(2) 文章Bの下線部について，スペインのアジアにおける貿易を述べた文として正しいものを，次の**ア**～**エ**から1つ選び，記号で答えなさい。

**ア** アフリカ南端の喜望峰からインドにいたる航路を開き，アジアとの貿易を始めた。
**イ** アメリカ大陸で産出される銀をフィリピンのマニラに持ち込み，中国産の品物を購入した。
**ウ** 中国のマカオに拠点をおき，中国商人とともに密貿易船に乗って交易をした。
**エ** 東インド会社を世界で初めて設立して，中国から茶を輸入し，自国産の絹織物を中国へ輸出した。

| (1) | ① | ② | ③ | (2) |
|---|---|---|---|---|
| | | | | |

〔帝塚山高—改〕

# 8 江戸幕府の成立と幕府政治

Step A　Step B　Step C

解答▶別冊 8 ページ

▶次の　　　に適語を入れなさい。

## 1 16世紀末〜17世紀前半の日本と世界

**日本（江戸時代）**

|  |  |
|---|---|
| 1600 | **関ヶ原の戦い** |
| 1603 | 徳川家康が ① となる |
| 1614 | 大阪冬の陣おこる |
| 1615 | ② おこる |
|  | **武家諸法度**を定める |
|  | ③ を定める |
| 1623 | ④ が3代将軍になる |
| 1633 | ⑤ 以外の海外渡航を禁じる |
| 1634 | 長崎に ⑥ を築かせる(36年に完成) |
| 1635 | 海外渡航・帰国の禁止 |
|  | ⑦ の制が確立 |
| 1637 | ⑧ がおこる |
| 1639 | ⑨ 船の来航禁止 |

**中国**：後金（〜1636）→ 清／明

**世界**

|  |  |
|---|---|
| 1604 | フランス東インド会社ができる |
| 1618 | ドイツで三十年戦争がおこる |
| 1620 | 清教徒がメイフラワー号で北アメリカに移住 |
| 1628 | イギリス議会が権利の請願を提出 |
| 1636 | 後金が国号を ⑩ と改める |
| 1642 | イギリスでピューリタン(清教徒)革命 |

## 2 江戸幕府のしくみ

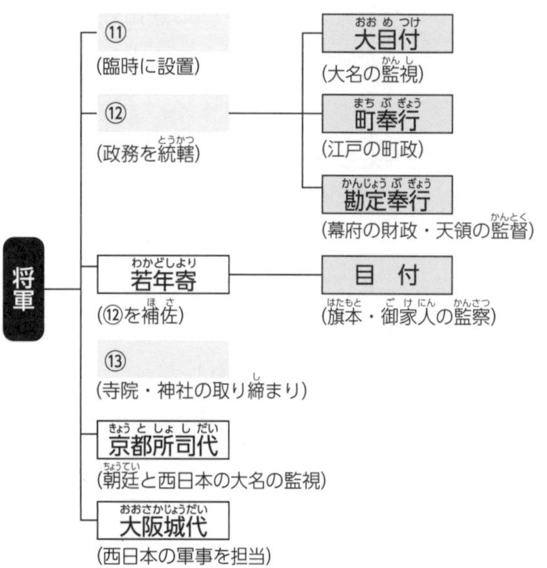


## 3 鎖国下の対外関係

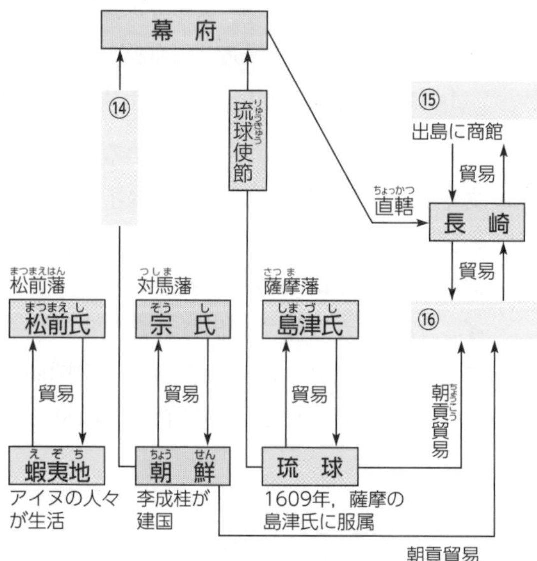

▶次の[　　]に適語を書きなさい。

## 4 幕藩体制の確立

❶ **江戸幕府の成立**…**徳川家康**は1600年，[⑰　　　　]の戦いで石田三成を破り，1603年，**征夷大将軍**に任じられ，**江戸幕府**を開いた。

❷ **大名の統制**…石高１万石以上の領地をもつ者は大名とよばれたが，その中で徳川家一門は**親藩**，[⑰]の戦い以前から徳川氏に仕えていた者を[⑱　　　　]，それ前後に仕えるようになった者を[⑲　　　　]と分けて，大名の領国の配置にも苦心して統治した。２代将軍**秀忠**のとき[⑳　　　　]を定め，城の修理や大名家どうしの婚姻には幕府の許可を必要とした。さらに，３代将軍**家光**のとき，１年おきに大名に領地と江戸を往復させる[㉑　　　　]の制を定め，大名の財力を弱めることをはかった。

❸ **寺社の統制**…寺社の取り締まりについては，寺社領を与えるとともに，諸宗寺院法度を定め，さらに[㉒　　　　]をおいて取り締まらせた。

⑰＿＿＿＿＿＿

⑱＿＿＿＿＿＿

⑲＿＿＿＿＿＿

⑳＿＿＿＿＿＿

㉑＿＿＿＿＿＿

㉒＿＿＿＿＿＿

## 5 幕府の身分制度

❶ **厳しい身分制度**…江戸幕府は厳しい身分制度をしき，武士・[㉓　　　　]・百姓とに分けられ，武士と[㉓]は城下に住み，[㉓]は町年寄・町名主などの町役人を中心に町の自治をになった。百姓，[㉓]のほか，[㉔　　　　]・ひにんとよばれ，厳しく差別された身分の人々がいた。かれらは住むところや職業も制限された。

❷ **農民の統制**…百姓のうち，土地をもつ[㉕　　　　]の有力な者が，[㉖　　　　](名主)・**組頭**・**百姓代**などの村役人になり，年貢の徴収などを行った。また，犯罪の防止や年貢の納入に共同の責任を負わせ，たがいに監視させるために[㉗　　　　]の制度をつくった。村の掟を破る者には[㉘　　　　]という制裁が加えられた。

㉓＿＿＿＿＿＿

㉔＿＿＿＿＿＿

㉕＿＿＿＿＿＿

㉖＿＿＿＿＿＿

㉗＿＿＿＿＿＿

㉘＿＿＿＿＿＿

## 6 鎖国への道

❶ **朱印船貿易**…家康は豊臣秀吉の制度を受け継いで，[㉙　　　　]を与えた貿易船の貿易を認めた。これを**朱印船貿易**といい，西国の大名や京都・[㉚　　　　]・長崎の商人が朱印船を派遣して貿易を行った。

❷ **貿易の制限**…秀忠はキリスト教の禁圧を強化し，明の船をのぞくすべての外国船との貿易を[㉛　　　　]と平戸の２港に限った。３代将軍家光のとき日本人の海外渡航と帰国が禁止され，朱印船貿易は終わりを告げた。

❸ **キリスト教の禁教**…キリスト教徒への弾圧が厳しくなると，信者の多い島原・天草では，1637年，農民が一揆をおこし，やがて農民たちは**天草四郎**を大将として幕府に反抗した。これを[㉜　　　　]という。

❹ **鎖国の完成**…1635年，家光は，日本人の海外渡航と帰国を禁じ，1639年には[㉝　　　　]船が日本に来ることを禁じた。さらに1641年，平戸にあったオランダの商館を長崎の[㉞　　　　]に移した。幕府は[㉟　　　　]を行い，キリスト教徒の取り締まりをいっそう強めた。

㉙＿＿＿＿＿＿

㉚＿＿＿＿＿＿

㉛＿＿＿＿＿＿

㉜＿＿＿＿＿＿

㉝＿＿＿＿＿＿

㉞＿＿＿＿＿＿

㉟＿＿＿＿＿＿

月　日

Step A　Step B　Step C

| ●時間 30分 | ●得点 |
| --- | --- |
| ●合格点 75点 | 点 |

解答▶別冊 8 ページ

## 1 [幕藩体制] 右の組織図を見て，次の問いに答えなさい。　(5点×5－25点)

(1) 組織図の①～③に入る適語を答えなさい。

(2) 組織図中の下線部 a について，18世紀に ① の地位にあって，次のA，Bの政策を行った人物を，あとの**ア～ク**から1人ずつ選びなさい。

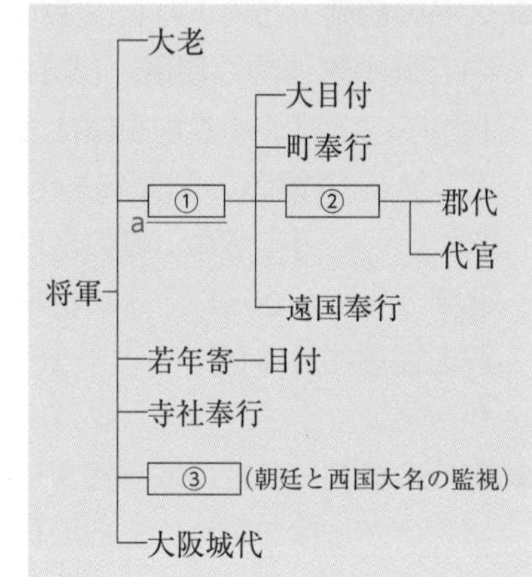


A 株仲間の結成や長崎貿易での銅や海産物の輸出を奨励し，北方では，蝦夷地の開発を企てた。

B ききんに備えて倉を設けて米穀をたくわえさせ，また生活の苦しくなった旗本などの救済のために，借金の一部を帳消しさせる法令を出したりした。幕府の学校では，朱子学以外の講義を禁じて教育内容の統一をはかった。

**ア** 水野忠邦　**イ** 松平定信　**ウ** 徳川吉宗　**エ** 足利義政　**オ** 北条時宗
**カ** 北条時頼　**キ** 田沼意次　**ク** 新井白石

| (1) | ① | ② | ③ |
| --- | --- | --- | --- |
| (2) | A | B | |

〔聖母学院高―改〕

## 2 [江戸時代の交通路] 次の文を読んで，あとの各問いに答えなさい。　(7点×3－21点)

関ヶ原の戦いを経て成立した江戸幕府は，豊臣政権を引き継いで陸上交通路の整備をすすめ，江戸を起点とする①五街道を主要幹線道路として管理した。また，②武家諸法度で定められた参勤交代の制度は，全国的な交通網の整備をうながすことになった。③陸上交通とともに大量の物資を安価に運ぶことができる水上交通も整備された。特に，大阪と江戸の間には多くの船が往来し，「将軍のおひざもと」と言われ大消費都市となった江戸には，大阪から大量の物資が輸送されるようになった。

(1) 下線部①に関して，五街道のうち江戸と京都を結んでいたのが東海道であり，現在の東京都・神奈川県・静岡県・愛知県・三重県・滋賀県・京都府を通っていた。東海道が通っていたいずれかの都府県の歴史について述べた文にあてはまらないものを，次から1つ選びなさい。

**ア** 江戸時代には西陣織や清水焼が盛んにつくられた。
**イ** 江戸時代には将軍の親戚である御三家の城下町の1つがあった。
**ウ** 江戸時代には桐生で良質の絹織物が生産された。
**エ** 江戸時代の終わりごろにペリーが浦賀に来航した。

(2) 下線部②について，参勤交代の制度が武家諸法度に定められたときの将軍を，次の**ア～エ**から1つ選び，記号で答えなさい。

**ア** 徳川家康　**イ** 徳川秀忠　**ウ** 徳川家光　**エ** 徳川綱吉

(3) 下線部③に関して，江戸(えど)時代の水上交通について述べた文として誤っているものを，次の**ア**～**エ**から１つ選び，記号で答えなさい。

**ア**　江戸と大阪の間は，木綿や油などを運ぶ菱垣廻船(ひがきかいせん)が運航していた。

**イ**　樽廻船(たるかいせん)によって，東北地方から大阪や江戸に年貢米(ねんぐまい)が運ばれた。

**ウ**　日本海沿岸から太平洋沿岸をまわり，江戸に至る東廻り(ひがしまわ)航路が整備された。

**エ**　北前船(きたまえぶね)は西廻り航路を通り，蝦夷地(えぞち)と大阪を往来していた。

〔福岡大附属大濠高一改〕

## 3 ［東南アジアとの貿易］資料１・２を見て，各問いに答えなさい。　(10点×3－30点)

(1) 資料１の•は，各国の都の近くにつくられた日本人の居住地を示したものである。この居住地は何とよばれていましたか。漢字３字で答えなさい。また，この居住地があったaの島は，現在，何とよばれる国に属していますか。カタカナ５字で答えなさい。

(2) 資料２は，安南(アンナン)国への渡航(とこう)を認めた許可書である。このような許可書をもった船は何とよばれましたか。漢字３字で答えなさい。

資料１

資料２

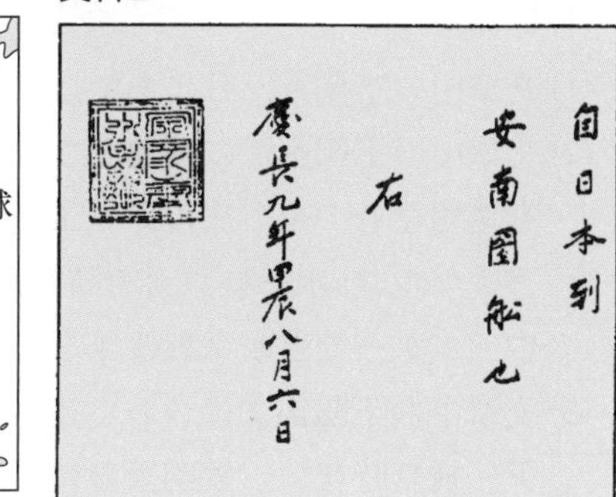

自日本到
安南國船也
右
慶長九年甲辰八月六日

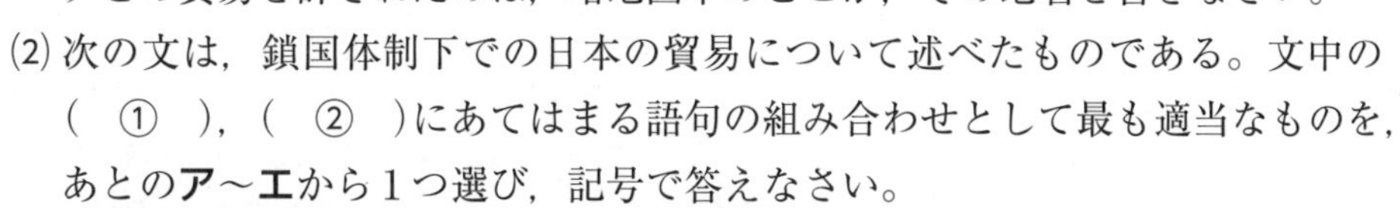


〔奈良一改〕

## 要 4 ［鎖国(さこく)への歩み］次の問いに答えなさい。　(8点×3－24点)

(1) 右の略地図中の地名は，鎖国体制下での外国などとの交易の窓口を示している。このうち，1641年に平戸(ひらど)にあったオランダの商館を移し，唯一(ゆいいつ)，オランダとの貿易を許されたのは，略地図中のどこか，その地名を書きなさい。

(2) 次の文は，鎖国体制下での日本の貿易について述べたものである。文中の（　①　），（　②　）にあてはまる語句の組み合わせとして最も適当なものを，あとの**ア**～**エ**から１つ選び，記号で答えなさい。

> 日本からは主に（　①　）などが輸出され，中国船やオランダ船からは主に（　②　）などがもたらされた。

**ア**　① 生糸や絹織物　② 石炭や鉄鉱石　　**イ**　① 生糸や絹織物　② 銀や銅

**ウ**　① 銀や銅　② 生糸や絹織物　　**エ**　① 銀や銅　② 石炭や鉄鉱石

(3) 次の**ア**～**オ**は，鎖国が完成するまでに行われた政策である。**オ**を最後に，年代の古い順に記号で答えなさい。

**ア**　ポルトガル船の来航を禁止する。　　**イ**　スペイン船の来航を禁止する。

**ウ**　日本人の海外渡航(とこう)と帰国を禁止する。　　**エ**　欧州(おうしゅう)船の寄港地を平戸・長崎に制限する。

**オ**　オランダの商館を出島に移す。

| (1) | (2) | (3)　→　→　→　→ |
|---|---|---|

〔香川一改〕

月　日

Step A　Step B　Step C-①

| ●時間 30分 | ●得点 |
| --- | --- |
| ●合格点 75点 | 点 |

解答▶別冊9ページ

## 1 次の文章を読んで，あとの問いに答えなさい。

((1)8点×2，他6点×2−28点)

近世初期には，日本にもヨーロッパ人が来航し貿易を行っていた。この貿易で扱われた主な品目は(　A　)であった。この時期に来日したヨーロッパ人により，①キリスト教が日本に伝えられた。②比叡山延暦寺などの仏教勢力と対立していた織田信長らがキリスト教を保護したこともあり，キリスト教は広まっていったが，やがて，権力者たちはキリスト教を脅威とみなして禁止するようになった。1637年の(　B　)のあとには，本格的な鎖国体制がとられるようになった。鎖国によって(　A　)の輸入が制限されたため，国内での生産技術が向上し，アメリカ合衆国との交渉の末に開国したのち，(　A　)は重要な輸出品目となった。

(1) 文章中の空欄A，Bにあてはまる適切な語句を答えなさい。

(2) 文章中の下線部①に関連して，日本にキリスト教が伝えられた背景となったできごととして最も適切なものを，次の**ア**～**エ**から1つ選び，記号で答えなさい。

**ア**　マルコ=ポーロが元を訪れたから。　**イ**　コロンブスがアメリカに到達したから。
**ウ**　ルターなどが宗教改革をおこしたから。　**エ**　マゼラン一行が世界一周に成功したから。

(3) 文章中の下線部②について述べた文として最も適切なものを，次の**ア**～**エ**から1つ選びなさい。

**ア**　飛鳥時代に，欽明天皇の命により仏教を受け入れた蘇我氏が，氏寺として建立した。
**イ**　奈良時代に，唐から招いた高僧鑑真が，僧を教育する場として建立した。
**ウ**　平安時代の初めに，桓武天皇の保護を受けた最澄が，天台宗の教えを学ぶ場として建立した。
**エ**　鎌倉時代に浄土宗を開き，庶民にも念仏を広めた法然が，布教の拠点として建立した。

| (1) | A | B | (2) | (3) |
| --- | --- | --- | --- | --- |
|  |  |  |  |  |

〔お茶の水女子大附高－改〕

## 2 略地図を見て，次の問いに答えなさい。

(8点×3−24点)

(1) 右の文中の空欄にあてはまる都市を，略地図中の**ア**～**エ**から1つ選びなさい。

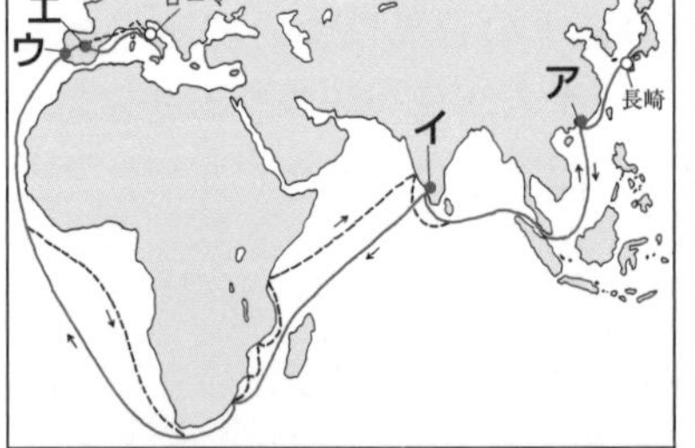

天正遣欧少年使節は左の略地図中の(　　)という都市に立ち寄った。左下の紙幣は，その都市がある国の現在の紙幣である。準公用語の英語のほかに何種類もの言葉が紙幣に書かれていることから，多様な民族がいることがわかる。また，英語が使われていることから，この国がかつて，イギリスの植民地であったことがわかる。

(2) 九州のキリシタン大名は，少年使節をローマ教皇のもとに送った。少年使節が派遣された年代と最も近い時期におこった世界のことがらを，次の**ア**～**ウ**から1つ選びなさい。

**ア**　フランス革命がおこり，人権宣言が出された。
**イ**　イギリスで権利の章典が定められた。　**ウ**　スイスでカルバンの宗教改革が始まった。

(3) 少年使節が帰国した年代に最も近い日本のできごとを，次の**ア**～**エ**から1つ選びなさい。

**ア**　小田原の北条氏が滅亡した。　**イ**　山城国から太閤検地が始められた。
**ウ**　島原・天草一揆がおこった。　**エ**　関ヶ原の戦いがおこった。

| (1) | (2) | (3) |
|---|---|---|
| | | |

〔大分－改〕

**3** 次の先生と生徒との会話文を読んで，あとの問いに答えなさい。 (8点×3－24点)

先生：この城(右の写真)を築造したのはだれか知ってる？
生徒：( a )だと思います。
先生：彼が築造した安土城は，16世紀に焼失したまま再建されていないよ。
生徒：じゃあ，( b )ですか？
先生：おしいけど不正解。最初に築城したのは( b )だけど，その城は，( b )の死後にｃ合戦で燃えてしまった。今の城は，のちに再建されたものだ。
生徒：それじゃあ，ｄ江戸幕府が再建したのが今の城ですか？
先生：実はそれも違う。天守閣は半世紀もたたずに落雷にあって焼失してそのまま再建されなかったんだ。天守閣が再建されたのは満州事変がおこった1931年で，当時の市長の提案で集められた市民の寄付によるものなんだ。

(1) a・bにあてはまる人名の組み合わせについて，正しいものを１つ選び，記号で答えなさい。
**ア** a 豊臣秀吉 b 徳川家康 **イ** a 徳川家康 b 豊臣秀吉
**ウ** a 豊臣秀吉 b 織田信長 **エ** a 織田信長 b 豊臣秀吉
**オ** a 織田信長 b 徳川家康 **カ** a 徳川家康 b 織田信長

難 (2) 下線部ｃの合戦よりあとにおこったできごとを，次の**ア～エ**から１つ選びなさい。
**ア** 朝鮮国の使節が初めて江戸に来た。 **イ** オランダが平戸に商館を設立した。
**ウ** 高山右近をマニラに追放した。 **エ** 中国船以外の来航を長崎・平戸に限定した。

(3) 下線部ｄが滅んだ1867年まで，江戸時代は約260年間続いた。この時代におこった次の**ア～エ**を年代の古い順に並べたとき，年代の最も古いものを１つ選びなさい。
**ア** 天保のききんの被害が出る中，元役人の大塩平八郎が乱をおこした。
**イ** イギリス船などが現れるようになったので，異国船打払令を出した。
**ウ** 新井白石は，朝鮮からの国書において，将軍の呼称を大君から国王に改めた。
**エ** 徳川綱吉は生類憐みの令を出して，犬をはじめとする鳥獣の保護を命じた。

〔大阪教育大附高(平野)－改〕

**4** 次の(1)～(3)の文は安土桃山時代から江戸時代にかけての，日本に伝わったキリスト教に関連して述べたものである。(1)～(3)の文が正しい場合は○，誤っている場合は×で答えなさい。 (8点×3－24点)

(1) プロテスタントが創設したイエズス会は，ザビエルら宣教師を海外へ派遣した。
(2) 九州のキリシタン大名たちは，４人の少年使節をローマ教皇のもとへ送った。
(3) 江戸幕府はキリスト教を禁止して，キリスト教徒を発見するために絵踏を行った。

| (1) | (2) | (3) |
|---|---|---|
| | | |

〔大阪教育大附高(天王寺)－改〕

月　日

Step A　Step B　Step C-②

| ●時間 30分 | ●得点 |
| --- | --- |
| ●合格点 75点 | 点 |

解答▶別冊9ページ

**1** 次の文の①～⑩の(　)に入る最も適当な語句を，語群の中から記号で選んで答え，また，あとの各問いに答えなさい。 (4点×17－68点)

16世紀の末から，明は衰えはじめ，農民の反乱も続いた。中国北東部の(　①　)はこの機会に勢力を伸ばして，17世紀初頭には国の名を(　②　)として，1644年に(　③　)を首都と定めた。17世紀末には，シベリア方面に進出してきたロシアと国境を画定している。

このころの日本は，この国と定期的な貿易をしていた。もちろん，(　④　)を窓口にして，鎖国体制の中で(　④　)奉行の管理下に貿易を行っていたのである。鎖国体制をとることは，幕府が貿易とその利益を独占し，外国との交流の特権を独占することでもあった。この体制を確立したのはａ将軍(　⑤　)のときであったが，ｂ８代目将軍(　⑥　)のときにはキリスト教関係以外の書籍の輸入を許可している。洋学者(　⑦　)を起用したのもこのころであった。朝鮮との関係では，将軍が交代するごとに(　⑧　)が送られてきている。しかし，ｃ初代将軍(　⑨　)が(　⑩　)貿易を維持し，海外に発展していたときと比べると，外国への窓口は開かれていたものの，小さく，世界の趨勢に立ち遅れていった事実は否定できない。まして，西欧ではｄ「新航路の開拓」とか「大航海時代」などといわれる時代を経て，世界的な東西の交流が開始されていたときであるだけに，なおのこと，その遅れは大きいのかもしれない。

〔語群〕

| | | | | | | | | | |
| --- | --- | --- | --- | --- | --- | --- | --- | --- | --- |
| ア | 長崎 | イ | 女真族 | ウ | 徳川吉宗 | エ | 徳川家康 | オ | 徳川家光 |
| カ | 北京 | キ | 南京 | ク | 長安 | ケ | 清 | コ | 明 |
| サ | 宋 | シ | 元 | ス | 林子平 | セ | 平賀源内 | ソ | 青木昆陽 |
| タ | 通信使 | チ | 朱印船 | ツ | モンゴル人 | | | | |

(1) 下線部ａの将軍のときに，大名を１年おきに江戸と領国に住まわせる制度が定められた。この制度を何というか。漢字４文字で答えなさい。

(2) 下線部ｂの将軍が行った改革を何といいますか。また，この改革の説明のうち，不適当な文はどれか。１つ選び，記号で答えなさい。

ア　株仲間を禁止し，かわりに座を重視していった。

イ　米価調整をした。米将軍といわれたのはこのためである。

ウ　足高の制を設け，人材登用をはかった。

難 (3) 下線部ｃの将軍は，水先案内人のイギリス人を日本にとどめて幕府の外交・貿易の顧問とした。何という人物か答えなさい。

(4) 下線部ｄに関して，新大陸(西インド諸島)に到達した人物の名を答えなさい。また，これを強く援助した国の女王の名を答えなさい。さらにこのような発見につながっていく理由があるが，その理由として不適当と思われるものを，次の文の中から１つ選び，記号で答えなさい。

ア　自然科学の発達があり，航海術が発展したためである。

イ　東洋への道をオスマン帝国が遮断したためである。

ウ　西洋の食料不足のため，東洋貿易が必要になったためである。

エ　東洋との物資(香辛料・陶磁器・絹など)の取り引きを活発にしようとしたためである。

| ① | ② | ③ | ④ | ⑤ | ⑥ | ⑦ | ⑧ | ⑨ | ⑩ |
|---|---|---|---|---|---|---|---|---|---|
| | | | | | | | | | |

| (1) | (2) | | (3) |
|---|---|---|---|
| (4) | | | |



## 2 次の文を読んで，以下の問いに答えなさい。（4点×2−8点）

16世紀には，ポルトガル人が種子島(たねがしま)に来航し，①ヨーロッパとの交流も開始され，多くの戦国大名が南蛮(なんばん)貿易に参加した。その後，政権を握(にぎ)った豊臣秀吉(とよとみひでよし)が貿易に対する統制を強め，続く江戸幕府(えどばくふ)も②いわゆる「鎖国(さこく)」政策を進めた。

(1) 下線部①について，南蛮貿易やキリスト教の伝来に関して述べた文として正しいものを，次の**ア〜エ**から１つ選び，記号で答えなさい。

**ア** 戦国時代を通じて鉄砲(てっぽう)は国産化できなかったため，大名は南蛮貿易で鉄砲の確保に努めた。

**イ** フランシスコ=ザビエルは，プロテスタント派の教えを布教するために来日した。

**ウ** 南蛮貿易の利益に注目した一部の戦国大名は，キリシタン大名となった。

**エ** 南蛮貿易では，日本は大量の銀を輸入し，生糸や絹織物などを中心に輸出した。

記述 (2) 下線部②について，1639年以降，ポルトガル船の来航が禁止される一方，同じヨーロッパの国であるオランダとの交易は継続(けいぞく)された。オランダとの交易が継続された理由を，右の資料を参考にして書きなさい。

資料　1639年発布の鎖国令(さこくれい)（『徳川禁令考(とくがわきんれいこう)』）

一　禁止となった切支丹宗門(キリシタンしゅうもん)を広めようとするものが，今も密入国している。
一　切支丹宗門のものどもが徒党をくんで反乱を企(くわだ)てて，処罰(しょばつ)されている。
一　宣教師と同じ宗旨(しゅうし)のものが隠(かく)れているところへ，ひそかに届け物が送られてきている。

| (1) | (2) |
|---|---|
| | |

〔弘学館高一改〕

## 3 次の史料を読み，あとの問いに答えなさい。（6点×4−24点）

次の史料A，Bは武田信玄(たけだしんげん)が家臣に対して制定した法令の一部を現代語訳したものである。

A　一　けんかをした者は，いかなる理由であっても処罰(しょばつ)する。
B　一　許可を得ないで他国へ贈(おく)り物や手紙を送ることはいっさい禁止する。

記述 (1) Aを制定した武田信玄のねらいを答えなさい。

記述 (2) Bを制定した武田信玄のねらいを答えなさい。

記述 (3) 武田信玄をはじめ戦国大名は領国内の経済力を高める施策(しさく)を行った。どのような施策を行ったか，２つ答えなさい。

| |
|---|
| (1) |
| (2) |
| (3) |
| |

〔金沢大附高〕

# 9 近世の産業・社会・文化

Step A　Step B　Step C

解答▶別冊10ページ

▶次の［　　］に適語を入れなさい。

## 1 江戸時代の産業

| | 1610 | 1619 | 1643 | 1671 | 1672 | | | 1841 |
|---|---|---|---|---|---|---|---|---|
| 産業の発達 | 足尾銅山を発見 | 菱垣廻船が始まる | ①［　　］を出す | 河村瑞賢が東廻り航路を開く | 河村瑞賢が西廻り航路を開く | 問屋制家内工業が発達 | 工場制手工業(マニュファクチュア)生産がおこる | ②［　　］の解散 |

## 2 元禄文化

特色…**上方**で発達した**町人中心**の，**現実的・清新**で**活気に満ちた**文化

文学…**井原西鶴**(浮世草子『世間胸算用』)，③［　　］(人形浄瑠璃の台本)

④［　　］(俳諧)

演劇…**坂田藤十郎**(歌舞伎の完成)，**竹本義太夫**(③と組んで人形浄瑠璃)

絵画…**尾形光琳**・⑤［　　］(装飾画)，⑥［　　］(浮世絵)

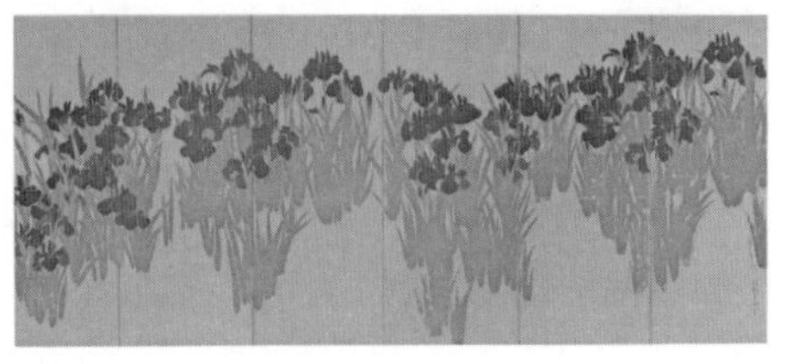

尾形光琳の ⑦［　　］

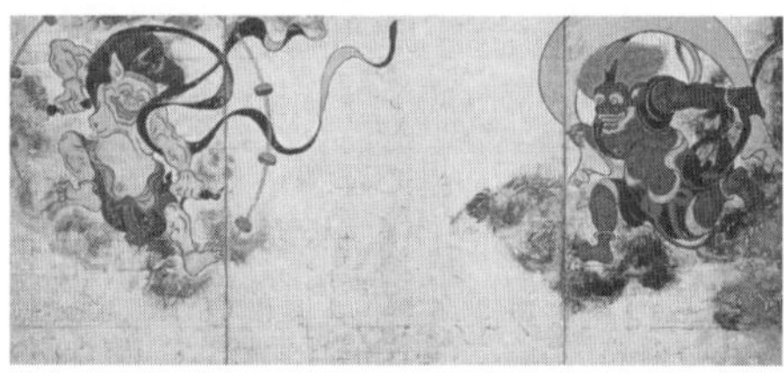

⑤ の ⑧［　　］

⑥ の ⑨［　　］

## 3 農具の発達

深く耕すことができた

⑩［　　］

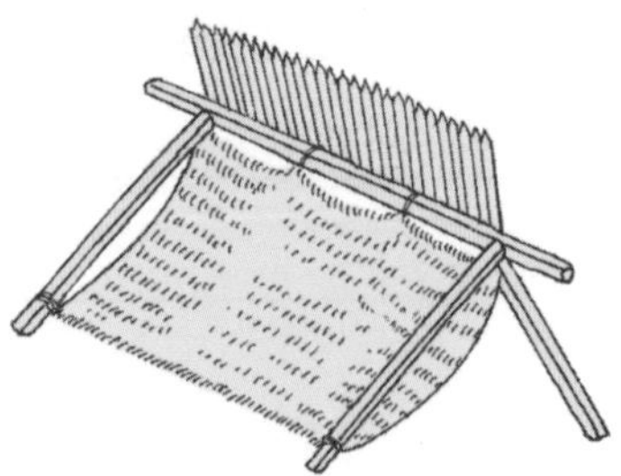

脱穀に利用

⑪［　　］

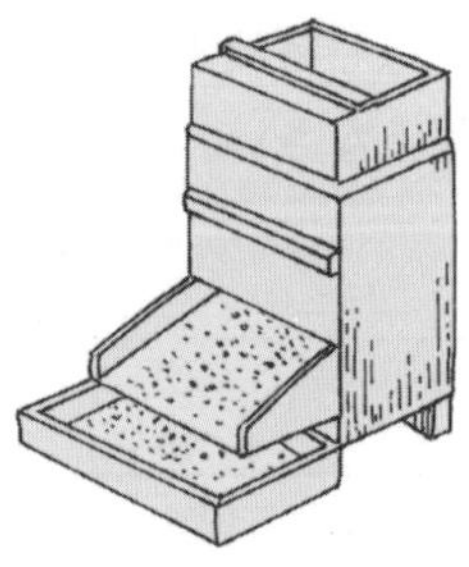

もみの選別に使用

⑫［　　］

▶次の[　　]に適語を書きなさい。

## 4 産業の発達

1 **農業の発達**…幕府も諸藩も農業の生産をさかんにするためのとりくみを行い，海や沼地を干拓して[⑬　　　　]を開発した。また，農具の改良・発明のほか，油かす・〆かす・[⑭　　　　]などの肥料が用いられるようになり，[⑮　　　　]・たばこ・さつまいも・桑・漆・茶・楮・麻・藍・紅花などの**商品作物**の生産が増加した。学者の[⑯　　　　]はききんに備えて，さつまいもの生産を奨励した。

2 **手工業の発達**…農家の副業として各地で養蚕・製糸業がさかんになり，[⑰　　　　]が生産され，主に京都の[⑱　　　　]でつくられた絹織物の原料とされた。のちに，[⑱]以外でも，北関東の[⑲　　　　]・**足利**などで絹織物が生産され始めた。

3 **鉱業の発達**…[⑳　　　　](新潟県)の**金山**，[㉑　　　　](兵庫県)の**銀山**，別子(愛媛県)や**足尾**(栃木県)の**銅山**が開かれた。

## 5 都市の繁栄と交通の発達

1 **商業の発達**…産業の発達にともない商業も大いに発達した。幕府は貨幣の鋳造権を握り，**金貨**・**銀貨**や**銅銭**の鋳造を江戸の[㉒　　　　]・銀座や銭座に請け負わせた。貨幣の流通にともない[㉓　　　　]が各地で営業し，為替，手形を発行して今の銀行と同じような仕事も行われた。

2 **町人の台頭**…諸藩は領内の物産を集めて大阪などに[㉔　　　　]を設けて，それを[㉕　　　　]や**掛屋**などの御用商人を通じて売りさばいた。幕府領からの年貢米などは，浅草の御蔵に納められ，その保管と販売には蔵前の商人である[㉖　　　　]があたった。都市の手工業者や大商人はそれまでの座にかわって[㉗　　　　]をつくるようになった。老中**田沼意次**は[㉗]を保護し，そのかわりに運上金や[㉘　　　　]を納めさせた。

3 **陸上交通と町の発達**…陸上交通の発達につれて，江戸を起点とした東海道や中山道などの[㉙　　　　]が整備され，その沿道には**宿場町**が発達した。宿場の中心には幕府や藩が使用する[㉚　　　　]・脇本陣，一般の人たちが泊まる旅籠・木賃宿などがあった。

4 **海上交通の発達**…物資の大量輸送には船が利用された。なかでも江戸と大阪を結ぶ南海路が最も発達し，[㉛　　　　]廻船・樽廻船の定期船が往復した。また，[㉜　　　　]によって東廻り航路・[㉝　　　　](北前船)が開かれて，各地の年貢米や特産物を輸送するのに利用された。

## 6 学問の発達

1 **朱子学**…幕府の御用学問として採用され，徳川家康は[㉞　　　　]を重く用いた。木下順庵は加賀藩に招かれ，順庵の門下の[㉟　　　　]は将軍家宣・家継に仕え，正徳の治をすすめた。

2 **陽明学**…実行を重んじる陽明学は，近江聖人といわれた[㊱　　　　]や熊沢蕃山などによって広められた。

⑬＿＿＿＿
⑭＿＿＿＿
⑮＿＿＿＿
⑯＿＿＿＿
⑰＿＿＿＿
⑱＿＿＿＿
⑲＿＿＿＿
⑳＿＿＿＿
㉑＿＿＿＿
㉒＿＿＿＿
㉓＿＿＿＿
㉔＿＿＿＿
㉕＿＿＿＿
㉖＿＿＿＿
㉗＿＿＿＿
㉘＿＿＿＿
㉙＿＿＿＿
㉚＿＿＿＿
㉛＿＿＿＿
㉜＿＿＿＿
㉝＿＿＿＿
㉞＿＿＿＿
㉟＿＿＿＿
㊱＿＿＿＿

Step A　Step B　Step C

| ●時間 30分 | ●得点 |
| --- | --- |
| ●合格点 75点 | 点 |

解答▶別冊10ページ

## 1 [江戸時代の農村と都市] 次の文を読んで(1)～(3)の問いに答えなさい。 (7点×3－21点)

江戸幕府の政治が安定し，農村では新田開発や農具の改良が進んだ。それにともない，米の生産量が増大し，全国で数千の村落が成立した。経済の発達とともに，A農村でもしだいに貨幣経済が広がっていった。一方，江戸や大阪では，大商人がB同業者の組合をつくり，大きな力をふるった。大商人の中には，ききんの発生にともなって，米の買い占めをする者があらわれた。その結果物価が上昇し，C町人の生活は苦しくなっていった。

(1) 下線部Aに関して，貨幣経済が広がったころの農村の様子として正しいものを，次の**ア**～**エ**から1つ選び，記号で答えなさい。

**ア** 年貢は，米で納める方法から貨幣で納める方法にかわった。
**イ** 綿や菜種などの商品作物が栽培されるようになった。
**ウ** 農民を労働力としてやとう工場制の機械工業が，各地で発達した。
**エ** 農民を借金から救済するため，幕府や藩が年貢を軽くした。

(2) 下線部Bの組合は，幕府や藩の許可を得て営業を独占したが，このような同業者の組合を何といいますか。

(3) 下線部Cに関して，生活が苦しくなった町人たちが，しばしば資料のような騒動をおこした。このような騒動を何といいますか。

資料

(「江戸市中騒動図」)

| (1) | (2) | (3) |
| --- | --- | --- |
|  |  |  |

〔富　山〕

## 2 [産業の発達] 次の文を読んで，あとの各問いに答えなさい。 (7点×6－42点)

江戸時代になると，鎖国によって海外との関係が絶たれた中で，①三都とよばれた大都市の商業活動が活発となったが，幕府の財政は農村からの年貢収入・労働奉仕などに支えられていた。また，統一した貨幣も幕府から発行された。三都を中心とした商業活動は，②年貢米や地方の特産品を各藩から依頼されて換金する業者や③金融機関を生み出し，農村経済にも大きな影響力をもつようになった。大名や武士の中には商人から借金をするものも出たほどである。商人の間には④商品流通のしくみもでき，問屋の中には営業を独占する組織をつくるものもいた。やがて，都市の商業活動が農村経済を左右するまでに成長し，その後の幕府政治の大きな問題となっていった。幕府は基本的に農村からの収入によって政治を行おうとしたのだが，都市と農村の貨幣経済による強い結びつきを整理することができなかった。この間に蓄積された経済力は，明治以後の経済を支えるもとになった。

(1) 下線部①について，三都と呼ばれた都市をすべてあげなさい。
(2) 下線部②について，各藩の年貢米や特産品をたくわえたところを何といいますか。
(3) 下線部③について，この金融機関を何といいますか。

(4) 下線部④について，問屋と小売りの間にあって商品流通の仲立ちをしたものを何といいますか。

| (1) | | | (2) |
|---|---|---|---|
| (3) | (4) | | |

〔龍谷大付属平安高―改〕

## 3 [江戸時代の農民] 次の史料を読んで，あとの各問いに答えなさい。 (7点×3―21点)

なお，史料は口語訳し，原文の趣旨を変えない範囲で加筆・修正している。

史料

くらし向きの良い百姓は田地を買い取り，ますます裕福になり，家計の苦しい農民は田畑を売ってさらに暮らし向きが悪くなるので，今後は田畑の売却を禁止する。
寛永20年(1643年) 3 月 (『御触書寛保集成』)

(1) 下線部に関する説明として誤っているものを次の**ア**～**エ**から 1 つ選び，記号で答えなさい。

**ア**　豊臣秀吉の刀狩と検地によって武士と百姓を分ける兵農分離が進められた。
**イ**　江戸時代には，農地を持つ本百姓と農地を持たない水呑百姓などに分かれていた。
**ウ**　田沼意次の時代，天保の大ききんを契機に百姓一揆などが多くおこるようになった。
**エ**　18世紀ころから，町人や百姓の子に「読み・書き・そろばん」を教える寺子屋が増えていった。

(2) 史料が出されたころのできごととして誤っているものを，次の**ア**～**エ**から 1 つ選び，記号で答えなさい。

**ア**　清が中国を統一した。
**イ**　オランダ商館を出島に移した。
**ウ**　イギリスでピューリタン革命がおこった。
**エ**　アメリカで独立宣言が発表された。

(3) 19世紀になると史料は廃止されることになるが，そのことと関連する事柄を次の**ア**～**エ**から 1 つ選び，記号で答えなさい。

**ア**　地租改正　　**イ**　大塩平八郎の乱　　**ウ**　版籍奉還　　**エ**　株仲間の解散

| (1) | (2) | (3) |
|---|---|---|

〔京都教育大附高―改〕

## 4 [江戸時代の交通路] 次の文と略地図を参考にあとの各問いに答えなさい。 (8点×2―16点)

17世紀初め，幕府は江戸と地方を結ぶ重要な交通路として，江戸を起点に東海道，中山道，甲州道中，日光道中，奥州道中の五街道を整備した。

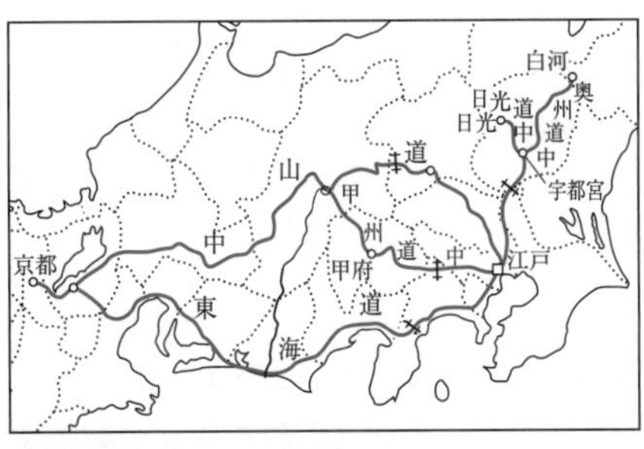


(1) 文中の下線部に関し，略地図中の各街道に示された┼┼印は，旅人の通行手形や荷物などを調べる監視所であった。これを何といいますか。

(2) 下線部の起点となる橋を何といいますか。

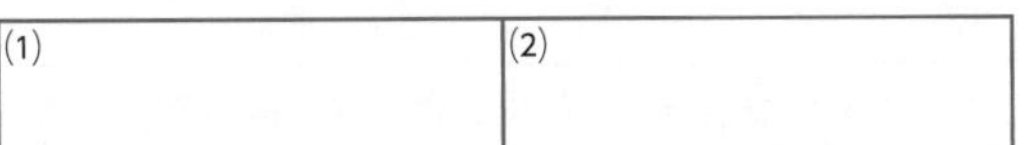

| (1) | (2) |
|---|---|

〔和歌山―改〕

# 10 幕府政治のゆきづまりと新しい学問

Step A　Step B　Step C

解答▶別冊10ページ

▶次の＿＿に適語を入れなさい。

## 1 17世紀中ごろ～19世紀中ごろの日本と世界

| | 江戸時代 |
|---|---|
| 日本 | 1651 由井正雪の乱<br>1687 ① を出す<br>1709 ② が正徳の治を始める<br>1716 ③ の改革が始まる<br>1742 ④ を定める<br>1772 ⑤ が老中となる<br>1782 ⑥ のききんがおこる<br>1787 ⑦ の改革が始まる<br>1837 大阪で ⑧ の乱がおこる<br>1841 ⑨ の改革が始まる |
| | 1640　1700　1800 |
| 中国 | 清 |
| 世界 | 1661 フランスでルイ14世の親政<br>1688 イギリスで ⑩ がおこる<br>1776 アメリカが ⑪ を発表<br>1789 フランスで ⑫ がおこる<br>1814 ウィーン会議が始まる |

## 2 江戸幕府の移り変わり

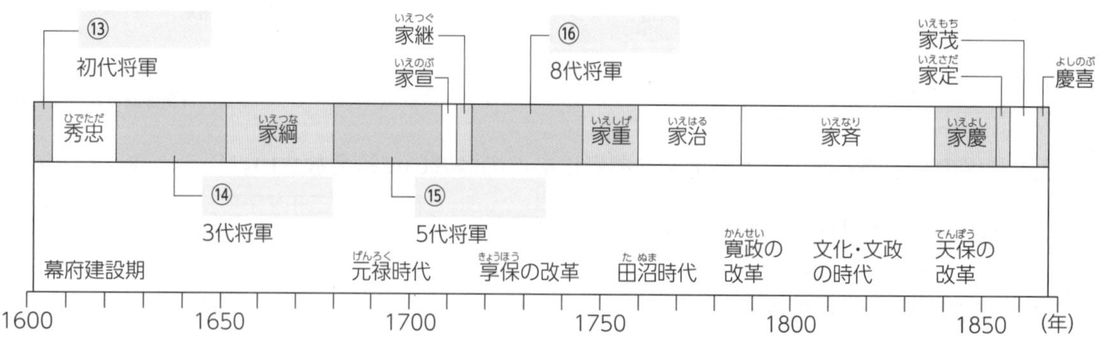


## 3 江戸時代の三大改革

| | 享保の改革 | 寛政の改革 | 天保の改革 |
|---|---|---|---|
| 中心人物 | 8代将軍 ⑯ | 老中 ⑰ | 老中 ⑱ |
| 政策など | 上げ米の制，公事方御定書，足高の制 | 寛政異学の禁，囲米，棄捐令 | 人返し令，株仲間解散，上知令 |

▶次の[　　]に適語を書きなさい。

## 4 幕府政治の改革

1 **徳川綱吉の政治**…５代将軍徳川綱吉は儒学を重んじたが，動物を極端に愛護することを命じた[⑲　　　　　]を出したり，貨幣の質を落とす改鋳を行ったことで人々を苦しめた。

2 **正徳の治**…**新井白石**は貨幣の質をよくして，物価の値上がりを抑えるとともに，[⑳　　　　　]を制限して金・銀の海外流出を防いだ。

3 **享保の改革**…８代将軍[㉑　　　　　]によって**享保の改革**が始められた。庶民の声を聞き，政治に生かすために[㉒　　　　　]を設置し，旗本や御家人の救済のために[㉓　　　　　]を出し，財政を立て直す目的で**上げ米の制**を定めた。また，[㉔　　　　　]を定めて地位の低い者でも能力に応じて，高い役職につけるようにした。

4 **田沼意次の政治**…**田沼意次**は[㉕　　　　　]や手賀沼を干拓し，新田開発をはかった。その後，**天明のききん**がおこり，百姓一揆や江戸・大阪での[㉖　　　　　]が激増して失脚した。

5 **寛政の改革**…11代将軍**家斉**のとき，老中となった[㉗　　　　　]は**寛政の改革**を実施した。[㉗]は倹約をすすめ，武士には学問と武芸を奨励した。旗本の借金を帳消しにする[㉘　　　　　]を出し，ききんに備えて**囲米**を広く実施した。また，**朱子学**以外の学問を禁止する寛政異学の禁を制定した。

6 **天保の改革**…老中[㉙　　　　　]は**天保の改革**を実施し，人返し令を定め，株仲間の解散を命じた。[㉚　　　　　]を出して幕府の直轄領を確保して財政の立て直しをはかろうとしたが，大名や旗本の反対にあって失敗し，老中をやめさせられた。

## 5 新しい学問

1 **国　学**…[㉛　　　　　]が『**古事記伝**』を著し，**国学**を大成した。

2 **蘭　学**…18世紀末，[㉜　　　　　]はオランダ語の人体解剖書を**前野良沢**らと協力して訳し，『[㉝　　　　　]』と名づけて出版した。**蘭学**の発達は海外に対する知識を広めたが，幕府の対外政策を批判した[㉞　　　　　]や**渡辺崋山**らを投獄した[㉟　　　　　]のように，蘭学者の弾圧もあった。

## 6 化政文化

1 **小　説**…弥次・喜多のこっけいな旅を描いた『[㊱　　　　　]』を**十返舎一九**が書き，**滝沢馬琴**は長編伝奇小説の『[㊲　　　　　]』を書いた。

2 **絵　画**…絵画では，狩野派にかわって**文人画**や**写生画**がおこり，写生画では**円山応挙**，油絵には**司馬江漢**などが出た。しかし，庶民の間で人気を得たのは浮世絵であった。美人画の[㊳　　　　　]，風景画では，『**富嶽三十六景**』の[㊴　　　　　]，『東海道五十三次』の**歌川(安藤)広重**，役者絵の[㊵　　　　　]などがすぐれた作品を残した。

3 **俳　諧**…俳句では，[㊶　　　　　]が風景をたくみに絵のように表現し，また，農民の素朴な感情をよんだ[㊷　　　　　]などが活躍した。

⑲＿＿＿＿
⑳＿＿＿＿
㉑＿＿＿＿
㉒＿＿＿＿
㉓＿＿＿＿
㉔＿＿＿＿
㉕＿＿＿＿
㉖＿＿＿＿
㉗＿＿＿＿
㉘＿＿＿＿
㉙＿＿＿＿
㉚＿＿＿＿
㉛＿＿＿＿
㉜＿＿＿＿
㉝＿＿＿＿
㉞＿＿＿＿
㉟＿＿＿＿
㊱＿＿＿＿
㊲＿＿＿＿
㊳＿＿＿＿
㊴＿＿＿＿
㊵＿＿＿＿
㊶＿＿＿＿
㊷＿＿＿＿

Step A　Step B　Step C

| ●時 間 30 分 | ●得 点 |
| --- | --- |
| ●合格点 75 点 | 点 |

解答▶別冊10ページ

**1** **[幕政の変化 ①]** 次の⑴～⑸は年代順に記しているが，それぞれに最も関係の深い政治やできごとを，あとのア～コから１つずつ選び，記号で答えなさい。（5点×5－25点）

⑴ 徳川家康から家光時代の政治やできごと
⑵ ５代将軍綱吉時代の政治やできごと
⑶ ８代将軍吉宗時代の政治やできごと
⑷ 老中松平定信時代の政治やできごと
⑸ 老中水野忠邦時代の政治やできごと

**ア** 日米和親条約を結ぶ。
**イ** 異国船打払令を出す。
**ウ** 島原・天草一揆がおこる。
**エ** 元禄文化を生み出す。
**オ** 天明のききんがおこる。
**カ** 安政の大獄がおこる。
**キ** 評定所に目安箱を設置する。
**ク** 株仲間を解散させる。
**ケ** 旗本・御家人の借金を帳消しにする。
**コ** 大塩平八郎が反乱をおこす。

| ⑴ | ⑵ | ⑶ | ⑷ | ⑸ |
| --- | --- | --- | --- | --- |
| | | | | |

〔金光学園高―改〕

**2** **[幕政の変化 ②]** 右の略年表を見て，あとの問いに答えなさい。（6点×4－24点）

| 年代 | | できごと |
| --- | --- | --- |
| 1700 | | |
| | ア | 長崎貿易を制限する |
| | イ | ①漢訳洋書の輸入の禁を緩和する |
| | | 享保のききんがおこる |
| 1750 | | |
| | ウ | 長崎貿易の拡大に努める |
| | | ②『解体新書』が出版される |
| | | 天明のききんがおこる |
| 1800 | | |
| | | 異国船打払令を出す |
| | | 天保のききんがおこる |
| | エ | ③異国船打払令をゆるめる |
| 1850 | | |

⑴ 老中の田沼意次が活躍した時期を，年表中の**ア**～**エ**から１つ選び，記号で答えなさい。

⑵ 年表中の①を行った人物の政治改革の名称と，その改革の内容の組み合わせとして最も適当なものを，次の**ア**～**エ**から１つ選び，記号で答えなさい。
**ア** 天保の改革，年貢の取り方を変え，新田の開発を奨励し，法律を整備した。
**イ** 享保の改革，年貢の取り方を変え，新田の開発を奨励し，法律を整備した。
**ウ** 天保の改革，出版や風俗を取り締まり，ぜいたくを禁じ，株仲間を解散させた。
**エ** 享保の改革，出版や風俗を取り締まり，ぜいたくを禁じ，株仲間を解散させた。

⑶ 年表中の②の『解体新書』が出版されると，これが糸口となって蘭学が発達しはじめた。『解体新書』の出版にあたった人物を，次の**ア**～**エ**から１つ選び，記号で答えなさい。
**ア** 杉田玄白　**イ** 本居宣長　**ウ** 平田篤胤　**エ** 安藤昌益

⑷ 幕府が年表中の③の政策をとることになったのは，あるできごとを知らされたためである。このできごとは何か。次の**ア**～**エ**から１つ選び，記号で答えなさい。
**ア** アメリカのペリーが浦賀に来航したこと。
**イ** 清がアヘン戦争でイギリスに敗れたこと。
**ウ** ロシアのラクスマンが根室に来航したこと。
**エ** マゼラン一行が世界一周に成功したこと。

| ⑴ | ⑵ | ⑶ | ⑷ |
| --- | --- | --- | --- |
| | | | |

〔香川―改〕

## 要 3 [江戸時代の外交・文化] 次の問いに答えなさい。 (6点×6－36点)

(1) 次のA～Dの文中のこの地を，右の略地図中のア～オから選びなさい。

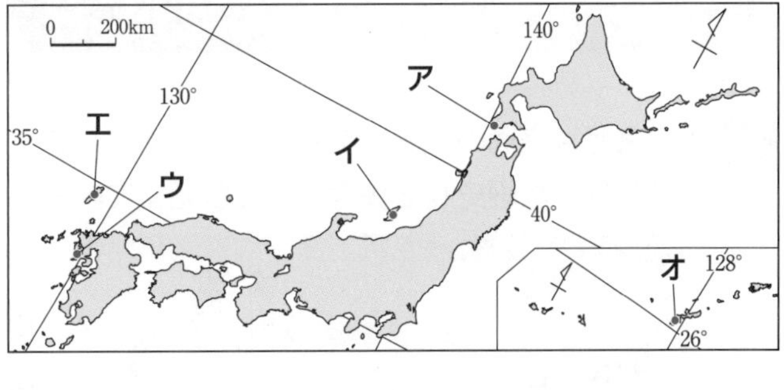


A　朝鮮通信使は，朝鮮との交流が深いこの地に必ず立ち寄った。

B　この地に砦をかまえた松前藩は，アイヌ民族との交易を独占した。

C　オランダ船と中国船だけが，この地での貿易を認められていた。

D　この地では，薩摩藩が支配したのちも，中国との貿易が続けられた。

(2) 右の絵は，『富嶽三十六景』のうちの１枚である。これが描かれたころについて，各問いに答えなさい。

①次の文の(　)に共通してあてはまる最も適切な語句を，漢字３字で答えなさい。

> このころ，町人や百姓の子どもたちに，読み，書き，そろばんを教える(　　)が数多くあった。特に長野県は(　　)の師匠の数が日本の中でもたいへん多かった。

②このころの文化として最も適切なものを，次のア～エから１つ選び，記号で答えなさい。

ア　能の大成者である世阿弥が活躍する。　　イ　出雲の阿国が歌舞伎踊りを始める。

ウ　東洲斎写楽が歌舞伎役者を描く。　　エ　狩野永徳が華やかな屏風絵を描く。

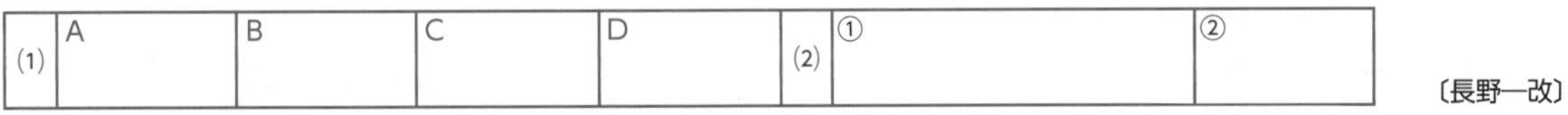

| (1) | A | B | C | D | (2) | ① | ② |
|---|---|---|---|---|---|---|---|
| | | | | | | | |

〔長野―改〕

## 4 [江戸時代の百姓一揆] 次の問いに答えなさい。 (15点)

右のグラフは江戸時代におこったききんと百姓一揆・打ちこわしの発生件数の関係をあらわしたものである。グラフ内の├──┤で示したa～dのききんについて述べた文として誤っているものを，次のア～エから１つ選びなさい。

■ 村方騒動
■ 都市騒動(打ちこわしなど)
■ 百姓一揆(10年毎の平均値)
(件数) 0 10 20 30 40 50 60 70 80 90
a b c d
元禄時代
1600 1650 1700 1750 1800 1850 (年)
(青木虹二『百姓一揆総合年表』)

ア　aのききんの対策として，幕府は百姓が没落しないように田畑永代売買禁止令を出した。

イ　bのききんののち，徳川吉宗は救荒対策として青木昆陽にサツマイモの栽培を命じた。

ウ　cのききんを受けて，株仲間の解散が命じられ，物価を引き下げて武士の家計を助けようとした。

エ　dのききんが発生したころ，幕府の役人だった大塩平八郎が「救民」の旗を掲げて大阪で反乱をおこした。

〔帝塚山高―改〕

Step A　Step B　Step C-③

| ●時間 30分 | ●得点 |
|---|---|
| ●合格点 75点 | 点 |

解答▶別冊11ページ

**1** 次の会話は交通の歴史に関する授業のあと，先生と生徒とのやりとりを示したものである。以下にあげる絵画史料を参考にして会話文を読み，問いに答えなさい。（(3)16点，他8点×7−72点）

馬借業者(『石山寺縁起絵巻』)

(歌川豊国『大井川蓮台渡』)

生徒：先生！以前の授業で紹介された日本最初の土一揆のことですが，あのとき，どうして馬借の人たちも一揆をおこしたのですか？

先生：彼らは借金の帳消しや(　X　)の廃止を求めていました。ところで，なぜ突然あの時代の一揆が気になったのかな？

生徒：今日の江戸時代の授業で出てきた大井川の川越人足たちの話を聞いて，不思議に思ったことがあったんです。

先生：それはどんなこと？

生徒：大井の渡しはａ多くの人々が往来する幹線道の要所のはずですが，ｂどうして船を使わなかったのか疑問に思ったんです。

先生：確かに，船を利用すれば済む話ですよね。しかし，絵画史料にも船は描かれていません。

生徒：そうなんです。だから，ひょっとすると大井川も(　X　)と似たような役割を担っていたのかと思ったんです。

先生：なるほど，良いところに目をつけましたね。大井川はまさに天然の要害というわけですね。しかし，ヒト・モノの往来に関わる同じ仕事でも，かつての馬借と川越人足の実情は異なっているようです。

生徒：江戸時代には馬借はあまり登場しませんが，どうやって荷物を運んだのですか？

先生：江戸時代は，これまで以上に海運業が栄えて船が主役の時代となりました。海路が整備されると，大都市間のみならずｃ各地の港町に船が寄港して，さまざまな物品が大阪に集められたのです。

生徒：そっかあ。遠距離となると，馬よりも船の方が確かに効率的ですよね。でも，時代劇にもよく登場する飛脚は馬を利用したりしないのですか？

先生：飛脚は馬を用いたりしませんよ。それも飛脚に限った話ではなく，武士以外の庶民が馬を利用するのは，絵画史料を見ても分かるように，(　Y　)の手段として用いたり，農作業に用いる場合にのみ限られたのですよ。

生徒：もしかして，ｄお伊勢参りに出かけた弥次郎兵衛や喜多八たちの旅行話もすべて歩いてのことだったんですか？

先生：その通り。作品のタイトルにある「膝栗毛」とは，馬の代わりにみずからの膝(足)を使う徒歩での旅行のことを示しているのですよ。

(1) 空欄(X)・(Y)に入る適語を答えなさい。

(2) 下線部aの幹線道の名称を答えなさい。また，この道を最も多くの武士が定期的に通過するのはどのようなときと考えられるか，答えなさい。

記述 (3) 下線部bの理由について，人足たちのおかれている立場を踏まえて32字以上40字以内で書きなさい。

(4) 下線部cに関して，当時高値で取り引きされた蝦夷地の産品を積んで日本海を航行した船の名称を答えなさい。また，この船が運んだ蝦夷地の産品として誤っているものを次の**ア**～**オ**からすべて選び，記号で答えなさい。

**ア** 鮭　**イ** にしん　**ウ** 米　**エ** 昆布　**オ** 酒

(5) 下線部dの旅行話を著した作者名を答えなさい。

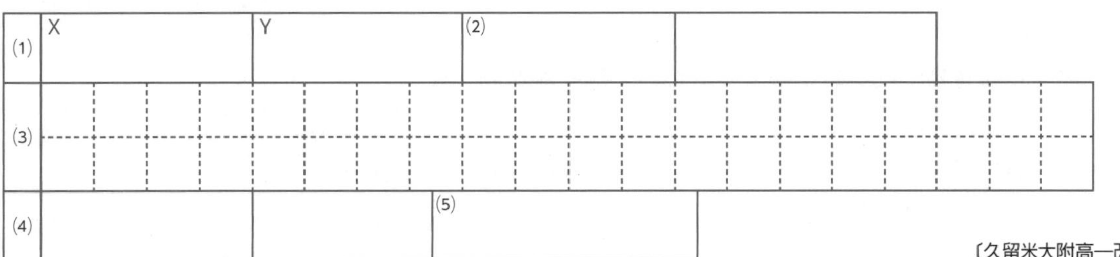


〔久留米大附高一改〕

## 2 次の文と図を参考に，各問いに答えなさい。

(7点×4－28点)

江戸時代，幕府や諸藩が収入の増加をはかるため，新田や用水路の開発に力を注いだ結果，①18世紀前半には，全国の耕地面積は安土桃山時代の2倍近くに増えた。

農具では，備中ぐわや②千歯こきなどが用いられるようになった。こうして，米や麦の生産はいちじるしく高まった。また，このころには，綿の栽培がほぼ全国に普及し，養蚕も広く行われ，③綿織物や絹織物の生産も高まっていった。

**ア**

**イ**

**ウ**

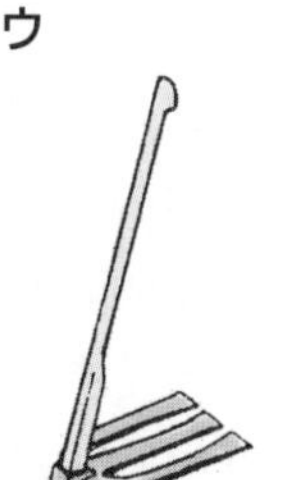

**エ**

(1) 下線部①のころ，目安箱を設けて広く人々の意見を求めたり，新田を開発するなどして，幕府の財政の立て直しをはかったりした将軍の名を書きなさい。

(2) 下線部②の農具を示した図はどれか。**ア**～**エ**から1つ選び，記号で書きなさい。また，その農具を使うことで，どのような農作業が能率よくできるようになったか，書きなさい。

(3) 江戸時代後半になると，下線部③などを生産するために，人々を1つの作業場に集め，分業により生産を行う方法があらわれた。この生産方法の名を書きなさい。

〔岐阜一改〕

Step A　Step B　Step C-④

●時間 30分　●合格点 75点　●得点　点

解答▶別冊11ページ

**1** 右の図は，社会科の授業で太郎君が「私の見た江戸(えど)時代」というタイトルでつくろうとしている歴史新聞の構成案である。これを見て，次の問いに答えなさい。（(3)10点×2，他6点×7－62点）

図

| 私の見た江戸時代 | |
|---|---|
| 記事A　三つの改革とききん □ | |
| 記事B　元禄文化と化政文化 | |
| 記事C　江戸時代のアジア | 記事D　江戸時代のヨーロッパ □ |

(1) 記事Aの□には，右下の表が入る。表のあにあてはまる語と，いにあてはまる人物名を書きなさい。

(2) 表のa～cにあてはまる最も適切な文を，次の**ア**～**エ**の中から1つずつ選び，その記号を書きなさい。

**ア**　公事方御定書(くじかたおさだめがき)という裁判の基準となる法律をつくらせた。

**イ**　長崎貿易では金銀を輸入するため，銅や海産物の輸出を奨励(しょうれい)した。

**ウ**　農村に倉を設けて米をたくわえさせ，商品作物の栽培(さいばい)を制限した。

**エ**　物価を下げるために株仲間の解散を命じ，諸藩(しょはん)の専売制も禁止しようとした。

表

| 改革の名称＼関連事項 | 中心人物 | 改革の内容 | ききん |
|---|---|---|---|
| 享保の改革 | 徳川吉宗 | a | 享保のききん |
| あの改革 | 松平定信 | b | 天明のききん |
| 天保の改革 | い | c | 天保のききん |

記述 (3) 記事Bには，元禄(げんろく)文化と化政(かせい)文化の様子を書こうとしている。「元禄文化は，」「化政文化は，」に続けて記事Bを書きなさい。ただし，下の〔　〕の語をすべて使うこと。

〔江戸，上方，葛飾北斎(かつしかほくさい)，近松門左衛門(ちかまつもんざえもん)，人形浄瑠璃(にんぎょうじょうるり)，浮世絵〕

(4) 記事Cには，江戸時代のころのアジアのできごとを書こうとしている。記事Cに入る適切な文を，次の**ア**～**エ**の中から1つ選びなさい。

**ア**　李成桂(りせいけい(イソンゲ))が高麗(こうらい)を滅(ほろ)ぼして朝鮮(ちょうせん)国を建てた。

**イ**　李舜臣(りしゅんしん(イスンシン))の水軍が日本の水軍を破った。

**ウ**　ドイツが清(しん)から膠州湾(こうしゅうわん)を租借(そしゃく)した。

**エ**　アヘンを巡(めぐ)って清とイギリスが戦った。

(5) 記事Dの□には，江戸時代におけるヨーロッパのできごとを示すものが入る。□に入る最も適切なものを，上の写真の**ア**～**エ**の中から1つ選び，その記号を書きなさい。

**ア**

破門警告状を焼くルター

**イ**

蒸気機関車の発明

**ウ**

太平天国(たいへいてんごく)の乱

**エ**

コロンブスの上陸

| (1) | あ | い | (2) | a | b | c |
|---|---|---|---|---|---|---|
| (3) | 元禄文化は， | | | | | |
| | 化政文化は， | | | | | |
| (4) | (5) | | | | | |

〔青　森〕

**2** 次に示した文は，本居宣長の著した『秘本玉くしげ』の一部分を読みやすいように書きなおしたものである。これに関係のあるあとの各問いに答えなさい。（5点×4－20点）

百姓，町人が大勢徒党を組んで，強訴・乱暴することは，むかしの治世の世には，少しも聞きおよんだことがない。近世になっても，はなはだ稀なことであったが，このごろはあちらこちらでもおこり，めずらしくなくなった。……そもそも，事のおこりを考えてみると，いずれも百姓には非はなくて，みな武士に非があるからおこるのである。今の世は，百姓や町人の心も悪くなってきたとはいうが，しかし，よくよく堪えがたいまでにいたらなければ，百姓一揆はおこるものではない。

(1) 本居宣長の著書として有名な『古事記伝』は1764年ごろから著作を開始し，『秘本玉くしげ』は1787年に著作を完成している。ほぼこの間の幕府の政治を動かしていた老中は，商人の力を利用するなど，経済の発展に応じた政治をしようとした。その老中の名を漢字で答えなさい。

難 (2) 本居宣長が指摘しているように，このころ百姓一揆が多発している理由に，商品経済が農村に浸透してきたことによって，農民の貧富の差が広がったことがあげられる。その原因の一つとなった，都市の商人が農民に道具や原料を貸し，加工賃を支払って製品を引きとる生産方法を何というか。漢字で答えなさい。

(3) 百姓一揆が多発した原因にききんがあった。本居宣長が活躍していたころにおこったききんを下から選んで，記号で答えなさい。

**ア** 享保のききん　**イ** 天明のききん　**ウ** 天保のききん

(4) 本居宣長が活躍していたころ，蘭学も発達した。このころの蘭学について正しいものを下から選んで，記号で答えなさい。

**ア** シーボルトが長崎に鳴滝塾を開いた。　**イ** 青木昆陽が長崎でオランダ語を学んだ。
**ウ** 杉田玄白が『解体新書』を著した。　**エ** 新井白石が『西洋紀聞』を著した。

| (1) | (2) | (3) | (4) |
|---|---|---|---|
| | | | |

〔開成高〕

**3** 次のグラフを参考に，あとの問いに答えなさい。（6点×3－18点）

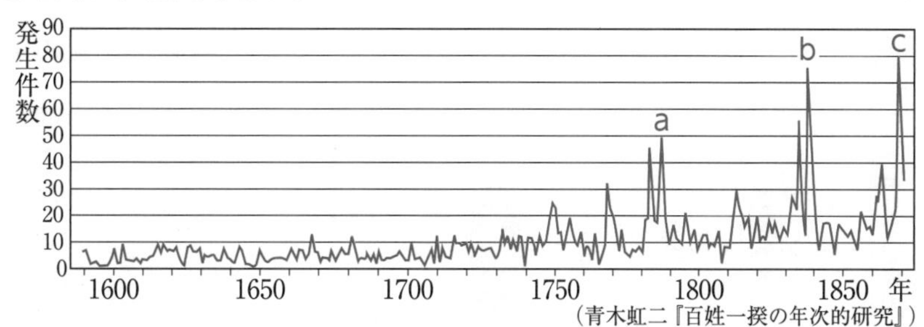


（青木虹二『百姓一揆の年次的研究』）

(1) aの直後に行われた政治改革として正しいものを，次の**ア**～**オ**から1つ選びなさい。

**ア** 印旛沼などを干拓して新田開発を進めた。
**イ** 物価高の原因である株仲間を解散させた。　**ウ** 民衆の声を聞くために目安箱をおいた。
**エ** ききんに備えるため囲米令を出した。　**オ** 大名に1万石につき100石の米を納めさせた。

(2) bのとき，貧民の救済を求めて，大阪で挙兵した人物の名を答えなさい。

(3) cのとき一揆が急増した理由として正しいものを，次の**ア**～**エ**から1つ選びなさい。

**ア** 上知令により多くの農民が土地を奪われた。　**イ** 浅間山の噴火に続いて大ききんがおこった。
**ウ** 上げ米の制により強制的に年貢が徴収された。　**エ** 幕府が長州藩を攻めたため米価が上がった。

〔洛南高－改〕

# 11 欧米諸国のアジア進出と日本の開国

Step A　Step B　Step C

解答▶別冊12ページ

▶次の　　　に適語を入れなさい。

## 1 18世紀中ごろ～19世紀後半の日本と世界

| | 年 | できごと |
|---|---|---|
| 日本（江戸時代） | 1792 | ラクスマンが根室に来航 |
| | 1804 | レザノフが長崎に来航 |
| | 1808 | ①　　　の樺太探検 |
| | | フェートン号事件 |
| | 1825 | ②　　　を出す |
| | 1837 | モリソン号事件 |
| | 1853 | ③　　　が浦賀に来航 |
| | 1854 | ④　　　調印 |
| | 1858 | ⑤　　　が大老となる |
| | | ⑥　　　調印 |
| | | 安政の大獄(～59) |
| | 1868 | 戊辰戦争(～69) |
| 中国 | | 清 |
| 世界 | 1748 | ⑦　　　(モンテスキュー) |
| | 1762 | ⑧　　　(ルソー) |
| | 1765 | ワットが蒸気機関を改良 |
| | 1776 | アメリカ独立宣言 |
| | 1789 | フランス革命がおこる |
| | 1804 | ⑨　　　がフランス皇帝になる |
| | 1840～42 | ⑩　　　がおこる |
| | 1848 | 『共産党宣言』(マルクス) |
| | 1851 | 清で⑪　　　がおこる |
| | 1856 | アロー戦争がおこる |
| | 1857 | インド大反乱 |
| | 1861 | アメリカで南北戦争がおこる |

## 2 産業革命のおこりと影響

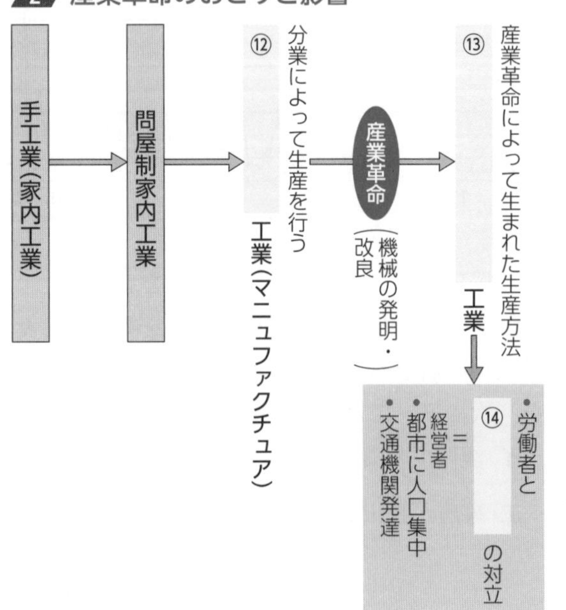


## 3 外国船の来航

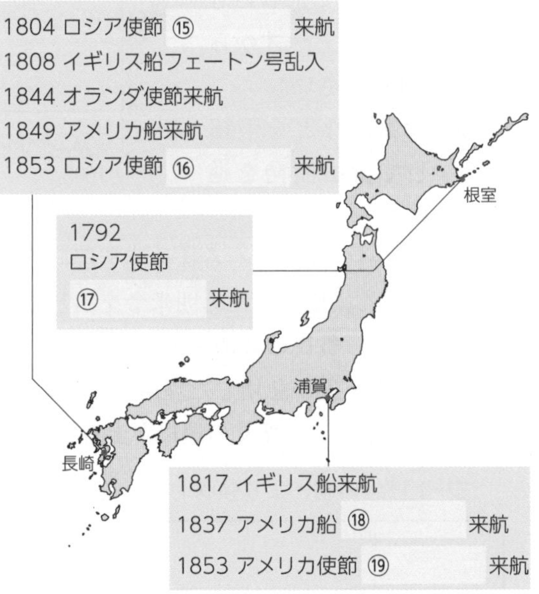

▶次の[　　]に適語を書きなさい。

## 4 ヨーロッパ近代国家の誕生

① **イギリスの市民革命**…ピューリタン(清教徒)革命で共和政が成立したイギリスでは，その後王政が復活したので，議会は1688年，別の王を迎えて国王とした。この革命は血を流すことなく行われたので，[⑳　　　　]とよばれている。1689年，新しい国王は議会が提出した『**権利の宣言**』を承認し，[㉑　　　　]として公布した。

② **啓蒙思想の出現**…[㉒　　　　]が『法の精神』で三権分立を，[㉓　　　　]が『社会契約論』で主権在民を主張し，**絶対王政**に対する批判が高まった。

③ **フランス革命**…1789年，パリの民衆がバスチーユ牢獄を襲撃したことから革命が始まり，同年，[㉔　　　　]が発表された。1792年，フランスは共和政になり，翌年国王[㉕　　　　]を処刑した。

④ **ナポレオン**…フランス皇帝の位についたナポレオンは，やがてヨーロッパの大部分を従えたが，ロシア遠征に失敗したのちに退位した。

## 5 開国とその影響

① **開国前の状況**…18世紀末から，外国船がしばしば各地に来航した。1825年，幕府は[㉖　　　　]を出して，日本の沿岸に接近する外国船の撃退を命じたが，[㉗　　　　]戦争で中国(清)がイギリスに敗れたことを知るとこれをゆるめた。

② **開　国**…1853年，アメリカのペリーが浦賀に来航し，開国を要求した。翌年ペリーが再び来航し，幕府は[㉘　　　　]を結び，下田と函館の２港を開いた。1858年には，**大老の井伊直弼**が朝廷の許可を得ないまま，[㉙　　　　]を結んだ。この条約は，[㉚　　　　](**治外法権**)**を認め，関税自主権がない**など，日本に不利な不平等条約であった。

③ **井伊直弼の独裁**…直弼の政治に反対する諸大名らを厳しく取り締まり，**吉田松陰**らは処刑された。これを[㉛　　　　]という。このため，直弼は1860年に，江戸城の[㉜　　　　]で水戸藩などの浪士に暗殺された。

④ **貿易の開始とその影響**…[㉙]により，函館・神奈川(横浜)・長崎・新潟・兵庫(神戸)の５港が開かれた。また，同様の条約を他の国とも結んだ。[㉝　　　　]や茶などを輸出し，毛織物，綿織物などを輸入した。そのため，製糸・製茶業などの工場制手工業(マニュファクチュア)がさかんとなった。しかし，生産が輸出に追いつけず国内物資が不足し，また，幕府が質の悪い貨幣を大量に鋳造したことから物価が上昇し，下級武士や庶民の生活を苦しくした。

## 6 攘夷運動から倒幕へ

① **薩摩藩と長州藩の動き**…薩摩藩は生麦事件の報復による[㉞　　　　]，長州藩は，下関海峡を通る外国船を砲撃したことによる報復攻撃で大きな被害を受け，攘夷が不可能であることを知った。

② **倒幕運動の展開**…長州藩と薩摩藩は，土佐藩の[㉟　　　　]の仲立ちによって[㊱　　　　]を結び，倒幕の中心勢力となった。

⑳ ______
㉑ ______
㉒ ______
㉓ ______
㉔ ______
㉕ ______
㉖ ______
㉗ ______
㉘ ______
㉙ ______
㉚ ______
㉛ ______
㉜ ______
㉝ ______
㉞ ______
㉟ ______
㊱ ______

Step A　Step B　Step C

| ●時間 30 分 | ●得点 |
| --- | --- |
| ●合格点 75 点 | 点 |

解答▶別冊12ページ

重要 **1** [江戸時代と世界] 右の年表を見て，あとの各問いに答えなさい。（6点×10－60点）

| 日本のできごと | | 世界の動き | |
| --- | --- | --- | --- |
| 1603 | 徳川家康が征夷大将軍となる | | |
| 1639 | A 鎖国の完成 | 1642 | G ピューリタン革命が始まる |
| | | 1688 | 名誉革命がおこる |
| 1709 | 新井白石の改革 | | |
| 1716 | B 享保の改革 | 1760ごろ | H 産業革命がおこる |
| 1772 | C □ | 1775 | アメリカで独立戦争がおこる |
| 1787 | 寛政の改革 | 1789 | I フランス革命・□発表 |
| 1825 | 異国船打払令 | | |
| 1837 | D □ | | |
| 1841 | 天保の改革 | 1840 | J 清でアヘン戦争が始まる |
| 1853 | ペリー来航 | 1851 | 太平天国の乱がおこる |
| 1854 | E 日米和親条約 | 1858 | K インド大反乱後□が滅ぶ |
| 1867 | F 江戸幕府が滅ぶ | 1861 | アメリカで南北戦争が始まる |

(1) C，Dの□に入るできごとを選び，記号で答えなさい。
　ア　安政の大獄
　イ　戊辰戦争
　ウ　武家諸法度の制定
　エ　大塩(平八郎)の乱
　オ　田沼意次の改革

(2) I，Kの□に適する語句を答えなさい。

(3) Aの鎖国完成後も長崎で貿易を許された国を２つ答えなさい。(完答)

(4) 次のことがらの中からBの改革に関係のあるものを２つ選び，記号で答えなさい。(完答)
　ア　株仲間を解散させた。　　イ　目安箱を設置した。
　ウ　朱子学を公認の学問とした。　　エ　公事方御定書を編さんした。
　オ　江戸，大阪周辺の大名領や旗本領を幕府の直轄領とした。

(5) EからFの間の動きを正しい順序で示したものを１つ選び，記号で答えなさい。
　ア　日米修好通商条約→安政の大獄→薩長同盟→大政奉還→王政復古
　イ　日米修好通商条約→薩長同盟→安政の大獄→王政復古→大政奉還
　ウ　薩長同盟→日米修好通商条約→安政の大獄→大政奉還→王政復古
　エ　薩長同盟→安政の大獄→日米修好通商条約→王政復古→大政奉還
　オ　安政の大獄→日米修好通商条約→薩長同盟→大政奉還→王政復古

(6) Gのピューリタン革命について正しいものを１つ選び，記号で答えなさい。
　ア　ピューリタン(清教徒)とは，ルター派の教えを信仰する人々のことである。
　イ　革命をおこしたのは議会派の人々である。
　ウ　革命の指導者クロムウェルは権利の章典を発布した。
　エ　このときから議会で多数を占める政党が内閣をつくることになった。
　オ　国王が追放されて，新しい王がオランダから迎えられた。

(7) Hの産業革命は機械の発明，改良から始まった。次の中から誤っているものを１つ選び，記号で答えなさい。
　ア　カートライト――織機の「飛びひ」を発明　　イ　フルトン――汽船の発明
　ウ　ワット――蒸気機関の改良　　エ　スチーブンソン――蒸気機関車の改良
　オ　アークライト――水力紡績機の発明

(8) Jのアヘン戦争のすぐあとの中国について，次の中から正しいものを１つ選び，記号で答えなさい。

**ア** 孫文を中心に辛亥革命がおこった。
**イ** 日本が中国に対して二十一か条の要求をつきつけた。
**ウ** 北京で学生や市民が中心となった五・四運動がおこった。
**エ** 義和団事件がおこった。
**オ** 南京条約が結ばれ，中国はしだいにヨーロッパの強国に侵略されていった。

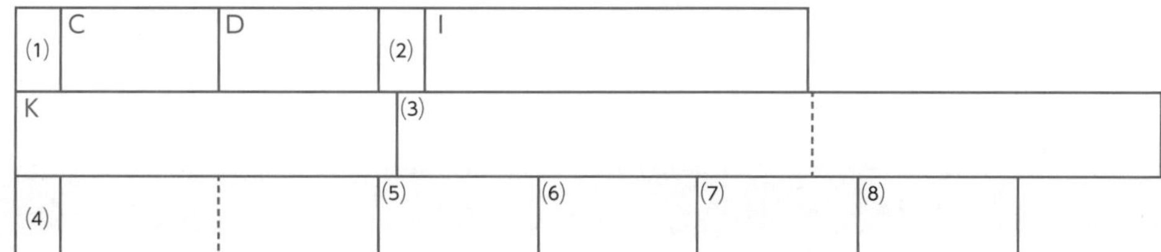


〔京都産業大附高―改〕

要 **2** **[開国後の日本]** 次の文は開国後における日本の情勢に関して述べたものである。(　)内に下の語群から適したものを選び，その記号を答えなさい。また，(3)の文中の下線部のできごとがおこった場所を，地図中の・で示したア～オから1つ選び，記号で答えなさい。(2点×20−40点)

(1) 不平等条約を結んだわが国は，物価の上昇や経済の混乱がおこり，人々の生活は苦しくなった。このため幕府に対する批判が(　①　)・(　②　)藩などの大名・武士たちからおこり，(　③　)を中心に国論をまとめ，外国人を打ち払えという尊王攘夷運動がおこってきた。

(2) この運動に対して，(　④　)の井伊直弼は大名や武士に厳罰でのぞんだ。これによって，(　⑤　)・(　⑥　)らが死刑にされた。これを(　⑦　)の大獄という。

(3) 攘夷運動を進めていた(　⑧　)藩では，(　⑨　)・(　⑩　)・(　⑪　)・オランダの<u>4国の船の砲撃を受けた</u>。(　⑫　)藩も(　⑬　)人を殺傷する事件をおこして，(　⑭　)艦隊の砲撃を受けた。この結果，攘夷の不可能を知った両藩は同盟を結び，

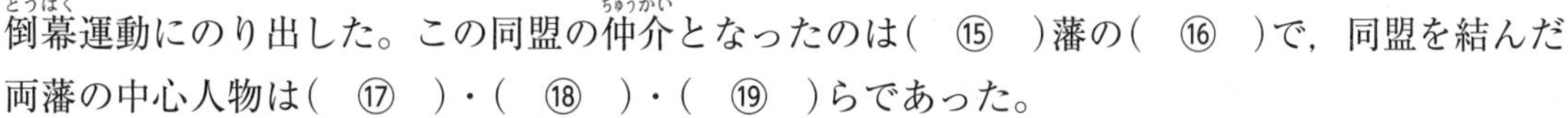

倒幕運動にのり出した。この同盟の仲介となったのは(　⑮　)藩の(　⑯　)で，同盟を結んだ両藩の中心人物は(　⑰　)・(　⑱　)・(　⑲　)らであった。

〔語群〕 ※同じ記号を何度でも使用してよい。

| | | | | | | | | | |
|---|---|---|---|---|---|---|---|---|---|
| ア | 長州 | イ | 徳川慶喜 | ウ | 徳川家茂 | エ | 西郷隆盛 | オ | 板垣退助 |
| カ | 大久保利通 | キ | 伊藤博文 | ク | 高杉晋作 | ケ | 木戸孝允 | コ | 薩摩 |
| サ | 水戸 | シ | 土佐 | ス | 天皇 | セ | 将軍 | ソ | 大名 |
| タ | 大老 | チ | 坂本龍馬 | ツ | 老中 | テ | 橋本左内 | ト | 吉田松陰 |
| ナ | 佐久間象山 | ニ | 安政 | ヌ | 万延 | ネ | アメリカ | ノ | イギリス |
| ハ | フランス | ヒ | ロシア | フ | 王政復古 | ヘ | 五か条の御誓文 | | |

| ① | ② | ③ | ④ | ⑤ | ⑥ | ⑦ |
|---|---|---|---|---|---|---|
| ⑧ | ⑨ | ⑩ | ⑪ | ⑫ | ⑬ | ⑭ |
| ⑮ | ⑯ | ⑰ | ⑱ | ⑲ | 地図 | |

# 12 明治維新と新しい政治

Step A　Step B　Step C

解答▶別冊12ページ

▶次の　　　に適語を入れなさい。

## 1 19世紀後半の日本と世界

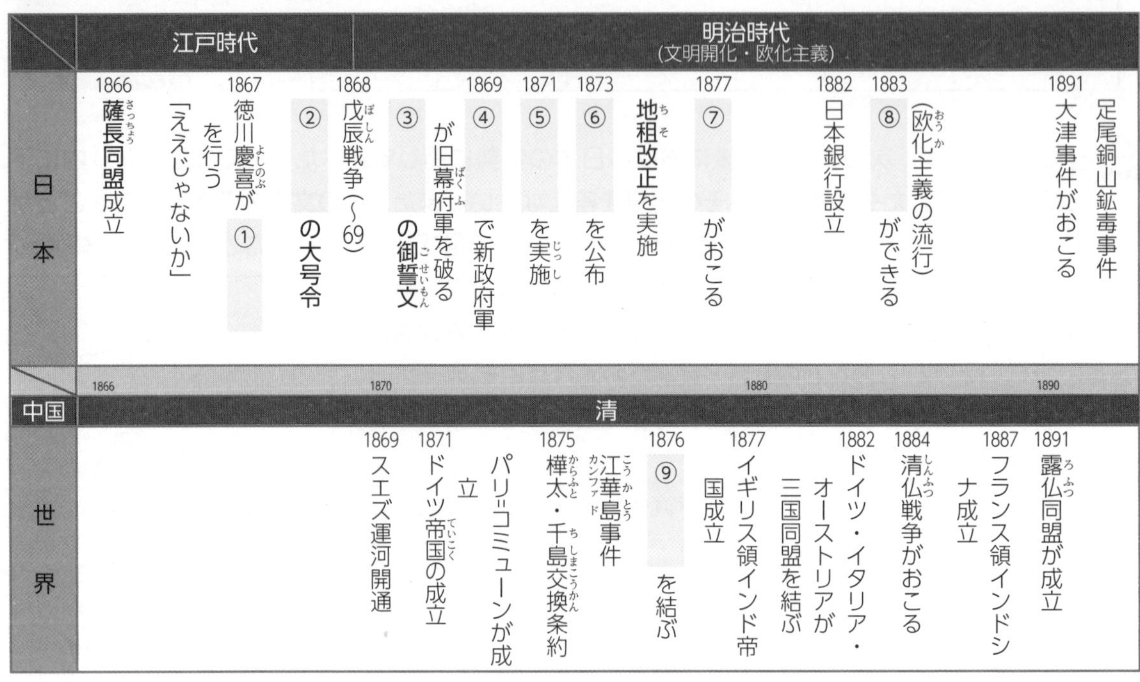


## 2 明治維新の前と後

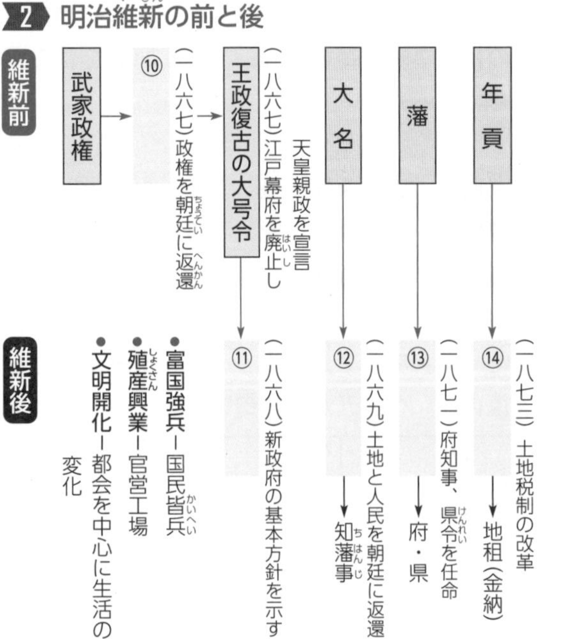


## 3 士族の反乱

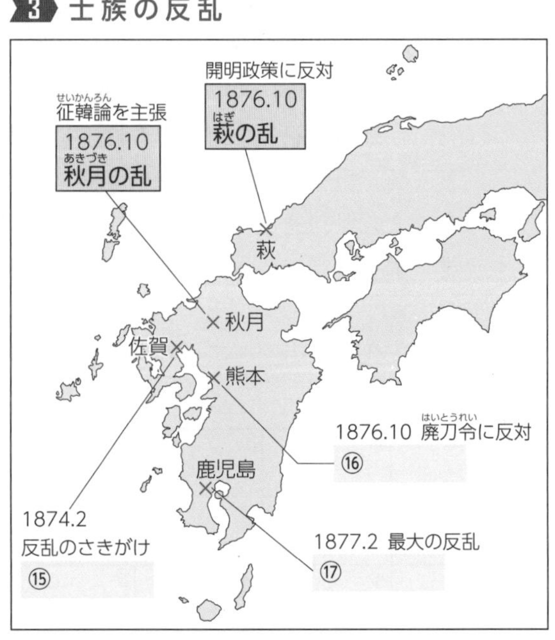

▶次の[　　]に適語を書きなさい。

## 4 倒幕から新政府の成立へ

1 **江戸幕府の滅亡**…徳川慶喜は[⑱　　　　]を行い，政権を朝廷に返還した。朝廷ではこれを受けて，[⑲　　　　]の大号令を発し，天皇がみずから政治を行うことを宣言した。

2 **戊辰戦争**…薩摩藩と長州藩を中心とする新政府軍は，1868年１月に始まった[⑳　　　　]の戦いを皮切りに，翌年の**函館戦争**までの戦いで，旧幕府軍を降伏させた。この戦争を**戊辰戦争**という。

⑱
⑲
⑳

## 5 明治新政府の政策

1 **中央集権の確立**…**木戸孝允**・**大久保利通**らは，[㉑　　　　]年，薩摩・長州・土佐・肥前の４藩主に土地・人民を治める権利を朝廷に返還することを申し出させ，全国の大名にもこれにならわせた。これを[㉒　　　　]という。[㉒]の後も，旧藩主をそのまま**知藩事**として藩政にあたらせていたが，政府は[㉓　　　　]年，藩をやめて府・県をおき，中央から**府知事**・[㉔　　　　]を派遣して治めさせた。これを[㉕　　　　]という。

2 **教育の近代化と近代産業の育成**…1872年，[㉖　　　　]を公布して，国民に小学校教育を受けさせることを義務化して，優秀な労働力と兵力を生み出す基礎とした。また，**富岡製糸場**などの[㉗　　　　]工場をつくり，**殖産興業**をおし進め，近代工業の育成につとめた。

3 **兵制の改革と新政府への不満**…[㉘　　　　]年に[㉙　　　　]が制定され，成年男子はすべて兵役の義務に服することになった。しかし，国民は働き手をとられるため，各地で反対一揆をおこした。また，廃刀令や四民平等，[㉙]などで特権を奪われた士族は，新政府への不満を高め，各地で反乱をおこしたが失敗した。1877年，**西郷隆盛**を中心に薩摩の士族が[㉚　　　　]をおこしたが，新政府の軍隊に敗れた。[㉚]以後，不平士族は武力による反抗をやめ，言論による政府批判を強めていった。

4 **税制の改革**…1873年，[㉛　　　　]を実施して，全国の土地を調べてその地価を定め，土地所有者に[㉜　　　　]を与え，地価の[㉝　　　　]を地租として，土地所有者に現金で納めさせた。

㉑
㉒
㉓
㉔
㉕
㉖
㉗
㉘
㉙
㉚
㉛
㉜
㉝

## 6 明治初期の外交

1 **朝鮮との外交**…鎖国を維持していた朝鮮に対して，西郷隆盛，[㉞　　　　]らが[㉟　　　　]を主張したが，欧米視察から帰国した大久保らが国内整備を優先することを主張した。このため[㉟]は退けられ，[㉞]らは政府を去った。その後，朝鮮問題は紛糾を続けたが，1875年，日本の軍艦が朝鮮の沿岸で砲撃された[㊱　　　　]をきっかけに，翌年，朝鮮にとって不利な[㊲　　　　]を結び，朝鮮を開国させた。

2 **国境の画定**…幕末以来，樺太・千島の帰属を巡って紛争が続いていたが，1875年，[㊳　　　　]を結び，これによって樺太全島はロシア領に，千島列島は日本の領土となった。

㉞
㉟
㊱
㊲
㊳

| ●時 間 30 分 | ●得 点 |
|---|---|
| ●合格点 75 点 | 点 |

解答▶別冊13ページ

## 重要 1 [明治維新] 次の各問いに答えなさい。 (6点×9－54点)

(1) 次の文を読み，下線部についての問いに答えなさい。

> 帝国主義政策をとる①欧米列強のアジア進出は激しく，その波は日本にもおし寄せ，江戸幕府は②新たな対応を迫られることとなった。しかし，開国の混乱の中で薩摩藩，長州藩を中心に倒幕運動が進められ，ついに1867年③大政奉還が行われた。そして，④明治天皇が新しい政治方針を発表した後，政府は⑤明治維新の諸改革を次々と進めていった。

①この中でイギリスの進出に抵抗しておこった1857年の反乱を何といいますか。

②アメリカ総領事ハリスと日米修好通商条約を結んだ大老はだれですか。

③大政奉還を行ったのは江戸幕府の将軍のだれですか。

④明治天皇が新しい政治方針を発表した年代とほぼ同じ時期の世界のできごととして最も適切なものを，次の**ア**～**エ**の中から１つ選び，記号で答えなさい。

**ア**　中国では，列強の侵略に反発する排外運動がさかんとなり，義和団事件がおこった。
**イ**　アメリカでは，貿易政策や奴隷制を巡って北部と南部が対立し，南北戦争がおこった。
**ウ**　イタリアでは，ファシスト党を率いたムッソリーニが政権につき，独裁政治を始めた。
**エ**　フランスでは，ナポレオンが政権につき，ヨーロッパの大部分を武力によって支配した。

⑤明治維新の諸改革について述べた次の**ア**～**オ**の文の中で，正しいものを１つ選び，記号で答えなさい。

**ア**　政府は外国人技師を招いて，官営工場を設立し，群馬県には八幡製鉄所がつくられた。
**イ**　政府は地租改正によって，地価の30%を地主に金納させ，財政の安定をめざした。
**ウ**　政府は徴兵令によって，20歳以上の男子に兵役の義務を課し，近代的軍隊を設立した。
**エ**　政府は版籍奉還によって県をおき，県知事を任命して近代的中央集権体制を整えた。
**オ**　民間では，大隈重信が『学問のすゝめ』を著し，早稲田大学を創設して民衆の啓蒙につとめた。

(2) 次の各問いに答えなさい。

①藩閥政治を行った薩摩・長州の出身者はだれか。次の**ア**～**オ**の中から１つずつ選びなさい。

**ア**　吉田松陰　**イ**　大久保利通　**ウ**　坂本龍馬　**エ**　大隈重信　**オ**　木戸孝允

②征韓論による政変の後，政府に不平をもつ士族の反乱が各地でおこったが，鹿児島の士族が中心となっておこした反乱は西暦何年のことですか。

③この反乱後，政治の改革を求める運動はどのようにかわったか。あてはまるものを次の**ア**～**エ**の中から１つ選びなさい。

**ア**　武力による運動が高まった。　**イ**　武力や言論による運動が激しくなった。
**ウ**　武力や言論による運動が衰えた。　**エ**　言論による運動が高まった。

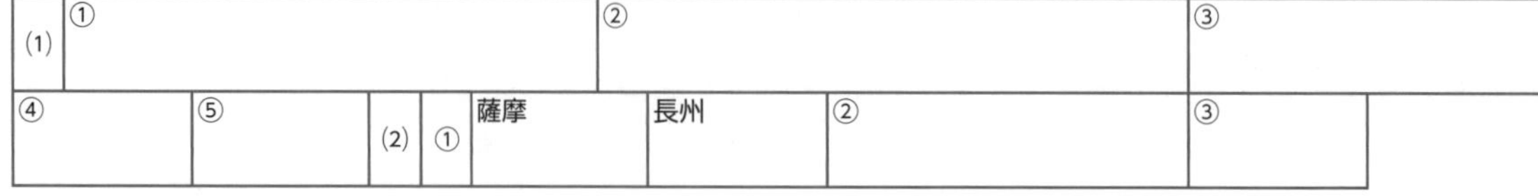

| (1) | ① | ② | ③ |
|---|---|---|---|
| ④ | ⑤ | (2) ① 薩摩 | 長州 | ② | ③ |

〔大阪信愛女学院高－改〕

**2** **[文明開化]** 次の各問いに答えなさい。 (5点×4−20点)

(1) 幕府が日米修好通商条約を結び，神奈川(横浜)や函館などの開港を認めてから，戊辰戦争が始まるまでにおこったことがらとして正しいものを，次の**ア〜エ**から1つ選び，記号で答えなさい。

**ア** 日米和親条約が結ばれた。 **イ** 学制が発布された。

**ウ** 徴兵令が出された。 **エ** 大政奉還が行われた。

(2) 次の文を読んで，あとの問いに答えなさい。

> 下の資料は，a 文明開化の象徴であるｂ鉄道が，東京・横浜間に開通して100年になるのを記念して発行されたｃ切手を拡大したものである。

①下線部ａについて，文明開化に関することがらとして誤っているものを，次の**ア〜エ**から1つ選び，記号で答えなさい。

**ア** 太陽暦が採用された。 **イ** 電灯や水道が普及した。

**ウ** 人力車が登場した。 **エ** 郵便制度がつくられた。

②下線部ｂについて，このころ，福沢諭吉は，「一　天は人の上に人を造らず，人の下に人を造らず」で始まる書物を著した。その書物名を書きなさい。

資料

③下線部ｃについて，資料の切手が発行された年にアメリカの占領から日本に復帰した沖縄は，江戸時代には［　　］藩の支配のもとで，中国とも関係をもち続けていた。［　　］にあてはまる語を書きなさい。

| (1) | (2) | ① | ② | ③ |
|---|---|---|---|---|
| | | | | |

〔熊　本〕

**3** **[新政府の諸改革]** 次の各問いに答えなさい。 ((1)8点×2，(2)5点×2−26点)

(1) 資料は，近代産業の育成をめざして，地図中のＡに設立された官営工場である。この官営工場の名称を書きなさい。また，この工場で生産されたものは何か，書きなさい。

資料

地図

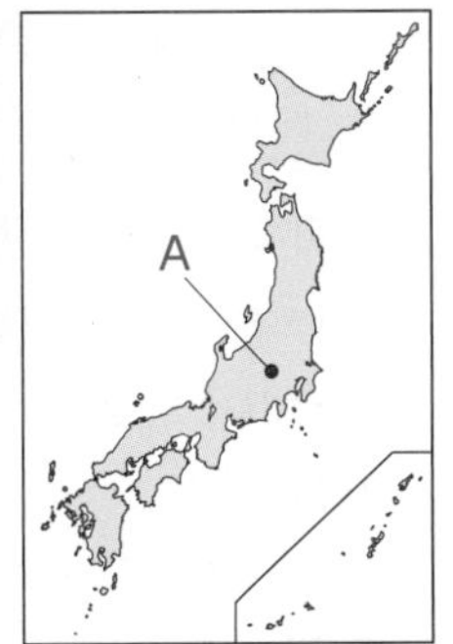


(2) 政府は学制を公布し，6歳以上の男女すべてに小学校教育を受けさせることとした。学制は，富国強兵をめざした「維新の三大改革」の1つである。残る改革に最も関連する資料を，次の**ア〜エ**から2つ選び，記号で答えなさい。

**ア**

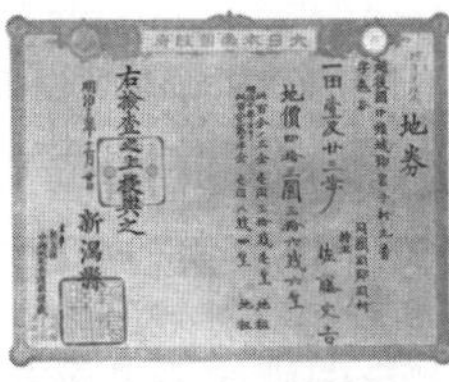


**イ**

**ウ**

**エ**

| (1) | 名称 | 生産 | (2) | |
|---|---|---|---|---|
| | | | | |

〔宮崎一改〕

月　日

Step A　Step B　Step C-①

| ●時間 30分 | ●得点 |
| --- | --- |
| ●合格点 75点 | 点 |

解答▶別冊13ページ

**1** 次の各文の下線部から誤りのあるものを選び，その記号と正しい答えを書きなさい。(5点×8－40点)

(1) 14世紀から15世紀にかけて，スペイン・ポルトガルを中心とするヨーロッパの人々は，次々と未知の地方を求めて新航路の開拓(かいたく)にのり出した。ポルトガルのァバスコ=ダ=ガマはアフリカ南(なん)端(たん)を回ってインドに着き，ィポルトガルの援助(えんじょ)を受けたコロンブスは，ゥ1492年西インド諸島の一つに上陸し，マゼランに率いられたェスペインの船隊は，1522年世界周航に成功した。

(2) フランスではァ1789年7月，国王ィルイ16世が平民出身の議員たちからなる国民議会の動きを軍隊の力で押(お)さえようとしたことから，パリ市民たちが武器をとって立ちあがり，ゥバスチーユの牢獄(ろうごく)を襲撃(しゅうげき)してフランス革命の口火を切った。国民議会はただちに僧侶(そうりょ)や貴族の封建(ほうけん)的特権を廃止(はいし)することを宣言し，さらにェ権利の請願(せいがん)を発表した。

(3) 19世紀の終わりごろ，ヨーロッパ諸国の帝国(ていこく)主義政策はアジア各地に及(およ)んだ。フランスはァアフガニスタン半島東部を植民地とし，イギリスもィビルマ全土を領有した。また，アメリカはゥフィリピン諸島を領土とし，ェハワイを併合(へいごう)してアジア進出を積極的に推進した。

(4) 産業革命が始まったころ，イギリスのァアダム=スミスはィ『資本論』を著して，個人の自由な経済活動が社会全体の利益となることを説いた。この考えは産業革命とゥ自由貿易を推し進めるよりどころとなり，ェ資本主義社会の発展に大いに寄与(きよ)した。

| | 記号 | 答え | | 記号 | 答え |
| --- | --- | --- | --- | --- | --- |
| (1) | | | (2) | | |
| (3) | | | (4) | | |

〔ラ・サール高一改〕

重要 **2** 次の文を読んで，あとの問いに答えなさい。(3点×10－30点)

19世紀から20世紀初めにかけて，アジア地域では，ヨーロッパ先進諸国の圧力に抗(こう)して種々の事件がおこった。近代国家誕生の波乱の時代であった。

A群にはこの時代の中国と朝鮮のできごと，B群にはその説明，C群には日本のできごとを記している。A群に関係するものをB群から，それに最も近い年におこった日本のできごとをC群からそれぞれ選び，記号で答えなさい。

A群　① アヘン戦争　② 太平天国(たいへいてんごく)の乱　③ 甲午(こうご)農民戦争
　④ 辛亥(しんがい)革命　⑤ 三(さん/サム)・一(いち/イル)独立運動

B群　ア　キリスト教的宗教結社を中心として，洪秀全(こうしゅうぜん/ホンシウチュワン)に率いられた農民がおこした乱。土地改革や税の軽減，男女平等などをめざしたが，失敗に終わった。

イ　民族自決を決意した数十万人の民衆は独立万歳(ばんざい/マンセ)を叫(さけ)んでデモ行進した。この運動はたちまち全土に広がり，1年余りにわたって激しくたたかわれた。

ウ　中国史上最初の共和国が出現した事件である。孫文(そんぶん/スンウェン)を臨時大総統とする政府が南京に成立。軍閥袁世凱(ぐんばつえんせいがい/ユワンシーカイ)は南京政府と結んで皇帝(こうてい)を退位させた。

エ　この結果，南京条約が結ばれ，中国は香港(ホンコン)を割譲(かつじょう)し，上海(シャンハイ)などを開港することを約束させられた。

オ　西欧(せいおう)文化の圧力が高まる中で，民族宗教的な東学信仰(しんこう)が農民の間に高まり，反封建(ほうけん)，反侵略をかかげて反乱をおこした。これが日清戦争のきっかけともなった。

C群　a　関税自主権の回復　　b　安政の大獄　　c　米騒動　　d　天保の改革
　　　e　領事裁判権(治外法権)の撤廃

| ① | B群 | C群 | ② | B群 | C群 | ③ | B群 | C群 |
|---|---|---|---|---|---|---|---|---|
| ④ | B群 | C群 | ⑤ | B群 | C群 | | | |

〔東山高〕

**3** 年表を見て，次の問いに答えなさい。　(3点×4－12点)

| 年代 | できごと |
|---|---|
| 1853 | ペリーが浦賀に来航…………… a<br>↕ あ |
| 1871 | 廃藩置県が行われる |
| 1881 | 国会開設の勅諭が出される……b<br>c 自由党が結成される |

(1) aの理由として最もふさわしいものはどれですか。

ア　不平等条約の改正を行うため。

イ　貿易船などへの補給の港を開かせるため。

ウ　下関海峡での砲撃に報復するため。

エ　遼東半島の清への返還を求めるため。

(2) あの時期におこった次のA～Dのできごとが，古い順に正しく並べられているものはどれですか。

A　戊辰戦争　　B　薩英戦争　　C　安政の大獄　　D　薩長同盟

ア　B→C→D→A　　イ　B→C→A→D　　ウ　C→B→A→D　　エ　C→B→D→A

(3) bのできごとのきっかけとなった事件はどれですか。

ア　渡良瀬川流域で，足尾銅山の鉱毒が大きな被害を与えた事件

イ　開拓使の施設を，長官と同郷の商人に安く払い下げようとした事件

ウ　扶清滅洋を唱える義和団が，北京の各国の公使館を包囲した事件

エ　天皇の暗殺を共謀したとして，多数の社会主義者が逮捕された事件

難 (4) 下線部cについて述べた文として正しくないものはどれですか。

ア　板垣退助を党首として結成された。　　イ　イギリス流の穏健な立憲政治を主張した。

ウ　内部の対立などから1884年に解党した。　　エ　急進派と貧農が福島事件などをおこした。

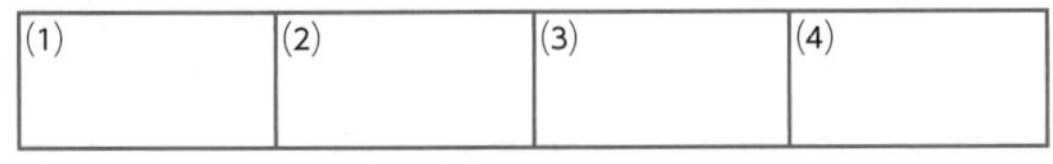

| (1) | (2) | (3) | (4) |
|---|---|---|---|
| | | | |

〔神奈川一改〕

**4** 次の問いに答えなさい。　(6点×3－18点)

(1) 王政復古の大号令が出された後，旧幕府軍と新政府軍が1年以上戦いを続け，新政府軍が勝利をおさめた。この一連の内戦を何というか答えなさい。

記述 (2) (1)の戦いが終了した直後に実施された版籍奉還について，15～20字で説明しなさい。

(3) 明治政府の初期の政策についての4つの文のうち，正しい文を**ア**～**エ**から1つ選びなさい。

ア　民衆に示した五榜の掲示において，それまでのキリスト教禁止政策をとりやめた。

イ　四民平等の政策をとり，武士も農工商とともに平民として，新しい戸籍にのせた。

ウ　不平等条約を改正するため，西郷隆盛を代表とする使節を欧米に送り出した。

エ　徴兵令で20歳以上の男子に兵役を義務づけたが，各地で徴兵令反対の一揆がおこった。

| (1) | (2) |
|---|---|
| (3) | |

〔久留米大附高一改〕

Step A　Step B　Step C-②

| ●時間 30分 | ●得点 |
| --- | --- |
| ●合格点 75点 | 点 |

解答▶別冊14ページ

**重要 1** 次の資料をもとにして，各問いに答えなさい。　（7点×3－21点）

資料

一、広ク会議ヲ興シ，万機公論ニ決スヘシ
一、上下心ヲ一ニシテ盛ニ経綸ヲ行フヘシ
一、官武一途庶民ニ至ル迄，各其志ヲ遂ケ，人心ヲシテ倦マサラシメン事ヲ要ス
一、旧来ノ陋習ヲ破リ，天地ノ公道ニ基クヘシ
一、智識ヲ世界ニ求メ，大ニ皇基ヲ振起スヘシ

(1) 資料は新しい政治の方針を示したものである。これを何といいますか。

(2) 資料の智識ヲ世界ニ求メに関して，明治時代の初め，右の写真のように使節団が欧米諸国に派遣され，先進国の実態を視察した。この使節団の大使はだれか，記号で答えなさい。

**ア** 西郷隆盛　**イ** 大隈重信
**ウ** 岩倉具視　**エ** 陸奥宗光

(3) 資料が発布されたころのできごとで，鹿児島出身の人物の活躍について，正しく述べたものを，記号で答えなさい。

**ア** 大久保利通らを中心とする新政府は，版籍奉還などの近代化政策を推進していった。
**イ** 板垣退助らは政府に民撰議院設立の建白書を提出して，自由民権運動をおこした。
**ウ** 伊藤博文は太政官の制度を廃止して内閣制度をつくり，初代内閣総理大臣となった。
**エ** 東郷平八郎が率いる艦隊が，日本海海戦においてロシアのバルチック艦隊を破った。

| (1) | (2) | (3) |
| --- | --- | --- |
| | | |

〔鹿児島〕

**重要 2** 右の図は，20世紀初頭の列国の中国侵略を示している。次の問いに答えなさい。　（6点×7－42点）

(1) 諸外国がきそって中国に進出するきっかけとなった事件は何か。次の**ア**～**エ**から1つ選び，記号で答えなさい。

**ア** 日露戦争　**イ** 満州事変
**ウ** 日清戦争　**エ** 第一次世界大戦

(2) 図の①と④の地域を侵略した国々と日本とが，それぞれ結んだ条約・同盟を次の**ア**～**オ**から1つずつ選び，記号で答えなさい。

**ア** 下関条約　**イ** 日英同盟　**ウ** 日米安全保障条約
**エ** ポーツマス条約　**オ** 南京条約

(3) 図の①，③，④，⑤のそれぞれに勢力をもつ国名を書きなさい。

| (1) | (2) ① | ④ | |
| --- | --- | --- | --- |
| (3) ① | ③ | ④ | ⑤ |

## 3 次の文章を読んで，以下の問いに答えなさい。 （(1)7点，他6点×5−37点）

幕末・明治時代前期の政治家だったa「彼」は，1871年，江戸幕府が幕末に欧米諸国と結んだb不平等条約を改正することを主な目的としたc使節団の団長として，アメリカ・dイギリスなどと交渉を行った。

交渉は失敗に終わったが，欧米諸国の政治のしくみや進んだe産業や文化を詳しく見たことは大きな収穫だった。帰国後の彼は，国会開設の勅諭を出すことを推進したり，皇室擁護に力を注いだ。

(1) 下線部aについて，「彼」にあてはまる人物名を答えなさい。

(2) 下線部bについて，条約改正への歩みを説明した次のA～Dのできごとについて，正しい順に並べたものをあとの**ア～エ**から1つ選び，記号で答えなさい。

A：陸奥宗光外務大臣のとき，領事裁判権の廃止に成功した。
B：青木周蔵外務大臣のとき，大津事件がおきて交渉が中止された。
C：井上馨外務大臣のとき，欧化政策が国民の反発を受けて交渉が中止された。
D：小村寿太郎外務大臣のとき，日本は関税自主権を完全に回復した。

**ア** C→B→A→D　**イ** C→B→D→A
**ウ** B→A→C→D　**エ** C→D→B→A

(3) 下線部cについて，次の**ア～エ**の人物はこの使節団の団員である。この中で，のちに内閣総理大臣になった人物を選んで答えなさい。

**ア** 木戸孝允　**イ** 山口尚芳　**ウ** 伊藤博文　**エ** 大久保利通

(4) 下線部cについて，この使節団に女子留学生として最年少で同行し，のちに女子教育の発展につくした人物を答えなさい。

(5) 下線部dについて，最初に日英同盟が結ばれた年の3年後，戦争に勝利した日本が得た権利について説明した次の**ア～エ**から，正しいものを1つ選び，記号で答えなさい。

**ア** 朝鮮国の開国と釜山を含む3つの港での貿易による利権
**イ** 山東半島の利権と赤道以北の南洋群島の委任統治権
**ウ** 長春・旅順間の鉄道の利権と，旅順・大連をはじめとする地域の租借権
**エ** 遼東半島・台湾・澎湖諸島と約3億円の賠償金

難 (6) 下線部eについて，明治時代の産業と文化について説明した次の**ア～エ**の文から，正しいものを1つ選び，記号で答えなさい。

**ア** 富岡製糸場などで大量に生産された結果，生糸は，1890年代には国内の生産量が輸入量を上まわり，日清戦争後には清や朝鮮に輸出された。
**イ** 1911年，労働時間制限，深夜業の廃止，12歳未満の子どもの労働禁止などを定めた工場法が制定されたが，さまざまな条件があり，十分な内容ではなかった。
**ウ** 日本の伝統美術が，アメリカ人コンドルと岡倉天心によって見直され，黒田清輝らが日本画の発展に努めた。
**エ** 医学界において，赤痢菌の発見の北里柴三郎，黄熱病研究の志賀潔，ペスト菌発見の野口英世などが活躍した。

| (1) | (2) | (3) | (4) | (5) | (6) |
|---|---|---|---|---|---|
| | | | | | |

〔プール学院高−改〕

# 13 立憲政治と日清・日露戦争

Step A　Step B　Step C

解答▶別冊14ページ

▶次の　　　に適語を入れなさい。

## 1 19世紀後半〜20世紀前半の日本と世界

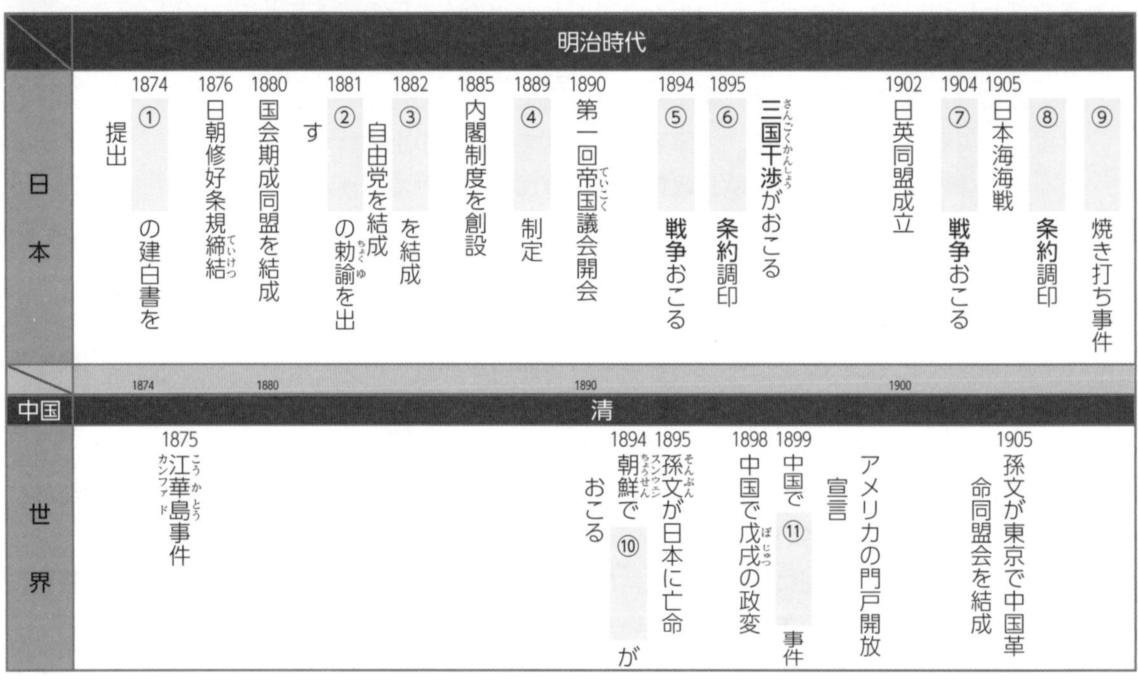


## 2 政党の結成

| | ⑫　　党 | ⑬　　党 |
|---|---|---|
| 結成 | 1881(明治14)年 | 1882(明治15)年 |
| 党首 | 板垣退助 | 大隈重信 |
| 主な党員 | 植木枝盛<br>後藤象二郎 | 犬養 毅<br>尾崎行雄 |
| 特色主張 | ⑭　　の自由民権思想の影響大，急進的，普通選挙 | ⑮　　の議会政治を手本，穏健な立憲君主主義，制限選挙 |
| 支持者 | 士族・農民・商人 | 知識階級・資本家 |

## 3 大日本帝国憲法の特色

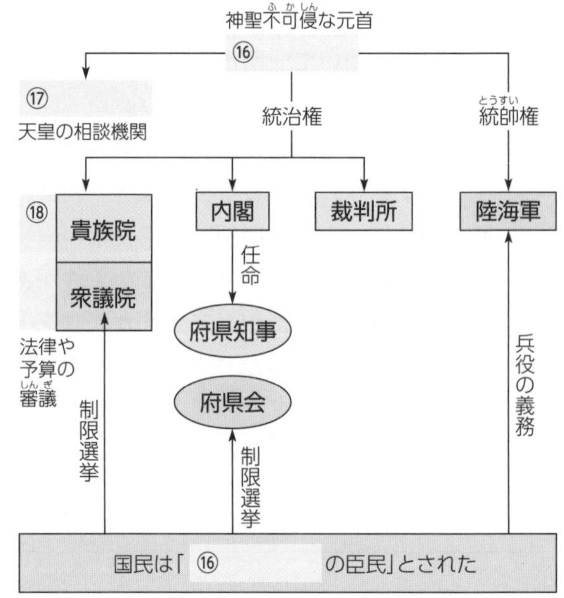

▶次の[　　]に適語を書きなさい。

## 4 憲法の制定と議会政治の始まり

❶ **自由民権運動**…1874年，[⑲　　　　]らは**民撰議院設立の建白書**を政府に提出するとともに，同年，立志社を設立し，**藩閥政府**を攻撃して，**自由民権運動**を全国に広めた。1880年には自由民権運動の代表者が大阪で[⑳　　　　]を結成し国会開設を政府に迫ったので，政府は翌年，**国会開設の勅諭**を出した。これを受けて自由民権派の人々は政党を結成した。

❷ **憲法の制定の準備**…自由民権運動の中から，多くの憲法草案が民間で作成された。これを[㉑　　　　]という。これに対して，政府は国会開設の準備として憲法を制定するために，1882年，[㉒　　　　]をヨーロッパに派遣した。[㉒]は君主権の強い[㉓　　　　](プロイセン)の憲法を手本にして草案をつくった。

❸ **憲法の制定**…1889年に天皇が国民に与えるという[㉔　　　　]として，**大日本帝国憲法**が発布された。

⑲＿＿＿＿＿＿
⑳＿＿＿＿＿＿
㉑＿＿＿＿＿＿
㉒＿＿＿＿＿＿
㉓＿＿＿＿＿＿
㉔＿＿＿＿＿＿

## 5 日清戦争

❶ **日清の対立**…**日朝修好条規**を結び，朝鮮を開国させた日本は，さらにその内政にも干渉しようとした。そのため，朝鮮を属国と考えていた清と対立した。1894年，民間信仰をもとにした**東学**で結びついた農民が[㉕　　　　]戦争(東学党の乱)をおこすと，その鎮圧のために両国が出兵した。しかし，鎮圧された後も両国は兵を撤退せず，[㉖　　　　]が始まった。

❷ **日清の講和**…[㉖]は日本の勝利に終わり，講和会議が[㉗　　　　]で開かれた。日本の代表は**伊藤博文**と[㉘　　　　]，清の代表は**李鴻章**であった。会議の結果，[㉗]条約が結ばれ，日本は[㉙　　　　]・**澎湖諸島**・**台湾**などの領土と**賠償金**を獲得した。

❸ **三国干渉**…アジアで南下政策を進める[㉚　　　　]は，[㉛　　　　]・ドイツをさそって，日本に[㉙]を清に返すよう要求してきた。これに対抗する力のなかった日本は三国の要求を受け入れ，清に[㉙]を返した。

㉕＿＿＿＿＿＿
㉖＿＿＿＿＿＿
㉗＿＿＿＿＿＿
㉘＿＿＿＿＿＿
㉙＿＿＿＿＿＿
㉚＿＿＿＿＿＿
㉛＿＿＿＿＿＿

## 6 日露戦争

❶ **開戦前の状況**…[㉙]南部を租借し，朝鮮に迫ろうとしていたロシアに対して，朝鮮から満州を侵略しようとしていた日本と，早くから中国に権益をもっていた[㉜　　　　]は利害が一致した。そこで，1902年に日本と[㉜]は[㉝　　　　]を結び，ロシアの南下政策に対抗した。

❷ **日露戦争**…朝鮮と満州を巡る日露の対立から，[㉞　　　　]年，日露戦争が始まった。日本は苦戦をしながらも，旅順を占領し，奉天会戦で勝利した。また，[㉟　　　　]でロシアのバルチック艦隊を破った。

❸ **日露の講和**…日本は兵力や弾薬が不足し，国力を使い果たして国民生活が苦しくなり，ロシアでは革命運動が激しくなって戦争を続けることが困難となった。その結果，日本はアメリカ大統領に講和の斡旋を頼み，アメリカの[㊱　　　　]で講和会議が開かれ，講和条約が結ばれた。

㉜＿＿＿＿＿＿
㉝＿＿＿＿＿＿
㉞＿＿＿＿＿＿
㉟＿＿＿＿＿＿
㊱＿＿＿＿＿＿

Step A　Step B　Step C

| ●時 間 30 分 | ●得 点 |
|---|---|
| ●合格点 75 点 | 点 |

解答▶別冊14ページ

重要 **1** [立憲国家体制] 右の年表を見て，あとの問いに答えなさい。 (5点×10−50点)

| 1868 | 五箇条の御誓文が出される | 1880 | 〔f〕 |
|---|---|---|---|
| 1869 | 版籍奉還……………………〔a〕 | 1881 | 〔g〕 |
| 1871 | 廃藩置県 |  | 自由党結成 ………〔h〕 |
| 1872 | 学制発布……………………〔b〕 | 1882 | 立憲改進党結成 ………〔h〕 |
| 1873 | 徴兵令布告…………………〔c〕 | 1885 | 内閣制度ができる………〔i〕 |
|  | 地租改正……………………〔d〕 | 1889 | 大日本帝国憲法発布……〔j〕 |
| 1874 | 〔e〕 | 〔l〕 | 第１回帝国議会の開会 |
| 〔k〕 | 西南戦争がおこる |  |  |

(1) aの説明として正しいものを記号で答えなさい。

ア　藩主に対して華族の待遇を与えたこと。

イ　藩主が土地や人民を朝廷に返したこと。

ウ　藩主にかわり，府知事や県令を置いたこと。

(2) bについて，明治政府は小学校教育にとりくんだが，民間の教育にたずさわり，『学問のすゝめ』などを著した人物はだれか，漢字で書きなさい。

(3) cの徴兵令について，内容の誤っているものはどれか，記号で答えなさい。

ア　徴兵の対象は20歳以上の男子に限られた。

イ　徴兵の代人料を納めるものは免除された。

ウ　徴兵によって軍隊に組織されたのは，旧幕臣や藩士に限られた。

(4) dの地租改正で，当初地租は地価の何％とされましたか。

(5) e，f，gに入るできごとは何か。正しいものを選び，記号で答えなさい。

ア　e　民撰議院設立の建白書　　f　国会期成同盟　　g　国会開設の勅諭

イ　e　国会期成同盟　　f　国会開設の勅諭　　g　民撰議院設立の建白書

ウ　e　民撰議院設立の建白書　　f　国会開設の勅諭　　g　国会期成同盟

(6) hの自由党・立憲改進党結成に関係の深い人物の組み合わせはどれか，記号で答えなさい。

ア　板垣退助・大隈重信　　イ　板垣退助・中江兆民　　ウ　大久保利通・大隈重信

エ　伊藤博文・大隈重信

(7) iの内閣制度ができたときに初代総理大臣になった人物と，jの大日本帝国憲法発布時の総理大臣はだれか。それぞれ記号で答えなさい。

ア　伊藤博文　　イ　岩倉具視　　ウ　山県有朋　　エ　黒田清隆　　オ　黒田清輝

(8) jの大日本帝国憲法について述べたものとして適切でないものはどれか，記号で答えなさい。

ア　憲法は，天皇が国民に与えるという形で発布された。

イ　憲法では，帝国議会は国権の最高機関と位置づけられた。

ウ　憲法では，天皇が国の元首として統治すると定められた。

エ　憲法では，人権は天皇が恩恵によって与えた権利とされた。

(9) 年表のk・lに入る正しい年代の組み合わせはどれか，記号で答えなさい。

ア　1877・1891　　イ　1876・1890　　ウ　1878・1890　　エ　1877・1890

| (1) | (2) | | (3) | (4) | |
|---|---|---|---|---|---|
| (5) | (6) | (7) i | j | (8) | (9) |

〔相愛高一改〕

## 2 ［条約改正と日清・日露戦争］次の文の（　）に適当な語句を入れ，各問いに答えなさい。

（5点×10－50点）

近代日本の外交はアジア諸国と連帯・提携して進む方向をとらず，欧米とともに，その一員としてアジアに向かった。a 欧米には条約改正を要求しながら，アジア諸国には不平等条約をおしつけたことはその例である。明治初年から外交の焦点は朝鮮に向けられた。その観点からみると，日清・日露戦争は朝鮮（韓国）を巡る帝国主義諸国間の対立であった。b 日清戦争後，（　①　）年に結ばれた（　②　）条約では，日本は台湾・（　③　）半島などを手に入れたが，ロシアは c 他のヨーロッパの国とともに（　③　）半島を清に返すよう勧告してきたので，日本はこれを受け入れて返還した。ロシアは，この後（　③　）半島南部を租借した。そして，日露戦争の結果，日本は韓国における優越的地位を，ロシアのみならずイギリス・アメリカからも認められ，d 以後急速に韓国は日本の植民地となった。

(1) 下線部 a に関して，次の**ア**～**エ**から正しい文を1つ選び，記号で答えなさい。

**ア**　条約改正の対象は，江戸幕府が締結した条約であり，領事裁判権（治外法権）を認めた日米和親条約はその1つであった。

**イ**　江戸時代に朝鮮は正式の国交があった国であり，明治政府と結んだ日朝修好条規も対等条約であった。

**ウ**　日清戦争開始直前に，イギリスとの間で関税自主権の回復に成功した。

**エ**　明治維新後，日本政府が結んだ日清修好条規は最初の対等条約であった。

(2) 下線部 b について，日清両国の出兵の原因となった朝鮮の農民戦争を何といいますか。

(3) 次の**ア**～**エ**はいずれも，下線 b の前におきたできごとについて述べたものである。年代の古い順に並べかえ，記号で答えなさい。

**ア**　大日本帝国憲法が発布された。　　**イ**　板垣退助らが民撰議院設立の建白書を提出した。

**ウ**　第1回帝国議会が開かれた。　　**エ**　大隈重信らが立憲改進党を結成した。

(4) 下線部 c について，これにあてはまる国はどこですか。（2か国）

難 (5) 下線部 d について，韓国併合の過程を下記の**ア**～**エ**に区切ると，早いものから2番目はどれか。記号で答えなさい。

**ア**　韓国の内政権を日本が掌握　**イ**　統監府設置　**ウ**　朝鮮総督府設置　**エ**　伊藤博文暗殺

(6) 文中の（　②　）条約の内容として誤っているものを，次の**ア**～**エ**から1つ選び，記号で答えなさい。

**ア**　清は，朝鮮が独立国であることを認める。

**イ**　清は，賠償金2億両（約3億1000万円）を日本に支払う。

**ウ**　清は，新たに重慶などの4市を開市・開港する。

**エ**　清は，沿海州やカムチャツカ半島沿岸の日本の漁業権を認める。

(7) 文中の（　③　）半島にあてはまる地域を，略地図中の**ア**～**エ**から1つ選び，記号で答えなさい。

略地図

イ
ア
ウ
エ

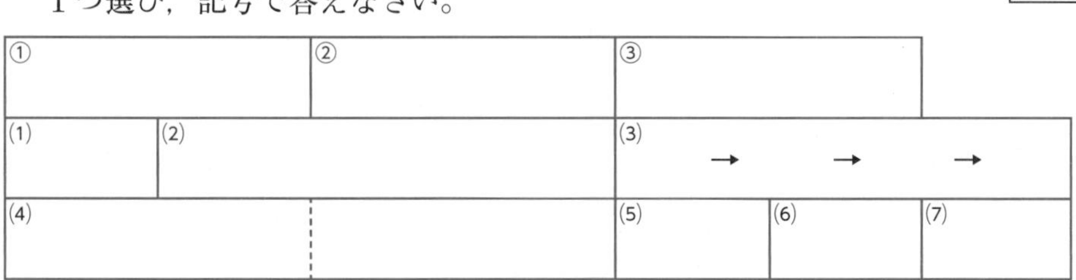

| ① | ② | ③ |
|---|---|---|
| | | |

| (1) | (2) | (3) →　→　→ |
|---|---|---|
| | | |

| (4) | | (5) | (6) | (7) |
|---|---|---|---|---|
| | | | | |

〔福岡大附属大濠高－改〕

# 14 世界の動きと近代の産業・社会・文化

Step A　Step B　Step C

解答▶別冊15ページ

▶次の　　　に適語を入れなさい。

## 1 19世紀後半～20世紀前半の日本と世界

**日本（明治時代）**

- 1886 ノルマントン号事件
- 1889 東海道本線が全線開通
- 1891 田中正造が衆議院に ① 　　鉱毒事件に関する質問書を提出
- 1894 ② 　　を撤廃（日英通商航海条約）
- 1901 ③ 　　が操業を開始
- 1902 日英同盟を結ぶ
- 1905 ④ 　　条約調印
- 韓国統監府を設置する
- 1909 ⑤ 　　が暗殺される
- 1910 **韓国を併合する**
- ⑥ 　　を設置
- ⑦ 　　事件おこる
- 1911 ⑧ 　　を回復する

1885　1890　1900　1910

**中国（清）・世界**

- 1887 フランス領インドシナ連邦成立
- 1891 露仏同盟が成立
- 1899 アメリカの門戸開放宣言
- 中国で義和団事件がおこる
- 1904 英仏協商が成立する
- 1907 イギリス・フランス・ロシアの ⑨ 　　が成立する
- 1911 中国で ⑩ 　　がおこる
- 1912 中華民国が成立

## 2 医学・自然科学者とその業績

| 人物名 | 主な業績 |
|---|---|
| ⑪ | 破傷風の血清療法発見 |
| ⑫ | 赤痢菌の発見 |
| 野口　英世 | ⑬ 　　の研究 |
| 高峰　譲吉 | タカジアスターゼの創製 |
| 鈴木梅太郎 | ビタミン $B_1$ の抽出 |
| 木村　栄 | 緯度変化の研究 |
| 大森　房吉 | 地震計の発明 |
| 長岡半太郎 | 原子構造の研究 |
| 本多光太郎 | 特殊な磁石鋼の発明 |

## 3 主な文学作品

| 人物名 | 主な作品 |
|---|---|
| 坪内　逍遙 | 『小説神髄』 |
| 二葉亭四迷 | 『浮雲』 |
| 島崎　藤村 | 『若菜集』『破戒』 |
| ⑭ | 『みだれ髪』 |
| 国木田独歩 | 『武蔵野』 |
| ⑮ | 『たけくらべ』 |
| ⑯ | 『一握の砂』 |
| ⑰ | 『舞姫』『雁』 |
| ⑱ | 『坊ちゃん』『草枕』 |

▶次の[　　]に適語を書きなさい。

## 4 条約改正と世界の動き

1 **条約改正**…1886年に[⑲　　　　　]**事件**がおこると，国内では不平等条約改正を求める声があがり，政府も交渉を続けたが，1894年，[⑳　　　　　]に調印して，[㉑　　　　　]の撤廃に成功した。その後，日清戦争と日露戦争に勝ったことによって，日本の国力が認められ，1911年，外務大臣[㉒　　　　　]によって，**関税自主権の回復**に成功した。

2 **アフリカの分割**…**産業革命**が急速に発展した欧米諸国では，19世紀後半になると，大企業が経済を支配するようになり，経済力と軍事力を背景に**資源**や**市場**を求めて，各地で植民地化を進めた。このような動きを[㉓　　　　　]という。その結果，列強による**アフリカ分割**が行われ，アフリカで独立国として残ったのは[㉔　　　　　]と**リベリア**だけとなった。

3 **韓国併合**…**ポーツマス条約**によって韓国における日本の優越権を認めさせると，**統監府**を設置して韓国の外交権を奪い保護国として統治した。1909年，統監の[㉕　　　　　]が暗殺されると日本は翌年**韓国を併合**して植民地とし，京城(現在のソウル)に[㉖　　　　　]をおいて統治した。

4 **清の滅亡**…1911年に，清朝政府の鉄道国有化に対する反対から，軍隊が蜂起して[㉗　　　　　]がおこった。翌年[㉘　　　　　]が成立し，清は滅んだ。

⑲

⑳

㉑

㉒

㉓

㉔

㉕

㉖

㉗

㉘

## 5 明治時代の社会

1 **日本の産業革命**…日本の産業革命は，1880年代から1890年代にかけて，主として製糸業や紡績業など，繊維工業に代表される[㉙　　　　　]を中心に**第一次産業革命**を経験した。日露戦争前後の1900年代から[㉚　　　　　]を中心とした**第二次産業革命**がおこった。

2 **労働問題・社会主義の運動**…**労働組合**のあり方をアメリカで学んで帰国した片山潜のほか堺利彦や，のちに**大逆事件**で処刑された[㉛　　　　　]らによって**社会主義運動**は指導された。政府は，1900年に[㉜　　　　　]を制定して，労働運動や社会主義運動を厳しく取り締まった。

3 **公害問題**…**田中正造**が帝国議会で，**足尾(銅山)鉱毒事件**の惨状を訴えた。

㉙

㉚

㉛

㉜

## 6 明治時代の文化

1 **新しい思想**…文明開化とともにヨーロッパの近代思想も取り入れられた。慶應義塾を創立した[㉝　　　　　]は，『西洋事情』や『学問のすゝめ』で欧米諸国の政治・社会を紹介した。また，[㉞　　　　　]はフランスの天賦人権説の思想を紹介し，[㉟　　　　　]の『社会契約論』を訳して，『民約訳解』を出版し，人間の自由・平等を説き，自由民権運動に影響を与えた。

2 **芸術の発達**…アメリカ人フェノロサと協力して[㊱　　　　　]が日本画の復興に努め，横山大観らが見事な日本画を残した。また，フランスに留学した[㊲　　　　　]が印象派の明るい画風を伝えた。『荒城の月』や『花』などを作曲した[㊳　　　　　]が洋楽の道を開いた。

㉝

㉞

㉟

㊱

㊲

㊳

Step A　Step B　Step C

●時間 30 分　●得点　点
●合格点 75 点

解答▶別冊15ページ

**1** [産業革命] 次の文を読んで，あとの問いに答えなさい。　(7点×3−21点)

わが国では，イギリスから100年あまり遅れて，製糸・紡績などの軽工業部門を中心に①産業革命がおこった。民間工場が官営工場の技術を取り入れて品質向上に努めた結果，繊維産業が急速に発展し，資本主義が発達していった。しかし，当時のわが国の資本主義は，一面では，若い②女子労働者などの厳しい③労働条件のうえに成り立っていた。

(1) 下線部①について，わが国で産業革命がおこったのはいつか。次の**ア**～**エ**のうちから１つ選び，その記号を書きなさい。

**ア**　江戸時代　　**イ**　明治時代　　**ウ**　大正時代　　**エ**　昭和時代

(2) 下線部②について，右の図は，当時の長野県のある製糸工場で働く女子労働者たちの３月前半と10月前半における１日の生活時間を表したもので，□で示した部分は，働いている時間である。次の**ア**～**エ**のうち，この図からわかることを正しく述べているものはどれか。１つ選び，その記号を書きなさい。

**ア**　睡眠のための時間は，５時間30分くらいであった。
**イ**　食事の時間は，合計すると１日に３時間くらいであった。
**ウ**　働いている時間は，１日に14時間30分くらいであった。
**エ**　自由時間は，睡眠時間を除いて１日に５時間くらいであった。

(3) 下線部③について，第二次世界大戦後の民主化の動きのなかで，労働時間は１日に８時間以内とすることなどを定めた法律が制定された。この法律を何というか，ことばで書きなさい。

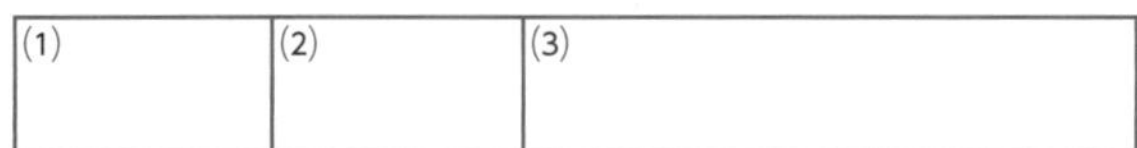

〔岩手〕

重要 **2** [明治時代の社会] 右の歴史新聞を読んで，あとの問いに答えなさい。　(7点×4−28点)

明治新聞
政府，a新政策を断行！
藩にかえて，府・県をおき，中央から府知事や県令を派遣して，中央集権国家のかたちをつくった。
b自由民権運動盛んになる
自由民権運動を進める人々は，各地で演説会を開いたが，政府はこれを厳しく取り締まった。
進展するc産業革命
日本の産業革命は，紡績，製糸などの軽工業を中心に始まったが，日清戦争後には，

(1) 波線部ａの政策は何か，記事をもとにして書きなさい。

(2) 波線部ｂを進めた人々が，この運動の中で要求していたことを，次の**ア**～**エ**から選びなさい。

**ア**　学制発布　　**イ**　尊王攘夷
**ウ**　国会開設　　**エ**　財閥解体

(3) 波線部ｃに関連して，わが国の産業革命に先がけて1882(明治15)年に大阪に設立された民間の紡績会社は，イギリス製の紡績機を取り入れ，高い利益を上げた。この紡績会社が設立された時期に最も近いわが国のできごとについて述べた文として正しいものを，次の**ア**～**エ**から１つ選びなさい。

**ア**　議会政治の確立をめざした大隈重信は，立憲改進党を結成して党首となった。
**イ**　内閣制度が創設され，伊藤博文が初代の内閣総理大臣になった。
**ウ**　全国から数十の結社の代表者が大阪に集まり，国会期成同盟を結成した。

**エ**　衆議院議員総選挙が実施され，同じ年に第１回帝国議会が開かれた。

記述 (4) 明治新聞の「進展する産業革命」の記事が完成するように，［　　］にあてはまる文を，「八幡製鉄所」という語を用いて簡潔に書きなさい。

| (1) | (2) | (3) |
|---|---|---|
| (4) | | |

〔群馬一改〕

## 3 ［日本の近代化］次の各問いに答えなさい。

（6点×5－30点）

(1) 右のグラフは，明治政府の1880（明治13）年の歳入の割合を表している。［　］の部分にあたるものは何か。漢字で書きなさい。

〈政府の歳入の割合（1880年）〉

| 租税　87.2% | | | 関税 4.1 | | その他 12.8 |
|---|---|---|---|---|---|
| 66.8 | 酒税 8.7 | | | その他 7.6 | |

（『本邦主要経済統計』）

(2) 19世紀，ドイツ帝国が成立したとき，そのドイツ皇帝にはある国の国王が即位した。ある国とはどこか，国名を書きなさい。また，1882年に日本からこの国を訪れて，憲法を学び，帰国後，大日本帝国憲法の草案づくりの中心となった人物名を書きなさい。

(3) 日本で産業革命が進展した当時の代表的な輸出産業で，長野県でさかんであった産業は何ですか。

(4) 日露戦争後の条約改正で回復した権利は何ですか。

| (1) | (2) 国名 | 人物名 |
|---|---|---|
| (3) | (4) | |

〔福井一改〕

## 要 4 ［近代日本の歩みと世界］年表を見て，次の問いに答えなさい。

（7点×3－21点）

(1) 次の各文は，下線部①と下線部②の戦争と，略地図のＡ～Ｄとの関係について述べたものである。内容が正しいものを，次の**ア**～**エ**から１つ選びなさい。

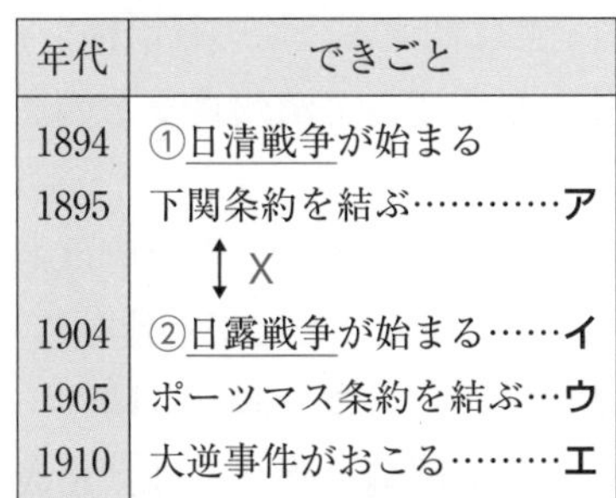

| 年代 | できごと |
|---|---|
| 1894 | ①日清戦争が始まる |
| 1895 | 下関条約を結ぶ…………**ア** |
| | ↕ Ｘ |
| 1904 | ②日露戦争が始まる……**イ** |
| 1905 | ポーツマス条約を結ぶ…**ウ** |
| 1910 | 大逆事件がおこる………**エ** |

**ア**　日露戦争後，日本はＡをロシアに譲った。

**イ**　日清戦争後，日本はＢの独立を認めたが，清はこれを拒否した。

**ウ**　日露戦争後，三国干渉により，日本はＣを清に返還した。

**エ**　日清戦争後，日本はＤを領有し，総督府をおいた。

(2) Ｘの期間中，清では列強の侵略に反発する排外運動がさかんになり，「扶清滅洋」を唱える結社が北京の各国公使館を包囲する事件がおきた。この事件を何というか，書きなさい。

(3) 次の文で述べるできごとと最も近い時期のできごとを，年表中の**ア**～**エ**から１つ選びなさい。

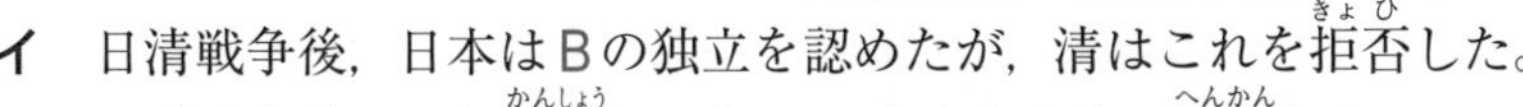

革命軍は南京を首都として中華民国の成立を宣言し，孫文を臨時大総統に迎えた。

| (1) | (2) | (3) |
|---|---|---|
| | | |

〔青森一改〕

Step A　Step B　Step C-③

| ●時間 30分 | ●得点 |
| --- | --- |
| ●合格点 75点 | 点 |

解答▶別冊15ページ

**1** 右の年表を見て，問いに答えなさい。（7点×6－42点）

| 西暦 | ことがら |
| --- | --- |
| | 1835　1827　1841 |
| 1866 | 薩長同盟が結ばれる　A |
| 1868 | 明治維新　1867　B |
| 1872 | 官営の①富岡製糸場が操業を始める　1877 |
| 1885 | 内閣制度ができる　C |
| 1895 | ②遼東半島を清に返還 |
| 1904 | ③日露戦争がおこる |
| 1910 | ④韓国併合　1909 |
| 1919 | ベルサイユ条約が結ばれる |

(1) 年表中のA～Cの3つの---→は，伊藤博文，西郷隆盛，坂本龍馬のいずれかの人物の生没年を示している。BとCにあてはまる人物の組み合わせを，次のア～エから1つ選び，記号で答えなさい。

**ア**　B　西郷隆盛　C　伊藤博文
**イ**　B　伊藤博文　C　西郷隆盛
**ウ**　B　坂本龍馬　C　伊藤博文
**エ**　B　伊藤博文　C　坂本龍馬

難 (2) 右の図は，年表中の下線部①の内部の様子を描いたものである。この工場の特色を述べた次の文から，誤っているものを1つ選びなさい。

**ア**　お雇い外国人といわれたフランス人技師の指導を受けた。
**イ**　建物はれんが造りで，フランス製繰糸機械などの近代的な設備が整っていた。
**ウ**　技術伝習を目的に，士族の子女などが集められた。
**エ**　操業開始から約20年後に，三菱に払い下げられた。

(3) 年表中の下線部②の少し前に，日清戦争の講和条約が結ばれたが，この条約の朝鮮に関する規定として正しいものを，次から1つ選びなさい。

**ア**　清国は朝鮮国が完全無欠なる独立自主の国であることを確認する。
**イ**　日本国政府は，その代表者として韓国皇帝陛下のもとに一名の統監をおく。
**ウ**　韓国皇帝陛下は韓国全部に関する一切の統治権を完全かつ永久に日本国皇帝陛下に譲与する。
**エ**　日本国は，朝鮮の独立を承認して済州島などの島々を含む朝鮮に対するすべての権利及び請求権を放棄する。

(4) 年表中の下線部②について，これ以後，日本政府はある故事成語を用いて国民のロシアに対する敵意の高揚をはかった。スローガンとしても使われたこの故事成語を，次から1つ選びなさい。

**ア**　一衣帯水　**イ**　臥薪嘗胆　**ウ**　画竜点睛　**エ**　呉越同舟

(5) 年表中の下線部③について，非戦論を唱えた社会主義者を，〔　〕から1つ選び，その講和条約について述べた文として誤っているものを，▢から1つ選びなさい。

〔**ア**　幸徳秋水　**イ**　与謝野晶子　**ウ**　田中正造　**エ**　内村鑑三〕

a　この条約は締結された土地の名をとって，ポーツマス条約とよばれる。
b　この条約により，日本は長春・旅順間の鉄道と旅順・大連の租借権を得た。
c　この条約により，日本はロシアから賠償金約3億円を得た。

(6) 年表中の下線部④について，併合時に日本が設置した植民地支配のための機関を何といいますか。

| (1) | (2) | (3) | (4) | (5) 社会主義者 | 講和条約の誤り | (6) |
| --- | --- | --- | --- | --- | --- | --- |
| | | | | | | |

〔国立高専―改〕

## 要 2 次の各問いに答えなさい。 (6点×5－30点)

(1) 次のA～Cの文を読んで，あとの①，②の問いに答えなさい。

A　アメリカの使節として，[　　　]は４隻の艦隊を率いて浦賀に来航し，開国を求めた。

B　大老の[　　　]は，反対派の意見をおさえ，日米修好通商条約を結んだ。

C　明治政府は，岩倉具視や大久保利通らの使節(岩倉使節団)を欧米に派遣した。

①A，Bそれぞれの，空欄にあてはまる人名を書きなさい。

②下線部を派遣した目的は何か，Bの文に着目して，簡潔に書きなさい。

(2) 右の絵は，19世紀末の東アジアの国際情勢を風刺したものである。この絵を見て，次の①，②の問いに答えなさい。

a，bの人物は，それぞれある国を表している

①19世紀の末に日本とa国との間に戦争がおこった。この戦争を何というか，書きなさい。

記述 ②①の戦争後，日本とa国との間に講和条約が結ばれると，b国はドイツとフランスをさそい，日本に対してどのような要求をしたか，簡潔に書きなさい。

| (1) | ① | A | B | ② |
|---|---|---|---|---|
| (2) | ① | | ② | |

〔群　馬〕

## 3 次の文章を読んで，空欄Aに最も適当な語句を記入し，あとの問いに答えなさい。(7点×4－28点)

産業革命に成功した欧米諸国は原料や商品の市場を求めて世界各地に進出し，①アジアやアフリカの国々を植民地として支配していった。これに対抗し，明治政府はさまざまな②近代化政策を実施し，しだいに国力をつけていった。その中で，日本は朝鮮半島に勢力をのばそうと考え，1894年に朝鮮でおきた[ A ]戦争をきっかけに，朝鮮に大きな力をもっていた清との間で③日清戦争を開始した。

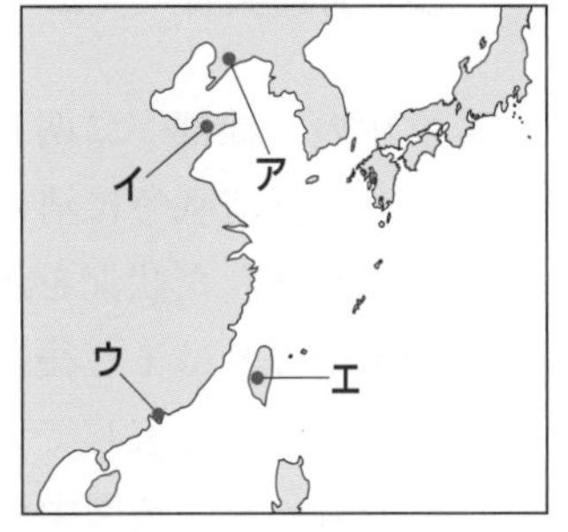


(1) 下線部①について，東南アジアの中で植民地とされずに独立を保持した国を，次から１つ選びなさい。(国名は現在の国名である。)

**ア**　マレーシア　　**イ**　タイ

**ウ**　フィリピン　　**エ**　インドネシア

(2) 下線部②について，明治政府が行った近代化政策として誤っているものを，次から１つ選びなさい。

**ア**　徴兵令では国民皆兵をたてまえとしたが，士族や戸主などは兵役を免除された。

**イ**　地価を定め，税率を地価の３％とし，現金で税を納めさせた。

**ウ**　学制が公布され，６歳以上のすべての子どもに小学校教育を受けさせることがめざされた。

**エ**　欧米の進んだ技術や学問を取り入れるため，積極的に欧米から外国人を招いた。

(3) 下線部③の講和条約の結果，日本の植民地となった地域を，右上の地図中から１つ選びなさい。

| A | (1) | (2) | (3) |
|---|---|---|---|
| | | | |

〔愛光高一改〕

Step A　Step B　Step C-④

| ●時 間 30 分 | ●得 点 |
| --- | --- |
| ●合格点 75 点 | 点 |

解答▶別冊16ページ

## 1 次の文を読んで，あとの問いに答えなさい。 （(4)16点，他9点×4—52点）

森鷗外は1862（文久２）年に現在の島根県津和野町で医者の息子として生まれた。①1871（明治４）年に明治新政府が新しい政策を実施して，森家が代々仕えた大名が津和野から東京に去ったことをきっかけに，翌年に鷗外の一家も東京に移った。鷗外は幼少から学問にすぐれた才能を発揮し，わずか13歳で現在の東京大学医学部に入学した。医学の勉強のかたわら文学にも親しみ，大学卒業後に軍医として陸軍に入った。1884（明治17）年から1888（明治21）年にかけて，鷗外は陸軍衛生制度の研究のためドイツに留学し，細菌学者として有名な②コッホのもとでも学んだ。

ドイツ留学後，陸軍軍医として勤める一方，鷗外は文芸評論や外国文学の翻訳，ドイツ留学の体験をもとにした『舞姫』の執筆など多彩な文学活動を行った。1894（明治27）年に③日清戦争が始まると鷗外は従軍し，1904（明治37）年に日露戦争が始まると再び従軍した。大正時代に入ると，歴史小説の分野に進み，『阿部一族』や『高瀬舟』などの名作を発表した。1916（大正５）年に鷗外は陸軍軍医を退くと，④物価問題が社会運動のきっかけとなることを極度に気にしていた元老の山県有朋のために，日本の貨幣価値に関する歴史研究を行うなど多方面にわたる活動を行ったが，1922（大正11）年に60歳で没した。鷗外を敬愛する文学者らの尽力によって，岩波書店から『森鷗外全集』が『⑤夏目漱石全集』と並んで出版されたのは日中戦争が始まる前年の1936（昭和11）年のことであった。

(1) 文中の下線部①に関して，森家が代々仕えた大名が津和野を離れて東京に去った理由となった，明治新政府が実施した政策は何か，漢字で答えなさい。

(2) 文中の下線部②のもとで，森鷗外と同時期に学び，のちに破傷風の血清療法を発見した人物を，次のア～エから１つ選び，記号で答えなさい。

**ア**　北里柴三郎　　**イ**　長岡半太郎
**ウ**　野口英世　　**エ**　木村栄

(3) 文中の下線部③に関して，右の風刺画と地図は，日清戦争に清が敗北した結果，中国分割が進んだ状況を示したものである。風刺画中のＸはＹと後にロシアに備えて同盟を結んだ国を表している。Ｘの勢力圏を示したものを，地図中の**ア**～**エ**から１つ選び，記号で答えなさい。

（「中国にて。王と皇帝たちのケーキ。」）

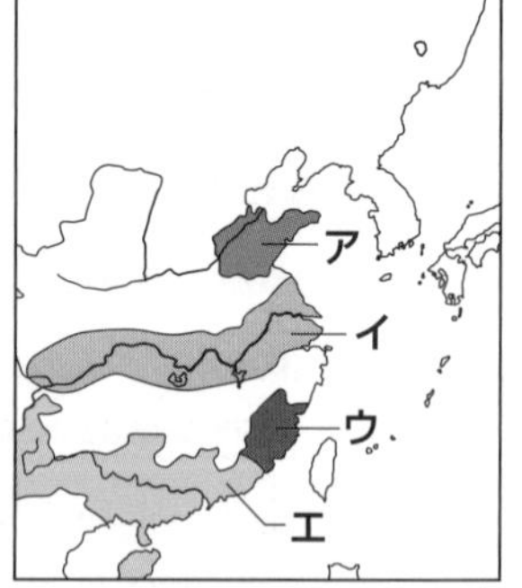


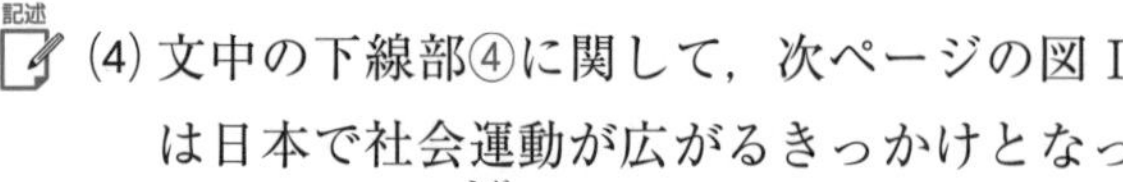
記述
(4) 文中の下線部④に関して，次ページの図Ⅰは日本で社会運動が広がるきっかけとなったできごとを描いたものである。またグラフⅠはある品物の価格の推移を示したものである。図Ⅰのようなできごとがおこった原因は何か。このできごとの名称とグラフⅠ中のＺのような状況になったきっかけをあげながら，「買い占め」の語句を用いて説明しなさい。

図Ⅰ

グラフⅠ

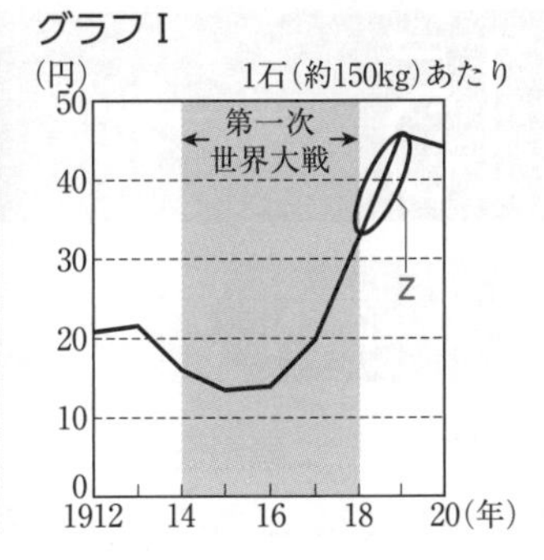


(5) 文中の下線部⑤に関して，夏目漱石の作品ではないものを，次の**ア**～**エ**から１つ選び，記号で答えなさい。

**ア** 坊ちゃん　**イ** 草枕　**ウ** 吾輩は猫である　**エ** 羅生門

| (1) | (2) | (3) | (4) |
|---|---|---|---|
| | | | |
| | (5) | | |

〔福岡大附属大濠高一改〕

## 2 次の文を読んで，(1)～(4)の問いに答えなさい。

(12点×4－48点)

明治政府は薩摩・長州などの一部の藩の出身者で構成されていたので，新政府に対する反発が出てきた。1874年，①板垣退助らは民撰議院を設立して国民の政治参加を要求したが，拒否された。また，農民は地租改正や教育の義務化や徴兵制度に反対した。政府は農民の地租改正反対一揆に対し，地租を地価の３％から2.5％に引き下げた。また，士族は自分たちが持っていたいろいろな特権がなくなることで政府に反発していた。とくに，西日本の士族に不満が多く，1874年の佐賀の乱をはじめ，②士族の反乱があいついでおこった。1877年には③西郷隆盛を中心に最大の反乱がおきたが，いずれも徴兵制度による政府の軍隊に鎮圧された。その後，政府への反対運動は板垣退助らの自由民権運動が中心となった。1882年ごろからは農民も加わり，④激化事件がおきた。

記述 (1) 下線部①はそれまで政府の中にいた人物である。かれが政府と対立するようになった事件を15字以内で説明しなさい。

(2) 下線部②のうち，熊本の士族がおこしたものを何といいますか。

(3) 下線部③と同じ薩摩藩出身で幕末から明治維新に活躍し，後に西郷と対立するようになった人物はだれですか。

(4) 下線部④の中で，1884年に埼玉県でおこった大規模な激化事件を何といいますか。

| (1) | |
|---|---|
| (2) | |
| (3) | (4) |

〔久留米大附高一改〕

# 15 第一次世界大戦と大正デモクラシー

Step A　Step B　Step C

解答▶別冊16ページ

▶次の　　に適語を入れなさい。

## 1 20世紀前半の日本と世界

**日本**（大正時代／昭和時代）

| 年 | 日本 |
|---|---|
| 1912~13 | 第一次 ① 運動おこる |
| 1914 | 対独宣戦布告、第一次世界大戦に参戦 |
| 1915 | ② の要求提出 |
| 1918 | シベリア出兵 |
| | ③ おこる |
| 1919 | 朝鮮で三・一独立運動おこる |
| 1920 | 普通選挙運動高まる |
| 1921 | 原敬首相暗殺 |
| 1923 | ④ おこる |
| 1924 | 第二次 ⑤ 運動おこる |
| 1925 | ⑥ 法　⑦ 法　成立 |
| 1928 | ⑧ 爆死事件 |

**世界**（中国：中華民国）

| 年 | 世界 |
|---|---|
| 1912 | 中華民国成立 |
| 1914 | ⑨ 事件→第一次世界大戦おこる |
| | ⑩ 革命 |
| 1917 | アメリカ、第一次世界大戦に参戦 |
| 1918 | 第一次世界大戦終わる |
| 1919 | ⑪ 講和会議 |
| | 中国で ⑫ 運動おこる |
| | ベルサイユ条約調印 |
| 1920 | ⑬ 発足 |
| 1921 | ⑭ 会議 |
| 1922 | ソビエト社会主義共和国連邦成立 |
| 1929 | 世界恐慌おこる |
| 1930 | ロンドン海軍軍縮会議 |

## 2 帝国主義の対立

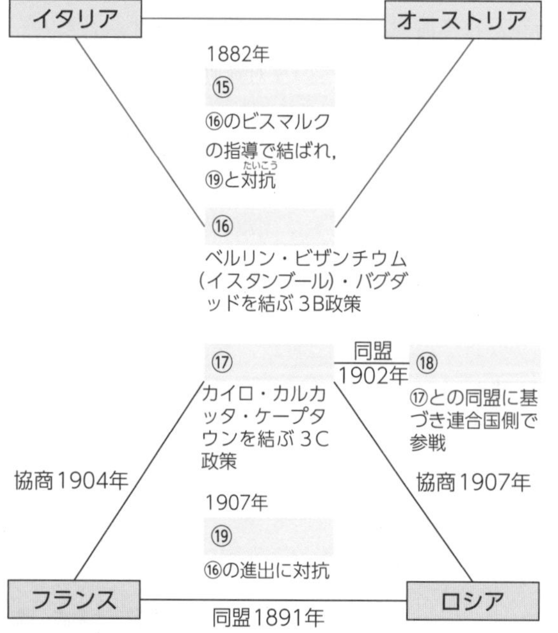


## 3 有権者の増加

| 公布年（総理大臣） | 資格：選挙人の年齢 | 資格：直接国税 | 選挙制度 | 有権者数と，総人口に対する有権者数の割合 |
|---|---|---|---|---|
| 1889年（明治22）黒田清隆 | ㉑ 歳以上の男子 | ㉒ 円以上 | ㉓ 選挙 | 45万人（1.1%） |
| 1900年（明治33）山県有朋 | | 10円以上 | | 98万人（2.2） |
| 1919年（大正8）原敬 | | 3円以上 | | 307万人（5.5） |
| ⑳（大正14）加藤高明 | | 制限なし | 普通選挙 | 1241万人（20.8） |
| 1945年（昭和20）幣原喜重郎 | 20歳以上の男女 | | | 3688万人（50.4） |

▶次の[　　]に適語を書きなさい。

## 4 第一次世界大戦とロシア革命

1 **大戦の始まり**…[㉔　　　　]年６月，ボスニアの**サラエボ**で，オーストリア皇太子夫妻がセルビアの青年に暗殺された。この事件をきっかけとして**第一次世界大戦**がおこった。

2 **大戦の経過と日本の参戦**…オーストリアが**セルビア**に宣戦布告すると，ロシアがセルビアを，[㉕　　　　]がオーストリアを助け，フランスは同盟関係によってロシア側についた。日本は[㉖　　　　]の関係から連合国側に加わり，**ドイツ領の山東(さんとう/シャントン)半島の青島(チンタオ)や南洋諸島**を占領(せんりょう)し，欧米(おうべい)列強が大戦で中国に注意を向ける余裕(よゆう)がないのに乗じて，中国の[㉗　　　　]政府に[㉘　　　　]をつきつけ，中国における権益を得ようとした。

3 **ロシア革命**…ロシアでは，第一次世界大戦の長期化によって社会不安が高まった。1917年11月，亡命先から帰国した[㉙　　　　]が指導していた革命勢力は**ソビエト**(労働者と兵士の会)の指示を得て，革命をおこし，政権を握(にぎ)った。革命政府はドイツと単独で講和条約を結び，国内の安定をはかり，1922年に国名を[㉚　　　　]とした。

## 5 大戦後の世界

1 **パリ講和会議**…大戦は連合国側の勝利に終わり，1919年，**パリで講和会議**が開かれ，ドイツと連合国との間で[㉛　　　　]が結ばれた。[㉛]でドイツに対する制裁が決められ，ドイツは多額の賠償金(ばいしょうきん)を課せられ，軍備も縮小された。

2 **国際協調の動き**…1920年，アメリカ大統領**ウィルソン**の提案で世界初の国際平和機構として，[㉜　　　　]が設立された。翌年，アメリカのよびかけで[㉝　　　　]で軍縮会議が開かれ，中国の独立と領土の保全を定めた[㉞　　　　]と，日英同盟の廃止(はいし)や太平洋地域の現状維持(いじ)を決めた[㉟　　　　]，主力艦(かん)の保有量を制限した海軍軍縮条約が結ばれた。1930年にはロンドンで軍縮会議が開かれ，補助艦の保有量を制限する条約が結ばれた。

## 6 大正デモクラシー

1 **第一次護憲運動**…**尾崎行雄(おざきゆきお)**や[㊱　　　　]は，藩閥(はんばつ)中心の内閣を批判し，立憲政治を守る運動をおこした。運動は国民の支持を受け，桂(かつら)内閣は倒(たお)れた。これを大正政変という。

2 **政党政治の展開**…寺内正毅(てらうちまさたけ)内閣が**米騒動(そうどう)**の責任をとって総辞職したあと，[㊲　　　　]を首相とする本格的な**政党内閣**が成立した。

3 **第二次護憲運動**…護憲三派の憲政会(けんせいかい)・立憲政友会(りっけんせいゆうかい)・革新倶楽部(くらぶ)が，政党内閣・普通(ふつう)選挙を求める運動をおこした。護憲三派は衆議院選挙で圧勝し，[㊳　　　　]を首相とする連立内閣を成立させた。[㊳]内閣以後，1932年の**五(ご)・一五(いちご)事件**で[㊱]内閣が倒れるまで，政党内閣は続いた。

4 **民主主義の広がり**…[㊴　　　　]は，**民本主義**を唱えた。

㉔＿＿＿＿
㉕＿＿＿＿
㉖＿＿＿＿
㉗＿＿＿＿
㉘＿＿＿＿
㉙＿＿＿＿
㉚＿＿＿＿
㉛＿＿＿＿
㉜＿＿＿＿
㉝＿＿＿＿
㉞＿＿＿＿
㉟＿＿＿＿
㊱＿＿＿＿
㊲＿＿＿＿
㊳＿＿＿＿
㊴＿＿＿＿

Step A　Step B　Step C

●時 間 30 分　●得 点　点
●合格点 75 点

解答▶別冊16ページ

重要 **1** [第一次世界大戦と戦後の世界] 次の文を読んで，各問いに答えなさい。

((6)7点，他4点×12−55点)

( ① )大戦後の戦勝国とドイツとの講和会議は( ② )で開かれた。会議の提唱者の1人であるアメリカ大統領( ③ )は，世界平和を守るためにa 3つの方針を示したが，戦勝国は譲(ゆず)らなかった。この会議で結ばれたb 講和条約では，ドイツは本国の一部とc すべての植民地を失い，巨額の賠償金(ばいしょうきん)を支払(はら)うことになった。

( ④ )年，( ③ )の提案に基づいて，平和を守る世界最初のd 国際機構がつくられたが，アメリカが議会の反対で参加しなかったうえ，e ドイツや( ⑤ )政府が除外されたため，強力な組織となることはできなかった。しかし，その後のf 欧米(おうべい)諸国では民主主義がめざましく発達した。

(1) 文中の①～⑤に適当な語句を入れなさい。

難 (2) 下線aの3つの方針を書きなさい。

(3) 下線bの講和条約を何といいますか。

(4) 下線cの植民地のうち，ドイツが中国にもっていた利権を受けついだのはどこの国ですか。

(5) 下線dの国際機構を何といいますか。

記述 (6) 下線eで，⑤が除外された理由を簡単に述べなさい。

(7) 下線fについて，当時最も民主的といわれた憲法を何といいますか。

| (1) ① | ② | |
|---|---|---|
| ③ | ④ | ⑤ |
| (2) | | |
| (3) | (4) | (5) |
| (6) | | |
| (7) | | |

〔名古屋高〕

**2** [大正時代の日本と世界] 次の表について，以下の問いに答えなさい。 (5点×7−35点)

( A )年のできごと

| | |
|---|---|
| 1月 | アメリカのウィルソンが① 十四か条の平和原則を発表 |
| 7月 | 富山県魚津(うおづ)町で漁村の主婦が米の県外積み出しの中止を要求＝( ② )の始まり |
| 8月 | 日本政府がシベリア出兵を宣言 |
| 9月 | ③ 原敬(はらたかし)内閣の成立 |
| 11月 | ドイツが④ 協商国側との休戦協定に調印 |

(1) 下線部①で提唱された国際平和機構の設立は，国際連盟の結成として実現された。国際連盟について述べた文として正しいものを，次の**ア**～**エ**のうちから1つ選び，記号で答えなさい。

**ア** ベルギーのブリュッセルに本部がおかれた。

**イ** イギリス・フランス・アメリカ・日本が常任理事国となった。

**ウ** 社会主義国であったソ連は加盟国アメリカの承認が得られず，当初は加盟できなかった。

**エ** 紛争解決の手段は限られており，強い影響力を行使することはできなかった。

(2) ( ② )にあてはまる語を答えなさい。

(3) 下線部③に関連して述べた文として正しいものを，次の**ア**～**エ**のうちから1つ選び，記号で答えなさい。

**ア** 士族や華族の名称や特権を廃止したことから，原敬は平民宰相とよばれた。

**イ** 内閣の閣僚の大部分は，立憲政友会の党員によって占められた。

**ウ** 25歳以上のすべての男性に選挙権を与え，男性普通選挙制を実現させた。

**エ** アメリカの要請を受け，いち早くシベリアからの徴兵を行った。

(4) 下線部④に関連して，三国協商を構成した国を3つとも答えなさい。

(5) Aにあてはまる年を西暦で答えなさい。

| (1) | (2) | (3) |
|---|---|---|
| | | |

| (4) | | | (5) |
|---|---|---|---|
| | | | |

〔京都教育大附高―改〕

## 3 [明治以降の日本] 次の文を読んで，以下の問いに答えなさい。 (5点×2―10点)

ロシア革命がおこると，各国は干渉戦争をおこし，日本もシベリア出兵を行った。革命政府は干渉戦争に勝利し，やがてソビエト社会主義共和国連邦(ソ連)が成立した。

(1) シベリア出兵と，その後の大正から昭和の時代にかけて日本でおこったできごとについて述べた文として正しいものを，次の**ア**～**エ**から1つ選び，記号で答えなさい。

**ア** シベリア出兵を見越した米の買い占めをきっかけに米騒動がおこり，軍隊を出動させて鎮圧した原内閣は，責任をとって退陣した。

**イ** 第二次護憲運動の結果成立した加藤内閣は，20歳以上の男女に選挙権を与える普通選挙法を成立させたが，同じ年治安維持法も制定した。

**ウ** アメリカから始まった世界恐慌は日本にも及び，凶作にみまわれた東北地方などでは，娘の「身売り」や「欠食児童」が社会問題となった。

**エ** 陸軍の青年将校らが社会主義革命をめざして首相官邸などを襲い，犬養毅首相や大蔵大臣などを射殺し，政党内閣の時代は終わりを告げた。

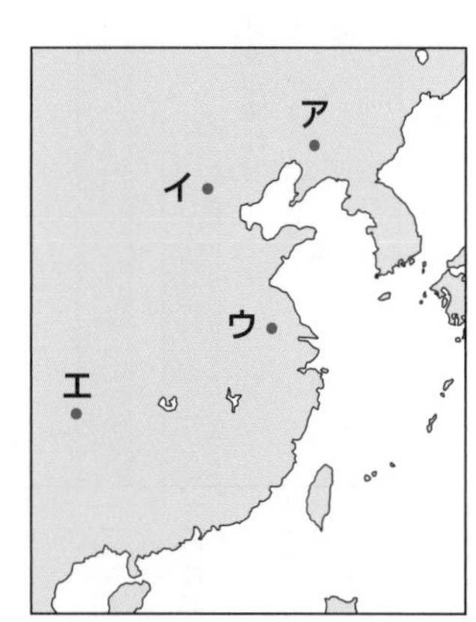


(2) ソ連が成立した9年近くのち，日本軍(関東軍)は鉄道路線を爆破して，これを機に軍事行動を始めた。日本軍(関東軍)が鉄道路線を爆破した場所を，右の地図の**ア**～**エ**から1つ選び，記号で答えなさい。

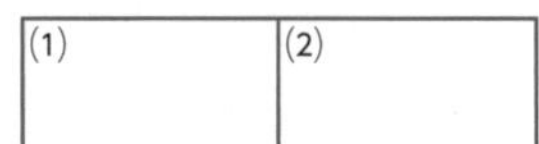


〔帝塚山学院泉ヶ丘高―改〕

# 16 第二次世界大戦と日本

Step A　Step B　Step C

解答▶別冊17ページ

▶次の＿＿に適語を入れなさい。

## 1 20世紀前半の日本と世界

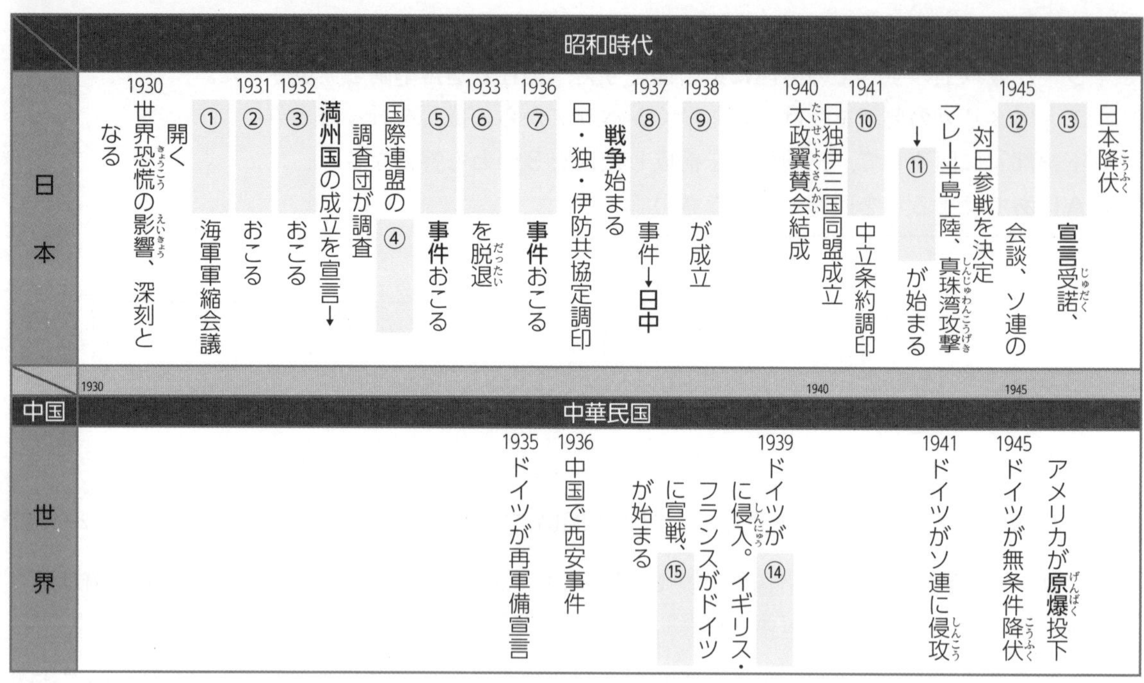


## 2 国家予算歳出額に占める軍事費の割合

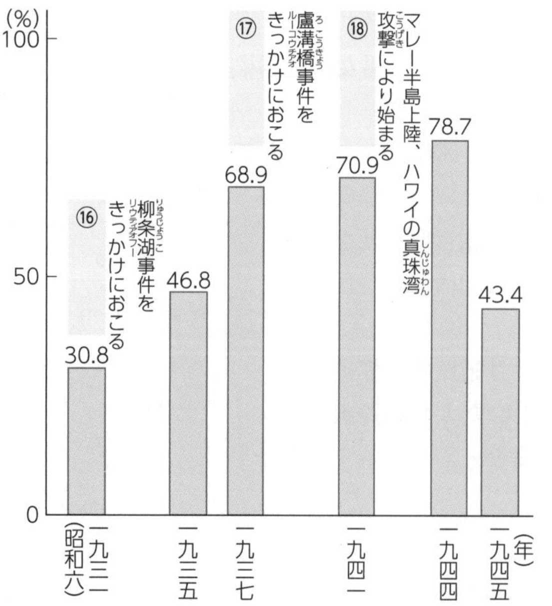


## 3 軍部独裁の動き

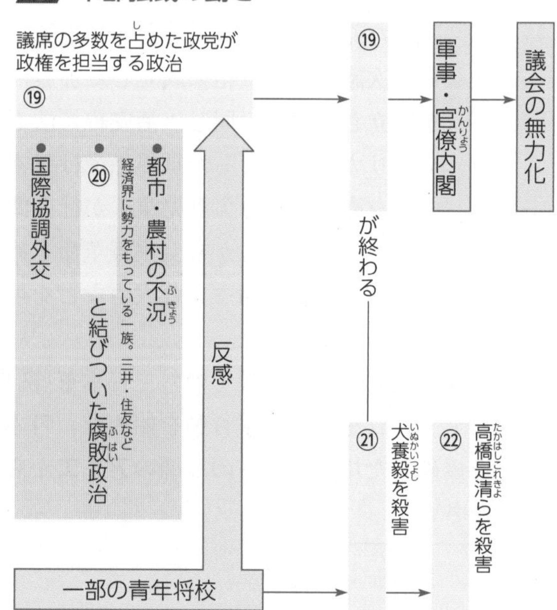

▶次の[　　]に適語を書きなさい。

### 4 世界恐慌と各国の対策

① **恐慌のおこり**…1929年，アメリカのウォール街の株価の大暴落から，全資本主義国へと広がる[㉓　　　　]が始まった。

② **各国の対策**…[㉓]に対し，アメリカでは[㉔　　　　]政策，イギリスやフランスでは[㉕　　　　]経済がとられた。ソ連は[㉖　　　　]のもとで五か年計画をおし進めていたため，[㉓]の影響は受けなかった。

③ **ファシズムの台頭**…一方，イタリアでは，[㉗　　　　]党政権が誕生し，ドイツでは，**ナチス**の一党独裁が始まるなど，**ファシズム**が台頭してきた。

㉓＿＿＿＿＿＿
㉔＿＿＿＿＿＿
㉕＿＿＿＿＿＿
㉖＿＿＿＿＿＿
㉗＿＿＿＿＿＿

### 5 日本の大陸侵略と戦時体制の強化

① **日本の大陸侵略**…1931年，[㉘　　　　]事件から**満州事変**をおこし，翌年には満州国を建国。[㉙　　　　]総会で満州国承認の取り消しを求める勧告案が可決されると日本はこれを不服とし，[㉙]を脱退。1937年の盧溝橋事件をきっかけに日中戦争へと突入した。

② **太平洋戦争への道**…長期化する日中戦争を打開しようと，日本は「大東亜共栄圏」の建設を唱えて，北部仏印に軍を進めた。また，同じころドイツ・イタリアと[㉚　　　　]を結んだため，アメリカとの対立をいっそう深めることになった。さらに，**日ソ中立条約**が結ばれると，アメリカは対日石油輸出を禁止し，経済的圧迫を強めた。

③ **戦時体制**…1938年，政府は[㉛　　　　]を成立させ，議会の承認がなくても資本・労働力・物資などを動員できるようになった。1940年には政党を解散して**大政翼賛会**がつくられた。

㉘＿＿＿＿＿＿
㉙＿＿＿＿＿＿
㉚＿＿＿＿＿＿
㉛＿＿＿＿＿＿

### 6 第二次世界大戦

① **第二次世界大戦の始まり**…1939年，ドイツはソ連と[㉜　　　　]を結び，[㉝　　　　]に侵攻したことから，**第二次世界大戦**がおこった。

② **太平洋戦争**…1941年，日本軍はマレー半島に上陸し，ハワイの[㉞　　　　]を奇襲して，**太平洋戦争**が始まった。日本軍は翌年の半ばごろまでに，南太平洋のほぼ全域を勢力下においたが，同年６月，[㉟　　　　]海戦の敗北後，戦局は不利となった。1944年７月にサイパン島，1945年３月に硫黄島が陥落すると，日本本土への空襲が激しくなった。1945年４月，アメリカ軍が[㊱　　　　]本島に上陸し，日本で唯一の地上戦となり，軍人のほか多数の島民が犠牲になった。

③ **イタリアとドイツの降伏**…1943年，連合国軍はイタリア本土に攻撃を加え，**ムッソリーニ**が失脚して，イタリアは９月に降伏した。1945年５月には，ベルリンが連合国軍の手に落ち，ドイツも降伏した。

④ **日本の降伏**…1945年８月６日[㊲　　　　]に，また，９日には[㊳　　　　]に**原子爆弾**が投下され，一瞬にして多くの人命が奪われた。また，８月８日には日ソ中立条約を破って，ソ連が日本に宣戦した。1945年８月14日，日本は[㊴　　　　]を受諾して連合国に降伏することを決定し，翌日，天皇がラジオで国民に知らせた。

㉜＿＿＿＿＿＿
㉝＿＿＿＿＿＿
㉞＿＿＿＿＿＿
㉟＿＿＿＿＿＿
㊱＿＿＿＿＿＿
㊲＿＿＿＿＿＿
㊳＿＿＿＿＿＿
㊴＿＿＿＿＿＿

Step A　Step B　Step C

| ●時 間 30 分 | ●得 点 |
|---|---|
| ●合格点 75 点 | 点 |

解答▶別冊17ページ

**1** [大正から終戦後までの日本と世界] 次の年表について，あとの問いに答えなさい。なお，点線内は複数年にわたるできごとを示している。（8点×7－56点）

| 年代 | 日本でのできごと | 中国の動き | 世界の動き |
|---|---|---|---|
| 1918 | シベリア出兵，米騒動の広がり<br>①本格的政党内閣の成立 | | |
| 1919 | | 五・四運動 | ベルサイユ条約 |
| 1920 | ②大正デモクラシー | | 国際連盟成立 |
| 1921 | （政党政治の展開，社会運動の隆盛） | | ワシントン会議 |
| 1929 | | | ③ウォール街で株価大暴落 |
| 1931 | | （ a ）事変 | |
| 1932 | 五・一五事件（犬養毅首相の暗殺） | （ a ）国建国 | |
| 1933 | 国際連盟から脱退 | | ヒトラーが政権獲得 |
| 1936 | 二・二六事件（陸軍部隊の反乱） | | |
| 1937 | | 日中戦争（～45） | |
| 1938 | 国家総動員法の成立 | | |
| 1939 | | | 第二次世界大戦勃発（～45） |
| 1940 | 日独伊三国同盟の成立 | | |
| 1941 | 真珠湾攻撃<br>→アジア太平洋戦争の開始（～45） | | |
| 1945 | 東京大空襲・沖縄戦・原子爆弾投下<br>→ポツダム宣言の受諾＝日本の降伏 | 国共内戦開始 | ポツダム会談<br>国際連合結成 |
| | ④GHQの指示による民主化政策 | | |
| 1947 | | | |
| 1949 | | （ b ）共和国成立 | NATO 結成 |
| 1951 | （ c ）平和条約…日本の主権回復 | | |

(1) 年表中の（ a ）～（ c ）にあてはまる語を，それぞれ答えなさい。

(2) 年表中の下線部①について，このときの首相はだれか答えなさい。

(3) 年表中の下線部②について述べた文として正しいものを，次の**ア**～**エ**のうちから1つ選び，記号で答えなさい。

**ア** 吉野作造は民本主義を唱え，大日本帝国憲法下での社会主義のあり方を模索した。
**イ** 平塚らいてうや樋口一葉らが，女性の政治参加を求める運動を展開した。
**ウ** 普通選挙法が制定され，25歳以上のすべての男性に選挙権が与えられた。
**エ** 外国人登録令が改正され，在日外国人の指紋押捺義務がなくなった。

(4) 年表中の下線部③に関連して，世界恐慌が広がるなか各国がとった対応について述べた文として正しいものを，次の**ア**～**エ**のうちから1つ選び，記号で答えなさい。

**ア** アメリカではニューディール政策が実施され，公共事業の縮小や労働者の残業代カットにより物価上昇を抑制した。
**イ** イギリスやフランスは，本国と植民地との結びつきを強める一方で，他国の商品を締め出そうとした。
**ウ** ドイツでは，ドイツ人の優秀性を唱えるファシスト党が勢力を伸ばし，軍備の拡張により景気を回復させた。
**エ** ソビエト連邦では，ビスマルクが独裁体制を築き，五か年計画とよばれる計画経済を実行した。

(5) 年表中の下線部④について，GHQ占領下で実施された改革として誤っているものを，次の**ア**～**エ**のうちから1つ選び，記号で答えなさい。

**ア** 陸海軍は保安隊に改組され，戦争協力者とされた者は公職から追放された。
**イ** 三井・三菱・住友・安田などの財閥を解体して，経済の民主化を進めた。
**ウ** 農地改革を実施したことにより，自作農の割合が大幅に増加した。
**エ** 政党の自由な活動と，20歳以上の男女の普通選挙権が認められた。

| (1) | a | b | c |
|---|---|---|---|
| (2) | (3) | (4) | (5) |

〔京都教育大附高一改〕

## 2 [十五年戦争] 次の問いに答えなさい。 (7点×2−14点)

(1) 右の文中の下線部の期間に中国でおきたできごとを，右下の歴史事典の「できごと」の中から1つ選び，その「ページ」を数字で書きなさい。
なお，年代の古い「できごと」ほど，「ページ」の数字は小さくなっている。

中国のある都市の郊外にかかるこの橋(写真)は，12世紀の末につくられ，何回かの修理をへて今の姿となった。1937(昭和12)年，この橋の近くで始まった日本との戦いは，中国各地に広がり，1945(昭和20)年まで続いた。この橋は，中国の歴史を長い間みつめていたことになる。

| さくいん　できごと | ページ |
|---|---|
| アヘン戦争(あへんせんそう) | 196 |
| 抗日民族統一戦線(こうにちみんぞくとういつせんせん) | 292 |
| 五・四運動(ごしうんどう) | 221 |
| 辛亥革命(しんがいかくめい) | 204 |
| 中華人民共和国(ちゅうかじんみんきょうわこく)建国 | 313 |
| 日中共同声明(にっちゅうきょうどうせいめい) | 387 |

(2) 下のA～Dは，右上の文中の下線部の期間のできごとを伝えた当時の新聞の見出しで，一部をわかりやすく変えたものである。これらを年代の古い順に並べかえ，記号を書きなさい。

A 日本は米英に宣戦(せんせん)を布告
●西太平洋で戦いが始まる

B 沖縄(おきなわ)本島にアメリカ軍が上陸
●陸上の日本軍が必死に戦っている

C 広島に新型爆弾が投下(とうか)される
●相当(そうとう)の被害(ひがい)で詳(くわ)しいことは調査中

D ドイツがポーランドに侵入(しんにゅう)を開始
●ヨーロッパの情勢は新たな段階に入る

| (1) | (2) → → → |
|---|---|

〔山梨一改〕

## 3 [第二次世界大戦と日本] 次のA・Bの文は，わが国に関係する宣言・協定の一部である。あとの問いに答えなさい。 (6点×5−30点)

A　われら(　a　)大統領，中華民国(ちゅうかみんこく)政府首席及(およ)び(　b　)の総理大臣は，日本に対しこのたびの戦争を終結する機会を与(あた)えることで一致(いっち)した。
　日本の主権は，本州・北海道・九州及び四国ならびにわれわれが決定する諸小島に局限されなければならない。

B　三大国，すなわち(　c　)・(　a　)及び(　b　)の指導者は，ヨーロッパにおける戦争が終結した後，(　c　)が左の条件により，連合国に味方して日本に対する戦争に参加すべきことを協定した。
　千島(ちしま)列島は，(　c　)に引き渡(わた)されなければならない。

(1) 文中の(　a　)～(　c　)にあてはまる国名をそれぞれ答えなさい。
(2) Aの宣言が出された都市とBの協定が結ばれた都市をそれぞれ答えなさい。

| (1) | a | b | c |
|---|---|---|---|
| (2) | A | B | |

〔洛南高〕

Step A　Step B　Step C-①

●時間 30分　●合格点 75点　●得点　点

解答▶別冊17ページ

**1** 年表を見て，次の問いに答えなさい。（6点×6−36点）

満州事変が始まる。
オ
大正から昭和に改められる。
エ
国際連盟が発足し，日本も加盟。
ウ
米騒動がおこる。
イ
第一次世界大戦が始まる。
ア
日本が韓国を併合する。

(1) 次のA～Eの文は，年表の**ア～オ**のどの時期のことを述べたものか。その記号を書きなさい。

A　ニコライ2世が退位し，帝政が終わった。
B　日本でも，25歳以上の男子に選挙権が与えられた。
C　中国で辛亥革命がおこり，中華民国が成立した。
D　関東大震災の混乱の中，多くの朝鮮人が殺された。
E　袁世凱政府に対し，二十一か条の要求をつきつけた。

(2) 年表中の傍線部の第一次世界大戦に関連して，右の地図中のa～dの都市でおこったできごとの説明として適切なものを，次の**ア～エ**から2つ選び，年代の古いものから順に，記号を書きなさい。

**ア**　aで会議が開かれ，中国の独立と領土を尊重することなどの条約が結ばれた。
**イ**　bで講和会議が開かれ，bの郊外でベルサイユ条約が結ばれた。
**ウ**　cで革命がおこり，世界で初めての社会主義国家が成立した。
**エ**　dで，オーストリア皇太子夫妻がセルビア人に暗殺される事件がおこった。

| (1) | A | B | C | D | E | (2) → |
|---|---|---|---|---|---|---|
| | | | | | | |

**2** 右の略年表を見て，次の各問いに答えなさい。（8点×5−40点）

(1) 年表中の□には，被差別部落の人々が，差別からの解放と人間としての自由・平等の獲得をめざして結成した組織名が入る。その組織名を書きなさい。

(2) 年表中のあの時期に中国でおこった次の**ア～ウ**のことがらを，年代の古いものから順に並べなさい。

**ア**　五・四運動　　**イ**　義和団事件　　**ウ**　辛亥革命

(3) 年表中のいの時期に民本主義を唱え，普通選挙による政党政治の確立を主張した人物はだれですか。

(4) 年表中の「ことがら」の欄に「伊藤博文らをヨーロッパに派遣」と入れる場合，どの時期が適切か。年表中の**ア～ウ**から1つ選びなさい。

| 西暦 | ことがら |
|---|---|
| 1874年 | 民撰議院設立の要求 |
| | ア |
| 1889年 | 大日本帝国憲法の発布（あ 始） |
| | イ |
| 1902年 | 日英同盟を結ぶ |
| | ウ |
| 1912年 | 第一次護憲運動がおこる（い 始） |
| 1918年 | 原敬の政党内閣が成立（い 終） |
| 1922年 | □の結成（あ 終） |
| 1929年 | 世界恐慌……A |

(5) 年表中のAの世界恐慌をきりぬけるため，アメリカ合衆国が国内で推し進めたものを，次のア～ウから１つ選びなさい。

**ア**　ブロック経済　**イ**　計画経済　**ウ**　ニューディール政策　**エ**　ファシズム

| (1) | (2) | (3) | (4) | (5) |
|---|---|---|---|---|
| | → → | | | |

〔高知一改〕

**3** 次の文章を読んで，あとの各問いに答えなさい。　(6点×4−24点)

①第一次世界大戦が終わった後，世界平和を守るために②国際連盟が設立された。国際連盟設立の２年後には，ワシントン会議において軍備を縮小する条約が結ばれた。また，③アジアではインドや中国などで民族運動がさかんになった。このころの④わが国では，民主主義的な風潮が高まり，都市を中心に生活が便利になるとともに，教育が普及し，文化が大衆に広まった。

(1) 下線部①の大戦は日本の経済に大きな影響を与えた。このことについて説明した文として正しいものを，グラフ１とグラフ２をもとに，次のア～エから１つ選びなさい。

**ア**　第一次世界大戦が始まるとともに貿易額は急増したが，大戦中も日本の貿易赤字は依然として続いていた。

**イ**　第一次世界大戦が終了すると，輸出入額は大戦前の水準にまで落ち込んだ。

**ウ**　第一次世界大戦の時期に，工業分野で著しい発展がみられ，工業生産額は急増したが，農業生産額は減少した。

**エ**　第一次世界大戦の時期に，鉱工業労働者１人あたりの生産額は，大きく増加した。

グラフ1　貿易額の推移

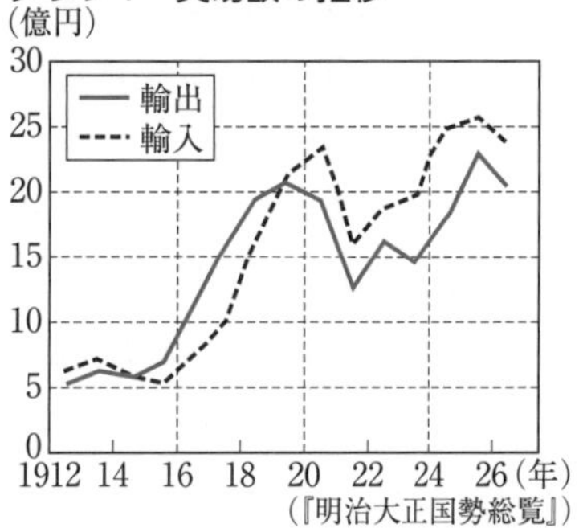

(億円)
30
25
20
15
10
5
0
輸出
輸入
1912
14
16
18
20
22
24
26
(年)

(『明治大正国勢総覧』)

グラフ2　産業構造の変化

(億円)
生産額
120
100
80
60
40
20
0
工業
鉱業
水産業
農業
1914(年)
1919
産業別人口構成
(%)
2647万人
2662万人
第3次産業
第2次産業
第1次産業
1914(年)
1919

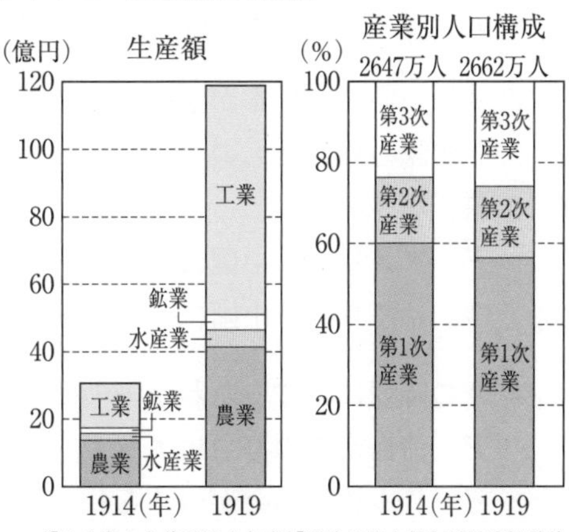

(『日本資本主義発達史年表』『明治以降本邦主要経済統計』)

(2) 下線部②に関して述べたものとしてあてはまらないものを，次のア～エから１つ選びなさい。

**ア**　ドイツは遅れて加盟を認められたが，ヒトラーの率いるナチス政権の成立後に脱退した。

**イ**　アメリカは国内の反対で加盟できず，ソ連も初めは除外された。

**ウ**　スイスのジュネーブに本部をおき，世界平和と国際協調をうたう組織として誕生した。

**エ**　イギリス，フランス，日本などを常任理事国に50か国以上が参加して，1920年に発足した。

(3) 下線部③について，中国で五・四運動がおこったころ，[　　]が中心となって中国国民党をつくり，革命運動を進めた。[　　]にあてはまる人名を書きなさい。

(4) 下線部④に関することがらとして誤っているものを，次のア～エから１つ選びなさい。

**ア**　プロレタリア文学がおこった。　**イ**　25歳以上のすべての男子に選挙権が与えられた。

**ウ**　義務教育を９年間とした。　**エ**　ラジオ放送が始まった。

| (1) | (2) | (3) | (4) |
|---|---|---|---|
| | | | |

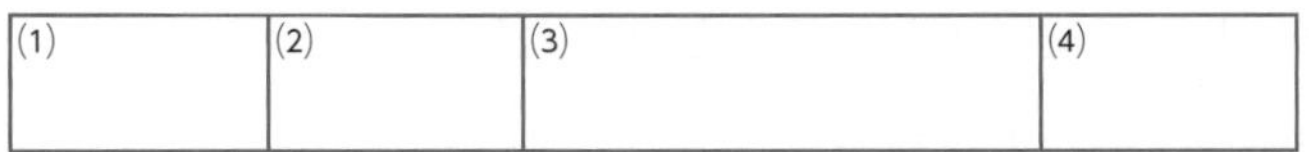

〔鳥取一改〕

Step A　Step B　Step C-②

●時間 30分　●得点　点
●合格点 75点

解答▶別冊18ページ

## 1 年表・写真や次のページの地図を見て，次の問いに答えなさい。 ((7)10点，他8点×6－58点)

| 年代 | できごと | |
|---|---|---|
| 1885 | ①わが国に内閣制度ができる | |
| 1912 | ②中華民国の成立が宣言される | |
| 1914 | ③第一次世界大戦が始まる | |
| 1921 | ワシントン会議が開かれる | A |
| 1929 | 世界恐慌がおこる | A |
| 1931 | 満州事変がおこる | B |
| 1945 | ④広島に原子爆弾が投下される | B |

(1) ①について，最初の内閣総理大臣になったのは，右の写真の人物である。この人物の名前を答えなさい。また，この人物について述べた文として誤っているものを，次の**ア**～**エ**から1つ選び，記号で答えなさい。

**ア**　幕末に，木戸孝允らとともに倒幕運動で活躍した。
**イ**　初代の枢密院の議長となり，憲法の制定にあたった。
**ウ**　日清戦争の講和会議で，陸奥宗光とともに日本の全権として出席した。
**エ**　初代の韓国統監になったが，京城で韓国人に暗殺された。

(2) ②について，三民主義を唱え，この国の臨時大総統となった人物を，次の**ア**～**エ**から1つ選び，記号で答えなさい。

**ア**　溥儀　　**イ**　孫文　　**ウ**　袁世凱　　**エ**　洪秀全

(3) ③について，日本が参戦当時に同盟を結んでいた国と，この大戦の講和条約により継承することが認められたものの組み合わせとして最も適当なものを，次の**ア**～**エ**から1つ選び，記号で答えなさい。

**ア**　アメリカ―中国におけるドイツの権益　　**イ**　アメリカ―中国におけるフランスの権益
**ウ**　イギリス―中国におけるドイツの権益　　**エ**　イギリス―中国におけるフランスの権益

(4) Aの時期におこったわが国のできごとを，次の**ア**～**エ**から1つ選び，記号で答えなさい。

**ア**　前島密らの努力によって，近代的な郵便制度が始まった。
**イ**　日本放送協会がつくられ，ニュースや娯楽番組がラジオで放送された。
**ウ**　婦人が参政権を得た翌年に衆議院議員総選挙が行われ，多くの婦人代議士も誕生した。
**エ**　6・3制の実施により，義務教育は小学校・中学校の9か年に延長された。

(5) ④の2日後，日本との中立条約を破り，日本に宣戦を布告した国について述べたものを，次の**ア**～**エ**から1つ選び，記号で答えなさい。

**ア**　革命が繰り返された後，ナポレオン3世のもとで産業が育成された国。
**イ**　ビスマルクが首相となり，軍事力を増強して民族国家の統一を成し遂げた国。
**ウ**　植民地と結んで，ブロック経済をとり，他国からの輸入をおさえた国。
**エ**　五か年計画を立てて，農業の集団化や重工業の発展に力を入れた国。

(6) ④の３日後，同じように原子爆弾が投下され，大きな被害を受けた都市を，右の地図中の**ア**～**エ**から１つ選び，記号で答えなさい。

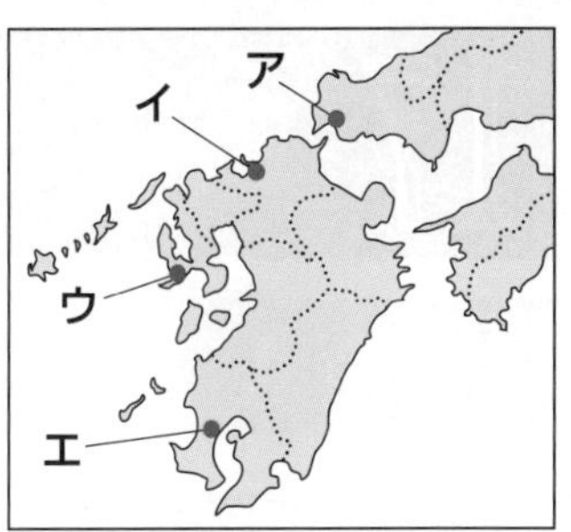


(7) Ｂの時期のわが国のできごとを，**ア**に続けて年代の古いものから順に並べ，記号を書きなさい。

**ア**　五・一五事件がおこる。　**イ**　日独伊防共協定が成立する。
**ウ**　二・二六事件がおこる。　**エ**　国際連盟を脱退する。

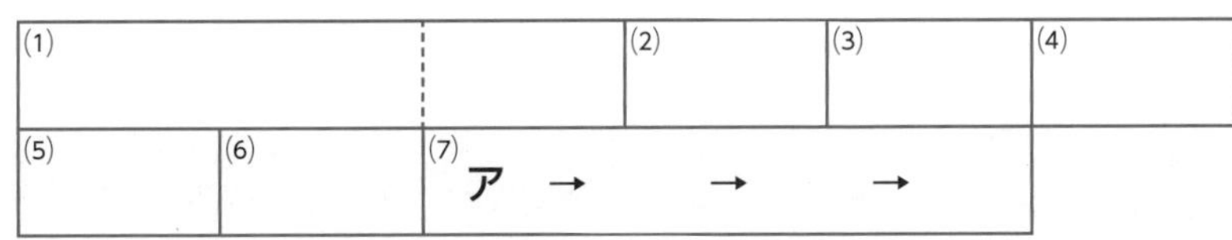


〔秋田－改〕

要 **2** 右の略年表を見て，次の各問いに答えなさい。（7点×6－42点）

(1) 年表のａ～ｃには，それぞれ条約名が入る。ｃに入るものを，次の**ア**～**エ**から１つ選び，記号で答えなさい。

**ア**　サンフランシスコ平和条約　**イ**　下関条約
**ウ**　ポーツマス条約　**エ**　ベルサイユ条約

| 年 | できごと | |
|---|---|---|
| 1894 | 日清戦争始まる | A |
| 1895 | ［ａ］が結ばれる | A |
| 1904 | 日露戦争始まる | B |
| 1905 | ［ｂ］が結ばれる | B |
| 1914 | 第一次世界大戦始まる | C |
| 1919 | ［ｃ］が結ばれる | C |
| 1920 | 国際連盟の成立 | C |
| 1939 | 第二次世界大戦始まる | |
| 1945 | 国際連合の成立 | |

(2) 年表のＡの時期にあてはまるできごとを，次の**ア**～**エ**から１つ選び，記号で答えなさい。

**ア**　日本の国際的地位が高まり，アメリカとの交渉によって，関税自主権が回復された。
**イ**　ワシントン会議が開かれ，軍備の縮小や中国の独立と領土を尊重することなどが決められた。
**ウ**　中国では，民衆の外国人排斥の運動が激しくなり，義和団事件がおこった。
**エ**　日独伊三国同盟が結ばれ，アジアとヨーロッパにおける相互の指導的地位を承認しあった。

(3) 次の文章を読んで，あとの問いに答えなさい。

アジアやアフリカでは，ロシア革命や民族自決の主張に励まされて，新しい民族運動がおこった。右の写真の人物は，インドの独立運動の指導者だった（　　）である。

①新しい民族運動がおこった時期を，年表のＡ～Ｃから１つ選びなさい。
②（　　）に入る適切な人物名を書きなさい。

(4) 年表の国際連盟について述べた次の文章の下線部の語の中から，誤っているものを１つ選び，その記号と訂正した正しい語を書きなさい。

国際連盟は，スイスの<sub>ア</sub>ベルンに本部をおく世界初の国際的平和機構である。日本は，イギリス・フランス・イタリアとともに，その<sub>イ</sub>常任理事国となった。しかし，提唱国の<sub>ウ</sub>アメリカが議会の反対で加盟しなかったことや，ソ連や<sub>エ</sub>ドイツが初めは除外されていたことなどから，連盟の実際の力はさほど強くはなかった。

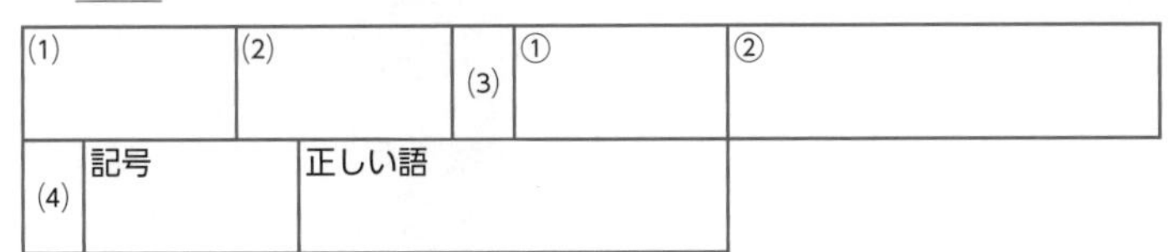


〔青森－改〕

# 17 戦後の諸改革と冷戦

Step A Step B Step C

解答▶別冊18ページ

▶次の　　に適語を入れなさい。

## 1 20世紀中ごろの日本と世界

**日本（昭和時代）**

| 年 | できごと |
|---|---|
| 1945 | 財閥解体、農地改革進む |
| 1946 | 極東国際①　　が始まる |
| 1947 | ②　　施行 |
|  | ③　　・学校教育法を公布 |
| 1949 | ④　　がノーベル物理学賞を受賞 |
| 1950 | 朝鮮戦争おこる |
| 1951 | ⑤　　平和条約調印 |
| 1954 | 第五福竜丸がアメリカの水爆実験による死の灰をかぶる |
| 1956 | 日・ソ国交回復 |
|  | 日本が⑥　　への加盟を認められる |
|  | 高度経済成長 |

**中国・世界**（中国：1945〜1949 中華民国、1949〜 中華人民共和国）

| 年 | できごと |
|---|---|
| 1945 | ⑦　　成立 |
| 1947 | マーシャル=プラン |
|  | トルーマン=ドクトリン |
| 1949 | ⑧　　成立 |
|  | ⑨　　共和国成立（中国） |
| 1953 | 朝鮮戦争、休戦協定調印 |
| 1954 | アメリカがビキニ水爆実験 |
| 1955 | ⑩　　会議開く |
| 1957 | ソ連が人工衛星スプートニク打ち上げに成功 |

## 2 国際連盟と国際連合の比較

| 国際連盟 |  | 国際連合 |
|---|---|---|
| ⑪　　年 | 成立 | ⑫　　年 |
| 世界の平和と安全の維持 | 目的 | 世界の平和と安全の維持，経済・社会などの国際協力の促進 |
| 全会一致を原則とする | 議決方法 | ⑬　　を原則とする |
| 経済制裁のみ | 制裁 | 経済制裁・国連軍による武力制裁 |
| スイスの⑭ | 本部 | アメリカ合衆国の⑮ |

## 3 大日本帝国憲法と日本国憲法の比較

| 大日本帝国憲法 |  | 日本国憲法 |
|---|---|---|
| ⑯　　年発布<br>1890年施行 | 成立 | ⑰　　年公布<br>⑱　　年施行 |
| ⑲ | 主権者 | ⑳ |
| 神聖不可侵 | 天皇 | 象徴天皇 |
| ㉑　　と衆議院の二院制<br>天皇の協賛機関 | 国会 | ㉒　　と衆議院の二院制<br>国権の最高機関<br>唯一の立法機関 |
| 天皇を助けて政治を行う | 内閣 | 議院内閣制 |
| 天皇の名において行う | 裁判所 | 司法権を行使，国会や内閣に対して独立した地位 |

▶次の[　　]に適語を書きなさい。

### 4 占領と日本の民主化

1 **占領政策**…[㉓　　　　]に基づく占領政策が，[㉔　　　　]を最高司令官とする**連合国軍総司令部**([㉕　　　　])のもとに進められた。軍隊は解散され，戦争指導者を**極東国際軍事裁判**([㉖　　　　])にかけて処罰した。

2 **経済の民主化**…これまで日本の経済を独占し，政党や軍部と結んで大きな力をもっていた[㉗　　　　]が，[㉕]の指令により解体された。また，封建的な地主制度を変えるため，1945年から[㉘　　　　]が行われた。

3 **社会の民主化**…労働者の地位向上のため，[㉙　　　　]，労働関係調整法，労働基準法が制定された。

4 **教育の民主化**…これまでの国家主義的な教育を改め，1947年に[㉚　　　　]が制定され，民主主義的な人間教育をめざす，新しい教育の原理が示された。

### 5 日本国憲法

1 **日本国憲法の制定**…日本政府は，[㉕]案をもとに憲法改正案を作成し，帝国議会で審議したのち，1946年11月3日に[㉛　　　　]を公布，翌年5月3日から施行された。

2 **日本国憲法の三大原則**…[㉜　　　　]**の尊重，国民主権，平和主義(戦争の放棄)**を三大原則としている。

### 6 戦後の世界

1 **国際連合の設立**…国際平和を保つ機関として，1945年10月，[㉝　　　　]が発足した。

2 **冷　戦**…第二次世界大戦後，アメリカ合衆国とソ連は国際問題を巡って激しく対立するようになった。この両国を軸とする東西両陣営の戦火を交えない対立は**冷戦**とよばれた。

3 **中国の動き**…大戦が終わると，再び国民政府と共産党の内戦がおこったが，**毛沢東**が率いる共産党が国民政府を破り，1949年10月，[㉞　　　　]の成立を宣言した。

4 **朝鮮の動き**…東西両陣営の対立を背景に，朝鮮半島の南部にはアメリカ合衆国が援助する，資本主義国の[㉟　　　　](**韓国**)が，北部にはソ連が援助する，社会主義国の**朝鮮民主主義人民共和国(北朝鮮)**が成立した。1950年6月，北朝鮮軍が韓国領内に侵攻し，[㊱　　　　]が始まった。

### 7 日本の国際社会への復帰

1 **日本の独立**…アメリカ合衆国は日本を西側陣営の強力な一員とするためにも，大戦の講和を急いだ。[㊱]が始まった翌年，**サンフランシスコで講和会議**が開かれ，**吉田茂**首相が[㊲　　　　]に調印し，日本は独立国としての主権を回復した。[㊲]調印と同じ日に，日本の安全と東アジアの平和を守るという理由で，アメリカと[㊳　　　　]が結ばれた。

2 **日本の国際連合加盟**…1956年10月，ソ連との間に[㊴　　　　]が調印されて日ソ間の国交が回復し，同年12月，**日本の国際連合加盟が実現**した。

㉓ ______
㉔ ______
㉕ ______
㉖ ______
㉗ ______
㉘ ______
㉙ ______
㉚ ______
㉛ ______
㉜ ______
㉝ ______
㉞ ______
㉟ ______
㊱ ______
㊲ ______
㊳ ______
㊴ ______

Step A　Step B　Step C

| ●時 間 30 分 | ●得 点 |
| --- | --- |
| ●合格点 75 点 | 点 |

解答▶別冊19ページ

重要 **1** [第二次世界大戦前後の日本と世界] 次の問いに答えなさい。　(10点×5－50点)

(1) Aさんは，祖母から，若いころに体験したことや感じたことを聞いて，それをまとめてみた。次の文章はその一部である。この文章を読んで，あとの問いに答えなさい。

> 祖母が生まれた年に満州事変がおこったそうです。祖母は横浜で育ちましたが，女学校に通っていたときにはａ勤労動員といって，軍需工場で働いていたこともありました。戦争が終わったのはｂ祖母が満14歳のときでした。ｃ戦後は，さまざまな改革がなされ，世の中が大きく変わっていくことに驚きを覚えたそうです。

①下線部ａに関して，勤労動員の背景にあるものを，次の**ア**～**エ**から１つ選びなさい。

**ア**　労働組合法が制定され，労働組合の活動が活発になったから。
**イ**　多くの人々が戦場に送られ，国内の労働力が不足したから。
**ウ**　小学校の就学率がほぼ100％になったから。
**エ**　繊維などの軽工業を中心に産業革命がおきたから。

②下線部ｂに関して，Aさんの祖母が生まれてから満14歳のときまでの間におこったできごとを，次の**ア**～**エ**から１つ選びなさい。

**ア**　農民らの広い支持を得て，毛沢東が中華人民共和国の成立を宣言した。
**イ**　ベルサイユ条約が結ばれ，ヨーロッパの小国の独立が認められた。
**ウ**　労働者や農民らがレーニンの指導のもと革命をおこし，ソビエト政府をつくった。
**エ**　日本が国際連盟を脱退して，世界との孤立を深めた。

③下線部ｃに関して，戦後の改革や世の中の変化にあてはまらないものを，次の**ア**～**エ**から１つ選びなさい。

**ア**　20歳以上の男女の普通選挙が認められた。
**イ**　農地改革が行われ，多くの自作農が生まれた。
**ウ**　金融，貿易，鉱山など日本経済を支配していた財閥の解体がはかられた。
**エ**　護憲運動によって，本格的な政党内閣が初めて誕生した。

(2) 右の写真は，原子爆弾が投下されたほぼ中心地に位置していた建物である。この原子爆弾の投下の後に第二次世界大戦が終わったが，第二次世界大戦後の歴史に関して，次の問いに答えなさい。

①極東国際軍事裁判が開始されたのと最も近い時期のできごとを，次の**ア**～**エ**から１つ選びなさい。

**ア**　朝鮮戦争の開始　　**イ**　日本国憲法の公布
**ウ**　教育基本法の公布　　**エ**　大韓民国の成立

②次のａ～ｃのできごとを古い順に正しく並べたものを，あとの**ア**～**エ**から１つ選びなさい。

ａ　日本がソ連と国交回復　　ｂ　日本が国際連合に加盟　　ｃ　サンフランシスコ平和条約の調印

**ア**　ａ→ｂ→ｃ　　**イ**　ａ→ｃ→ｂ　　**ウ**　ｂ→ａ→ｃ　　**エ**　ｃ→ａ→ｂ

| (1) | ① | ② | ③ | (2) | ① | ② |
| --- | --- | --- | --- | --- | --- | --- |
|  |  |  |  |  |  |  |

〔神奈川一改〕

**2** **［日本の主権回復］ 資料は，第二次世界大戦後の日本の主権回復などを定めた条約の一部である。次の問いに答えなさい。** (15点×2−30点)

(1) 何という条約か，正しく書きなさい。

(2) この条約が結ばれたころの国際情勢や日本の国内情勢についての説明として適切なものを，次の**ア**～**エ**から１つ選びなさい。

**ア** この条約を結ぶと同時に，日本はアメリカ・イギリスと安全保障条約を結んだ。

**イ** 日本に駐留中のアメリカ軍が朝鮮戦争に出動したため，警察予備隊が創設された。

**ウ** 東西対立の激化でソ連がこの条約に調印しなかったため，北方領土問題の交渉が完全にとだえた。

**エ** ビキニ島付近で「死の灰」を浴びた第五福竜丸の事件を直接のきっかけとして，包括的核実験禁止条約(CTBT)が結ばれた。

**資料**

第１章 第１条 (a) ……
(b) 連合国は，日本国及びその領水に対する日本国民の完全な主権を承認する。
第２章 第２条 (a) 日本国は，朝鮮の独立を承認して，……朝鮮に対するすべての権利，権原及び請求権を放棄する。
(b) ……
(c) 日本国は，千島列島並びに……樺太の一部及びこれに近接する諸島に対するすべての権利，権原及び請求権を放棄する。

| (1) | (2) |
|---|---|
| | |

〔筑波大附高一改〕

**3** **［GHQ の政策と日本の独立回復］ 以下の文を読んで，次の問いに答えなさい。** (10点×2−20点)

敗戦後，日本では①GHQ 主導で民主化政策が進められ，新憲法が制定されて政党政治も復活した。その後，冷戦が激しくなると GHQ の占領政策は経済復興重視へと転換され，さらに朝鮮戦争を契機に1951年には②平和条約が締結され，日本は独立を回復した。

(1) 下線部①について，GHQの民主化政策について述べた文として誤っているものを，次の**ア**～**エ**のうちから１つ選び，記号で答えなさい。

**ア** 選挙権を与えられる年齢が20歳に引き下げられ，婦人参政権も認められた。

**イ** 経済を民主化するために農地改革が行われ，自作農が大幅に増加した。

**ウ** 教育の民主化を進めるために，教育基本法が制定された。

**エ** 労働組合法によって，日本で最初の労働組合が結成されることとなった。

(2) 下線部②について，この年に調印された平和条約とそれに関連することについて述べた文として正しいものを，次の**ア**～**エ**のうちから１つ選び，記号で答えなさい。

**ア** この条約を調印した首相は吉田茂で，アメリカやソ連などの48か国と結んだ。

**イ** この条約と同時に，米軍の日本駐留などを規定する日米安全保障条約が調印された。

**ウ** この条約が調印されると同時に，奄美諸島や小笠原諸島が日本に返還された。

**エ** この条約に調印しなかった中華人民共和国とは，現在まで正式な平和条約が結ばれていない。

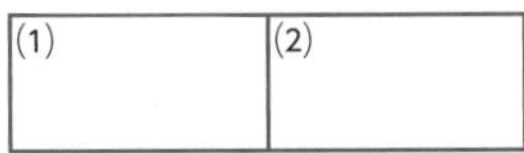

〔弘学館高一改〕

# 18 日本の発展と世界の動き

Step A Step B Step C

解答▶別冊19ページ

▶次の[ ]に適語を入れなさい。

## 1 20世紀後半～21世紀の日本と世界

| | 昭和時代 | 平成時代 | 令和時代 |
|---|---|---|---|
| 日本 | 高度経済成長<br>1963 部分的核実験停止条約調印<br>1964 第18回 ①[ ] 大会が開かれる 東京<br>1972 アメリカが ②[ ] の施政権を日本に返す<br>日中共同声明発表<br>1973 石油危機<br>1978 日中平和友好条約調印<br>1986 男女雇用機会均等法施行<br>1987 ③[ ] を分割・民営化<br>1988 消費税法成立 | 1992 国際平和協力法(PKO協力法)成立<br>1995 阪神・淡路大震災<br>1997 地球温暖化防止京都会議<br>↓京都議定書の採択<br>2002 初の日朝首脳会談開催<br>2011 東日本大震災→福島第一・第二原発事故<br>2015 安全保障関連法成立 | 2019 「令和」に改元 |

1960 1975 1980 1990

| | 中華人民共和国 |
|---|---|
| 世界 | 1962 キューバ危機<br>1966 中国で ④[ ] がおこる<br>1967 EC(⑤[ ])成立<br>1971 中国が国連に復帰する<br>1975 ベトナム戦争終結<br>1979 イラン革命<br>ソ連が ⑥[ ] に侵攻<br>1980 イラン・イラク戦争(～88)<br>1990 東西ドイツ統一<br>ベルリンの壁崩壊<br>1991 湾岸戦争<br>ソ連の解体<br>1993 EU(ヨーロッパ連合)発足<br>2001 アメリカ同時多発テロ<br>2003 イラク戦争<br>2008 世界金融恐慌(リーマンショック)<br>2020 世界で新型コロナウイルスの感染拡大 |

## 2 四大公害病

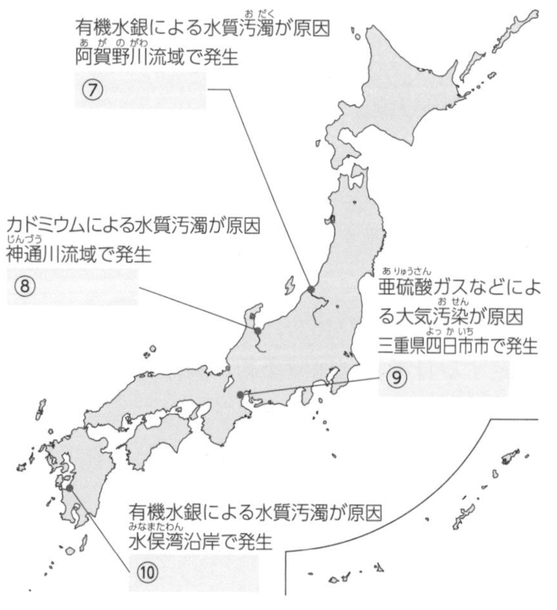


## 3 北方領土

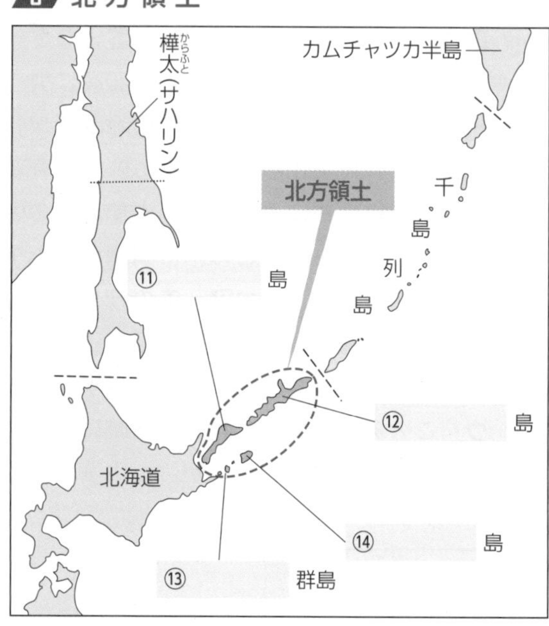

▶次の[　　]に適語を書きなさい。

## 4 日本経済の発展

❶ **高度経済成長**…1960年，**池田勇人内閣**は，10年間で国民の所得を倍増させるという[⑮　　　　]を政策として打ち出した。この後およそ10数年にわたって，**日本経済の高度成長**が続いた。

❷ **エネルギー資源の転換と重化学工業の発展**…1960年ごろから，**エネルギー革命**が進行し，エネルギー資源が[⑯　　　　]から[⑰　　　　]へと転換した。鉄鋼・石油化学工業などの重化学工業が著しく発展し，1968年には国民総生産([⑱　　　　])が，資本主義国の中で第2位となった。

❸ **社会問題の発生**…高度経済成長が続く中，人口の大都市集中が激しくなり，人口の[⑲　　　　]による住宅難や交通渋滞などの都市問題が深刻化した。一方，農山漁村では人口が流出して，[⑳　　　　]問題がおこった。また，工業の発達にともなって，**大気汚染・水質汚濁・地盤沈下**などの[㉑　　　　]が発生し，特に，**四大公害病**の被害は深刻なものとなった。

❹ **石油危機**…1973年，第四次[㉒　　　　]のときに石油価格が急騰し，日本を含む世界の経済に打撃を与えた。これを**石油危機**という。これによって，高度経済成長は終わり，日本経済は安定成長へと向かった。

⑮＿＿＿＿＿
⑯＿＿＿＿＿
⑰＿＿＿＿＿
⑱＿＿＿＿＿
⑲＿＿＿＿＿
⑳＿＿＿＿＿
㉑＿＿＿＿＿
㉒＿＿＿＿＿

## 5 国際化の進展と世界の多極化

❶ **アジアの動き**…中国で1966年から行われた[㉓　　　　]は，それを指導してきた四人組が捕らえられ終結した。毛沢東の死後，[㉓]の誤りがさけばれ，自由化を求める動きが高まった。1989年6月，自由化を求めた学生らが[㉔　　　　]広場に集まると，中国政府は軍隊を出動させてこれをおさえ，多くの死傷者が出た([㉔]事件)。朝鮮半島では，1991年に**朝鮮民主主義人民共和国**と**大韓民国**が，[㉕　　　　]に同時加盟した。

❷ **欧米諸国の動き**…1989年12月，米ソの両首脳がマルタ島で会談し，**冷戦の終結を宣言**した。1980年代後半，ソ連では当時共産党書記長であった**ゴルバチョフ**によって[㉖　　　　]とよばれる政治・経済の改革がおし進められた。1989年11月，冷戦の象徴であった[㉗　　　　]が崩壊し，翌年10月に**東西ドイツが統一**された。1991年には，バルト3国がソ連から分離・独立し，ついでロシアなどの11の共和国(後に12か国)が独立国家共同体を結成し，ソ連は解体した。1993年にはマーストリヒト条約が発効し，ヨーロッパ共同体(EC)は[㉘　　　　](EU)に移行した。

❸ **日本の動き**…1992年から[㉙　　　　](PKO)への協力が求められ，**自衛隊**がカンボジアやモザンビークなどに派遣された。また，2002年9月に**初の日朝首脳会談**が行われ，国交正常化などの交渉を進めていくことが合意されたが，日朝間にはまだ正式な国交はない。さらにロシアに**北方領土**の返還を求めているが，未解決のままである。また，**竹島**を巡って韓国と，**尖閣諸島**を巡って中国・台湾との争いも未解決である。

㉓＿＿＿＿＿
㉔＿＿＿＿＿
㉕＿＿＿＿＿
㉖＿＿＿＿＿
㉗＿＿＿＿＿
㉘＿＿＿＿＿
㉙＿＿＿＿＿

Step A　Step B　Step C

| ●時間 30 分 | ●得点 |
|---|---|
| ●合格点 75 点 | 点 |

解答▶別冊19ページ

重要 **1** [現代の日本と世界] 次の文章を読み，あとの各問いに答えなさい。　(10点×10－100点)

20世紀の前半には二度の世界大戦があり，それには，大量の悲惨な死と核兵器に象徴される大量破壊兵器の登場を伴っていた。70余年前に第二次世界大戦が終わったが，20世紀の後半には①冷戦の対立・緊張のなかで東西両陣営の間の軍備拡張や核戦争の危機あるいは代理戦争がみられた。1989年に冷戦が終結したにもかかわらず，世界に②地域紛争や民族紛争などが多発し，世界各地に戦闘が拡散している。こうしてみると20世紀は戦争に明け暮れた世紀といえよう。もちろん，これに対して平和を追求する運動もおこった。平和を促進するものとして，国際連盟や③国際連合の結成，④植民地の独立と第三世界の形成や，⑤軍縮をめざす運動，さらには⑥人権や民主主義の世界的広がりもみられ，一定の成果をあげた。

わが国も，⑦20世紀の前半は戦争に次ぐ戦争であったが，後半は戦争放棄した日本国憲法のもとで冷戦構造に巻き込まれつつも，戦闘に直接加わることはなかった。

(1) 下線部①に関して，その内容が不適切なものを，次の**ア**～**エ**から１つ選びなさい。

**ア**　湾岸戦争は，石油資源を巡る東西両陣営の争奪戦であったといえる。

**イ**　ドイツのベルリンの壁は，東西対立の象徴であったといえる。

**ウ**　朝鮮戦争は，冷戦という対決が局地戦争となってあらわれたといえる。

**エ**　ソ連のミサイル基地建設を巡るキューバ危機は，核戦争勃発の危機であったといえる。

(2) 下線部②に関連して，次の３つの紛争地のパレスチナ，東ティモール，コソボは下の地図のどれにあたるか，地図中の紛争地の記号で示した組み合わせ**ア**～**カ**から１つ選びなさい。なお，地図のその他の紛争はカンボジア，ニカラグア，アフガニスタン，ルワンダ，ナミビアである。

| | **ア** | **イ** | **ウ** | **エ** | **オ** | **カ** |
|---|---|---|---|---|---|---|
| パレスチナ | h | d | e | d | h | e |
| 東ティモール | f | a | b | f | b | a |
| コソボ | g | c | f | b | c | g |

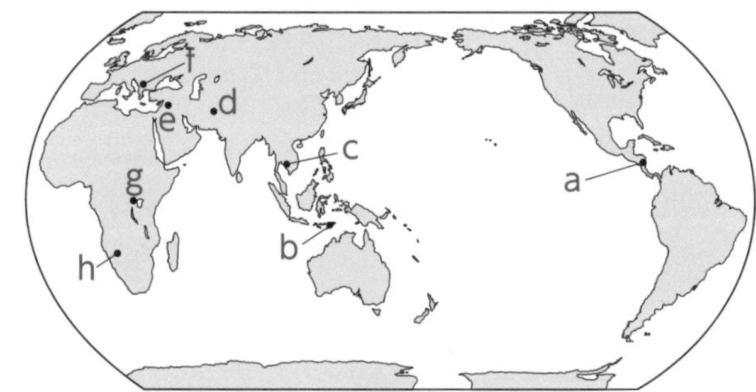


(3) 下線部③に関連して，国連の活動について説明したものとして適切なものを，次の**ア**～**エ**から１つ選びなさい。

**ア**　総会は，過半数の決議で国連平和維持活動(PKO)を決め，部隊を派遣して，平和維持の中心の役割を果たしてきた。

**イ**　経済社会理事会は，人権・開発など人々のくらしに関係する問題について，専門機関やNGOとも協力しあって国際協力を行ってきた。

**ウ**　事務総長は，事務局の長として安全保障理事会を統括し，紛争には中立の立場に立って介入しないできた。

**エ**　安全保障理事会は，湾岸戦争やコソボ紛争で多国籍軍を派遣し，その指揮をとり，国際平和と安全に寄与した。

難 (4) 下線部④に関連して，その内容が不適切なものを，次の**ア**～**エ**から１つ選びなさい。

**ア**　アジア・アフリカ会議が1955年バンドンで開かれ，平和10原則を決議した。

**イ** アフリカでは1960年から1970年代にかけてほぼ全域が独立し，1991年，南アフリカ共和国では人種隔離政策が撤廃された。

**ウ** アジア・アフリカ諸国は，東西どちらの陣営にも加わらないで非同盟・中立主義の立場をとったので，東西両陣営の「二つの世界」に対して「第三勢力」とよばれた。

**エ** 第１回非同盟諸国首脳会議は1961年にカイロで開かれ，平和共存，外国の軍事基地の一掃などが宣言された。

難 (5) 下線部⑤に関して，その内容が適切なものを，次の**ア**～**エ**から１つ選びなさい。

**ア** 包括的核実験禁止条約が結ばれ，核保有国の核実験や核兵器の生産が禁じられた。

**イ** 冷戦後は核兵器以外の兵器の輸出が減少しているが，わが国では兵器の輸出・輸入を禁止する措置をとっている。

**ウ** 核兵器を排除する非核地帯を設定する条約が結ばれ，その適用される地域が南半球の大半を覆うようになっている。

**エ** 冷戦後にわが国は防衛費を年々削減する予算を組んでいて，世界の軍縮のモデルといわれる立場にある。

(6) 下線部⑥に関して，その内容が不適切なものを，次の**ア**～**エ**から１つ選びなさい。

**ア** 世界人権宣言は，世界中の人々と国とが達成すべき共通の基準とされ，人権を世界に広げる契機となった。

**イ** 難民を保護する条約により，難民などの保護や援助を行うことになっていて，国連難民高等弁務官事務所がそのために活躍している。

**ウ** 国際人権規約は，世界人権宣言をより効果的にするために条約の形をとっているので，批准国はこの規約を守るように義務づけられる。

**エ** 女子差別撤廃条約，子どもの権利条約，死刑廃止条約が国連で採択され，わが国も批准している。

(7) 下線部⑦に関連して，下の**ア**～**エ**は，20世紀にわが国がかかわった３つの戦争と，冷戦における主な国々の関係を，それぞれ簡単に図示したものである。この図を見て，あとの問いに答えなさい。

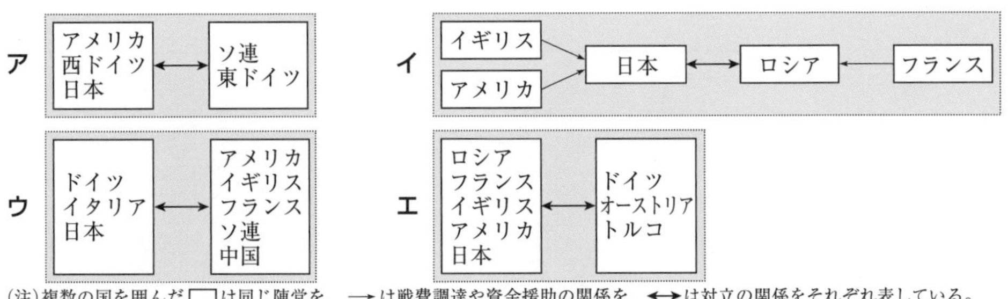


(注) 複数の国を囲んだ□は同じ陣営を，→は戦費調達や資金援助の関係を，↔は対立の関係をそれぞれ表している。

①３つの戦争に関して，最初におこった戦争の名称と最後におこった戦争の名称をそれぞれ答えなさい。

②３つの戦争のうち，２番目におこった戦争における主な国々の関係を図示したものと，冷戦における主な国々の関係を図示したものを，上の**ア**～**エ**からそれぞれ選びなさい。

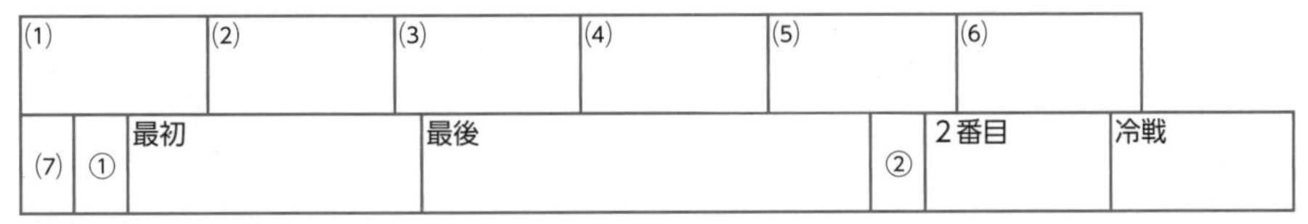

| (1) | (2) | (3) | (4) | (5) | (6) |
|---|---|---|---|---|---|
| | | | | | |

| (7) | ① | 最初 | 最後 | ② | 2番目 | 冷戦 |
|---|---|---|---|---|---|---|
| | | | | | | |

〔東京学芸大附高―改〕

月　日

Step A　Step B　Step C-③

| ●時間 30分 | ●得点 |
| --- | --- |
| ●合格点 75点 | 点 |

解答▶別冊20ページ

**1** 次の年表と地図を見て，あとの各問いに答えなさい。（10点×10－100点）

| 西暦(年) | 日本と世界のかかわり | 世界の主な会議や組織 |
| --- | --- | --- |
| 1945 | ・ポツダム宣言を受け入れる 民主化政策が行われる ……A | ・［　a　］ |
| 1950 | | |
| | ・サンフランシスコ平和条約を結ぶ ……B | |
| 1955 | ・日ソ共同宣言に調印する …C | ・［　X　］が開催(かいさい)される |
| 1960 | | |
| 1965 | ・［　b　］ | |
| | | ・ASEAN（東南アジア諸国連合）が結成される ……E |
| 1970 | | |
| | ・［　c　］ | |
| 1975 | | |
| | ・日中平和友好条約を結ぶ …D | |
| 1980 | | |
| 1985 | | |
| | | ・APEC（アジア太平洋経済協力会議）が形成される |
| 1990 | ・国連平和維持(いじ)活動協力法が成立する | ・NAFTA（北米自由貿易協定）が締結(ていけつ)される ………F |
| 1995 | | ・EU（ヨーロッパ連合）が発足(ほっそく)する ……………G |

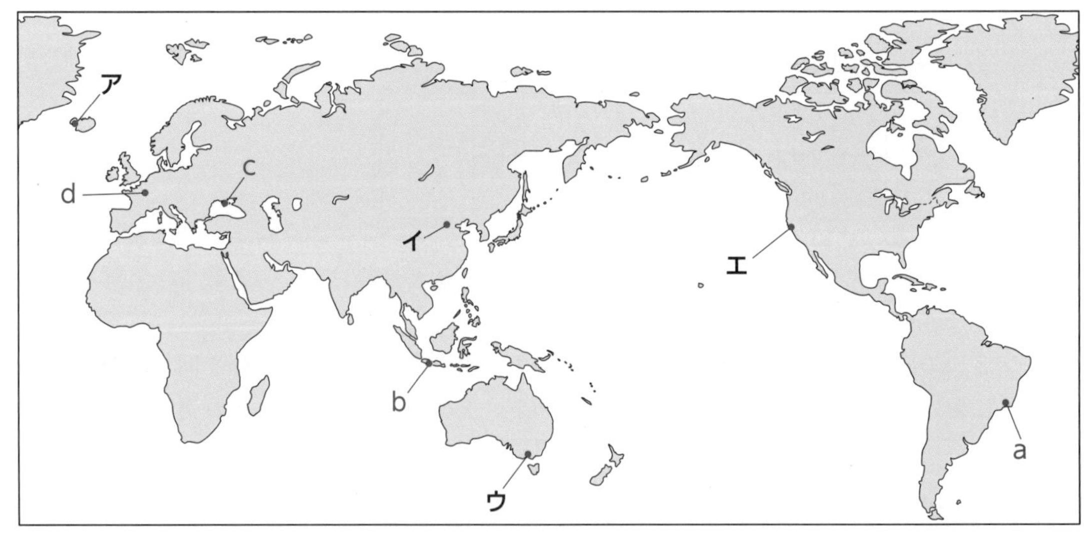

(1) 年表中のAに関して，戦後の民主化政策にあてはまらないものを，次から１つ選びなさい。

**ア** 大政翼賛会を結成し，総裁には首相，道府県支部長には知事がなった。

**イ** 職業軍人や軍国主義者，国家主義者を公職から追放した。

**ウ** 治安維持法を廃止した。

**エ** 労働三法を制定し労働者の地位向上をはかった。

(2) 年表中のBの条約について，次の問いに答えなさい。

①この条約が調印された都市を，地図中の**ア**～**エ**から１つ選び，記号で答えなさい。

②日本はこの条約を結んだことで独立国として認められた。この条約の中で，日本を独立国として認めることを示した条文を，次の**ア**～**エ**から１つ選びなさい。

**ア** 日本国と各連合国との間の戦争状態は，第23条の定めるところによりこの条約が日本国と当該連合国との間に効力を生ずる日に終了する。(第１条a)

**イ** 連合国は日本国及びその領水に対する日本国民の完全な主権を承認する。(第１条b)

**ウ** 日本国は，朝鮮の独立を承認して，済州島，巨文島及び鬱陵島を含む朝鮮に対するすべての権利，権原及び請求権を放棄する。(第２条a)

**エ** 日本国は，千島列島並びに…(中略)…樺太の一部及びこれに近接する諸島に対するすべての権利，権原及び請求権を放棄する。(第２条c)

難 (3) 年表中のCと同じ年のできごとを，次の**ア**～**エ**から１つ選びなさい。

**ア** 第１回原水爆禁止世界大会が開催された。　**イ** 沖縄諸島が日本へ復帰した。

**ウ** 日本が国際連合へ加盟した。　**エ** 陸海空自衛隊が発足した。

(4) 年表中のDより前におこった次の**ア**～**エ**を，年代の古い順に並べかえた場合，２番目に古いできごとはどれか，記号で答えなさい。

**ア** 東海道新幹線が全通する。　**イ** 第一次石油危機がおこる。

**ウ** アメリカと新安保条約を結ぶ。　**エ** 小笠原諸島が日本に復帰する。

(5) 年表中のE・F・Gの会議や組織に共通することがらを，次の**ア**～**エ**から１つ選びなさい。

**ア** 植民地からの独立をめざそうとしている。

**イ** 地域としてのまとまりを強化して，国際協調や協力を強めようとしている。

**ウ** 市民グループどうしの国境をこえた協力関係をつくることをねらいとしている。

**エ** 文化遺産や自然遺産の国際的保護をねらいとしている。

(6) 年表中のa～cのそれぞれにあてはまることがらを，次の**ア**～**ウ**から１つずつ選びなさい。

**ア** 日中の国交が正常化する。　**イ** 国際連合が発足する。　**ウ** 日韓基本条約を結ぶ。

(7) 年表中の［X］には，ある国際会議が入る。この国際会議について述べた文として正しいものを，次の**ア**～**エ**から１つ選びなさい。

**ア** 地図中のaの都市で開かれ，環境保護のために各国の協力が約束された。

**イ** 地図中のbの都市で開かれ，アジア・アフリカ29か国の代表が集まった。

**ウ** 地図中のcの都市で開かれ，ソ連が日本との戦いに参加することについて話し合われた。

**エ** 地図中のdの都市で開かれ，ドイツは軍備を制限され，巨額の賠償金を支払うことになった。

| (1) | (2) | ① | ② | (3) | (4) |
|---|---|---|---|---|---|
| (5) | (6) | a | b | c | (7) |

〔埼玉一改〕

Step A　Step B　Step C-④

●時間 30分　●得点
●合格点 75点　点

解答▶別冊20ページ

## 1 次の年表を見て，あとの問いに答えなさい。

（5点×6−30点）

| | |
|---|---|
| 2015年12月 | 気候変動枠組条約第21回締約国会議(COP21)で，パリ協定が採択される……a |
| 2016年6月 | イギリスで国民投票が実施される……b |
| 11月 | アメリカ大統領選挙が実施され，トランプ氏が当選する……c |
| 2018年6月 | 「働き方改革関連法案」が可決される……d |
| 2019年10月 | 消費税が一部を除いて10％に引き上げられる……e |

(1) 年表中のaに関して，パリ協定には，近年急速な経済発展を遂げてきた「途上国」にも温室効果ガス排出量の削減目標を策定・報告させる(目標達成は義務ではない)という内容が含まれている。これは，「先進国」のみが削減義務を負い排出量を割りあてられるという，かつて1997年のCOP3で採択されたものとは大きく異なる点だが，その1997年に採択された議定書の名称を答えなさい。

(2) 年表中のbに関して，以下の文中の空欄に共通して入る語句を答えなさい。
イギリスによる(　　　)の是非を問う国民投票で，結果は(　　　)支持派が約52％と過半数を占めた。

(3) 年表中のcに関して，この大統領選においては，事実に基づかない偽の情報がSNS上に数多く出回り，混乱を引きおこす事態となった。情報通信技術(ICT)の発達により，高度に情報化された社会に生きる私たちは，情報を正しく判断・活用する能力を身につけていく必要がある。この能力のことを何というか，漢字とカタカナを交えて7文字で答えなさい。

(4) 年表中のdに関して，過労死や過労自殺の原因として問題視されてきた「長時間労働」を是正するため，ある法律が改正されて時間外労働の上限規制が導入されることとなった。1947年に制定された，労働時間や休日などの労働条件の最低基準を定めたこの法律の名称を答えなさい。

(5) 年表中のeに関して，消費税は1989年に実施されました。消費税が最初に導入されたときの総理大臣の名前と税率を答えなさい。

| (1) 議定書 | (2) | (3) | (4) |
|---|---|---|---|
| (5) 総理大臣 | 税率 ％ | | |

〔土佐高一改〕

## 2 次の文を読んで，各問いに答えなさい。

（10点×4−40点）

第二次世界大戦後，①アメリカを中心とする資本主義国家群とソ連を中心とする社会主義国家群の対立が深まった。この対立は冷戦とよばれ，激しい核兵器の開発・配備競争が展開された。しかし，無差別に多数の人間を殺傷する兵器に対する反発も高まり，軍縮を推進しようという国際的な試みもなされてきた。この対立は1990年前後に終結したものの，②地域紛争が多発しており，戦禍や迫害から逃れてやむをえず国外にとどまる人々，いわゆる(　　　)が膨大な数にのぼるといった問題も発生している。

(1) (　　　)にあてはまる語句を漢字2字で答えなさい。

(2) 下線部①について述べた文として正しいものを，次の**ア**～**エ**から1つ選び，記号で答えなさい。

**ア** 中国では，アメリカの援助(えんじょ)を受けた国民党が内戦に勝利し，中華(ちゅうか)人民共和国が成立した。

**イ** ソ連中心の北大西洋条約機構，アメリカ中心のワルシャワ条約機構という軍事同盟がそれぞれつくられた。

**ウ** 1962年，ソ連がカリブ海の島国にミサイル基地を建設し，ミサイルを持ち込(こ)もうとしたため核(かく)戦争の危機が高まった。

**エ** 1965年，ベトナム戦争が勃発(ぼっぱつ)し，1969年，北ベトナムと南ベトナムがそれぞれ独立することで終結した。

(3) 下線部②について，アメリカは湾岸(わんがん)戦争である国を攻撃(こうげき)し，10年あまりのちにも再びこの国を攻撃してフセイン政権を倒(たお)した。このある国とはどこか，次の**ア**～**エ**から1つ選び，記号で答えなさい。

**ア** イラン　**イ** イラク　**ウ** アフガニスタン　**エ** シリア

(4) 下線部②について，主に紛争(ふんそう)の平和的解決を目的として国連が展開し，日本も1992年に初めて自衛隊が参加した活動を，アルファベット3文字で答えなさい。

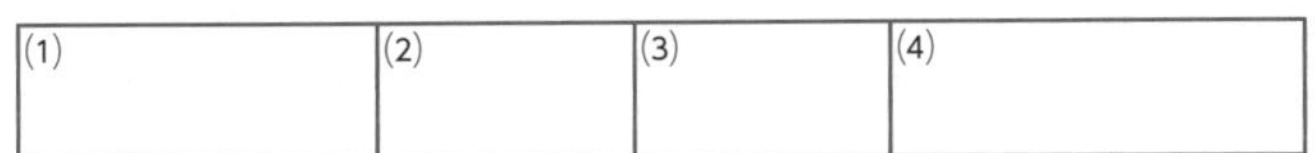

| (1) | (2) | (3) | (4) |
|---|---|---|---|
| | | | |

〔帝塚山高・帝塚山学院泉ヶ丘高一改〕

**3** 2018年にトランプ米大統領が中距離核戦力(ちゅうきょりかくせんりょく)(INF)全廃(ぜんぱい)条約からの離脱(りだつ)を表明した。それに関して，あとの問いに答えなさい。 (10点×3−30点)

(1) 米ソ両国間で中距離核戦力(INF)全廃条約が締結されたのは1987年のことで，その2年後に冷戦の終結が宣言された。冷戦の終結を宣言した米ソの首脳の正しい組み合わせを，次の**ア**～**エ**から1つ選び，記号で答えなさい。

**ア** 米―ブッシュ　ソ―ゴルバチョフ

**イ** 米―ケネディ　ソ―ゴルバチョフ

**ウ** 米―ブッシュ　ソ―スターリン

**エ** 米―ケネディ　ソ―スターリン

(2) 冷戦の終結が宣言された1989年のできごとについて述べた文として，正しいものを次の**ア**～**エ**から1つ選び，記号で答えなさい。

**ア** 昭和天皇が亡くなり，税率3％の消費税が導入された。

**イ** 日中共同声明が出され，日本は中国と国交を正常化した。

**ウ** ドイツで，西ベルリンを取り囲む壁(かべ)が築かれた。

**エ** 同時多発テロがおこり，アメリカがアフガニスタンを攻撃(こうげき)した。

(3) 非核三原則を日本の国の方針とした人物は，のちにノーベル平和賞を受賞した。その人物を次の**ア**～**エ**から1つ選び，記号で答えなさい。

**ア** 本庶佑(ほんじょたすく)　**イ** 大江健三郎(おおえけんざぶろう)　**ウ** 佐藤栄作(さとうえいさく)　**エ** 下村脩(しもむらおさむ)

| (1) | (2) | (3) |
|---|---|---|
| | | |

〔帝塚山学院泉ヶ丘高一改〕

# テーマ別問題①　史　料

●時間 30分　●合格点 75点　●得点　　点

解答▶別冊21ページ

重要 **1** 次のA～Dの文を読んで，あとの各問いに答えなさい。　((1)(4)(5)(7)各5点，(2)(3)(6)各10点－50点)

A
　『日本書紀』には，「欽明天皇十三年に，(　　)の聖明王が仏像や経典などを献上してきた。」と，仏教が伝来したことを記している。

(1)『日本書紀』を中心になって編集した人物を，次の**ア**～**オ**から1人選びなさい。
**ア**　太安万侶　**イ**　舎人親王　**ウ**　淡海三船　**エ**　山上憶良　**オ**　天武天皇

(2) 文中の(　)にあてはまる国名を答えなさい。

B
「日本国にて禁止されているキリスト教に関して，禁教の趣旨を知りながら，布教のために密航してくる者がいる。………今後ポルトガル船の来航は禁止された。…」

(3) この法令が発せられる原因ともなった事件が，その2年前におこっている。その事件の名前を答えなさい。

C
　師は「ひたすら座禅を組みなさい。適当な場所を見つけて，常に座禅をするのだ。………いつもひとりで座禅を組むことを好きになりなさい。」といわれた。

(4) 文中の「師」の開いた宗派を，次の**ア**～**オ**から1つ選びなさい。
**ア**　浄土宗　**イ**　浄土真宗　**ウ**　日蓮宗　**エ**　臨済宗　**オ**　曹洞宗

(5) 文中の「師」が修行の場として開いた永平寺は今の何県にあるか。次の**ア**～**オ**から1つ選びなさい。
**ア**　神奈川県　**イ**　山梨県　**ウ**　石川県　**エ**　福井県　**オ**　奈良県

D
「ここに天平十五年十月十五日，菩薩の大願をたてて，盧舎那仏の金銅像一体の鋳造を開始しようと思う。……」という詔が聖武天皇によって出された。

(6) 文中の「天平十五年」，朝廷は口分田の不足を補うために，土地の開墾を奨励する法令を出した。この法令の説明として正しいものを，次の**ア**～**エ**から1つ選びなさい。
**ア**　開墾地の永久使用を認めた，墾田永年私財法
**イ**　開墾地の私有を3世代に限って認めた，墾田永年私財法
**ウ**　開墾地の永久私有を認めた，三世一身法
**エ**　開墾地の私有を3世代に限って認めた，三世一身法

(7) 聖武天皇がこの「詔」(命令の文書)を発した理由を，次の**ア**～**エ**から1つ選びなさい。
**ア**　仏教の力にたよって，政治や社会の不安をしずめようと考えたから。
**イ**　来世において極楽浄土に往生することを願ったから。
**ウ**　貴族や庶民が心のよりどころとなる教えを求めていたから。
**エ**　盧舎那仏を造ることによって国力を中国などに示そうとしたから。

| (1) | (2) | (3) | (4) | (5) |
|---|---|---|---|---|
| (6) | (7) | | | |

〔洛南高一改〕

## 2 次の史料を読んで，問いに答えなさい。 (10点×5−50点)

A 次の史料は，1911年に設立された，女性だけで構成された文学団体の宣言文の一部である。デモクラシーの高まりのなかで広がった社会運動の一例といえる。

元始，女性は実に太陽であった。真正の人であった。今，女性は(　①　)である。他によって生き，他の光によってかがやく病人のように青白い顔の(　①　)である。②わたしたちは隠されてしまったわが太陽を今や取り戻さなくてはならない。

(1) (　①　)にあてはまる漢字1字を，資料を参考に答えなさい。

難 (2) 下線部②について，女性差別からの解放をめざす女性運動のこのあとの展開についての説明文X・Yの正誤の組み合わせとして正しいものを，次の**ア**～**エ**から1つ選び，記号で答えなさい。

X　上記の文学団体をたちあげた平塚らいてうは，1920年に樋口一葉らとともに新婦人協会を設立し，女性の政治参加の自由などを求める運動を繰り広げた。

Y　女性運動の高まりを受けて，納税額によらず満20歳以上のすべての男女に選挙権が認められる普通選挙法が1925年に成立した。

**ア**　X—正　Y—正　　**イ**　X—正　Y—誤

**ウ**　X—誤　Y—正　　**エ**　X—誤　Y—誤

B 次の史料は，昭和初期に起きたクーデター事件に際して，反乱軍に原隊に戻るようによびかけたビラの文章である。このクーデターは失敗に終わったが，これ以後，軍部は政治的発言力を強めていった。

③下士官兵ニ告グ

一、今カラデモ遅クナイカラ原隊へ帰レ

二、抵抗スル者ハ全部逆賊デアルカラ射殺スル

三、オ前達ノ父母兄弟ハ国賊トナルノデ皆泣イテオルゾ

二月二十九日　　　　戒厳司令部

(3) このビラはクーデター発生後何日目に出されたものか。史料を参考に答えなさい(発生日を1日目とする)。

(4) 下線部③について，このような兵隊は徴兵制度により成り立つものであるが，それまでの武士にかわって国民による全国統一の近代的な軍隊を意図した徴兵制度は，このときから約何年前につくられた制度か。正しいものを次の**ア**～**エ**から1つ選び，記号で答えなさい。

**ア**　約80年前　　**イ**　約60年前　　**ウ**　約40年前　　**エ**　約20年前

(5) このクーデター事件がおきた前後のできごとa～cについて，年代の古い順に並べたものとして正しいものを，次の**ア**～**カ**から1つ選び，記号で答えなさい。

a　北京郊外の盧溝橋付近で日中両国軍の武力衝突がおこった。

b　総会での決議に反発した日本は，その後国際連盟を脱退した。

c　清の最後の皇帝溥儀を元首とする「満州国」が建国された。

**ア**　a—b—c　　**イ**　b—a—c　　**ウ**　c—a—b

**エ**　a—c—b　　**オ**　b—c—a　　**カ**　c—b—a

| (1) | (2) | (3) | (4) | (5) |
|---|---|---|---|---|
| | | 日目 | | |

〔函館ラ・サール高—改〕

# テーマ別問題② 年　表

| ●時 間 30 分 | ●得 点 |
| --- | --- |
| ●合格点 75 点 | 点 |

解答▶別冊21ページ

**1** 次の略年表を見て，各問いに答えなさい。選択（せんたく）で答える場合には，ア～エから１つ選んで，その記号を書きなさい。 (8点×8－64点)

| 時　代 | 西　暦 | できごと |
| --- | --- | --- |
| 弥生時代 | ３世紀 | a 卑弥呼が魏に使いを送る |
| 古墳時代 | 4～6世紀 | 大和政権による統一が進む |
| 飛鳥時代 | 604年 | b 十七条の憲法が定められる |
| 奈良時代 | 743年 | 墾田永年私財法が出される |
| c 平安時代 | 1016年 | 藤原道長が摂政となる |
| 鎌倉時代 | 1192年 | 源頼朝が鎌倉幕府を開く |
| 室町時代 | 1428年 | d 近畿で正長の土一揆がおこる |
| 安土桃山時代 | 1592年 | 豊臣秀吉が朝鮮出兵を行う |
| 江戸時代 | 1841年 | e 天保の改革が始まる |
| 明治時代 | 1904年 | f 日露戦争がおこる |
| 大正時代 | 1925年 | g 普通選挙制が実現する |
| 昭和時代 | 1941年 | h 太平洋戦争がおこる |

(1) 年表中の下線部aについて，この女王が治めていた国の名前を何というか，書きなさい。

(2) 下線部bの説明文として正しいものを，次から選びなさい。

**ア** 幕府が大名を統制するために制定したもので，幕藩（ばくはん）体制の基礎（きそ）となった。

**イ** 広く会議を開くことや，世界から新しい知識を取り入れるなど，新しい日本の方針を示した。

**ウ** 武士の先例や慣習をまとめたもので，長らく武家政治の模範（もはん）となった。

**エ** 天皇中心の国づくりをめざして作成され，仏教の信仰（しんこう）や役人の心得などを定めた。

(3) 年表中の下線部cについて，平安時代の様子として正しいものを，次から選びなさい。

**ア** 清少納言（せいしょうなごん）の『枕草子（まくらのそうし）』や紫式部（むらさきしきぶ）の『源氏物語（げんじものがたり）』など，女性による文学作品が書かれた。

**イ** 歌舞伎（かぶき）や浮世絵（うきよえ）に代表される，はなやかな町人文化が栄えた。

**ウ** 激しい世の移り変わりや社会の不安から，浄土宗（じょうどしゅう）や日蓮宗（にちれんしゅう）などの新しい仏教が広まった。

**エ** ヨーロッパ人の来航によって，鉄砲（てっぽう）や南蛮（なんばん）文化が伝来した。

(4) 年表中の下線部dとほぼ同じころ，三山（さんざん）に分かれていた琉球（りゅうきゅう）が中山（ちゅうざん）王によって初めて統一された。この王の名前を次から選びなさい。

**ア** 尚泰（しょうたい）　**イ** 尚円（しょうえん）　**ウ** 尚巴志（しょうはし）　**エ** 尚真（しょうしん）

(5) 年表中の下線部eについて，天保（てんぽう）の改革を行った人物を次から選びなさい。

**ア** 徳川吉宗（とくがわよしむね）　**イ** 田沼意次（たぬまおきつぐ）　**ウ** 松平定信（まつだいらさだのぶ）　**エ** 水野忠邦（みずのただくに）

(6) 年表中の下線部fについて，この後日本は大陸への進出を強め，1910年にはアジアのある国を併合（へいごう）した。その国の名前を書きなさい。

(7) 年表中の下線部gについて，これと同じ年に，政府をくつがえしたり，私有財産制度の廃止（はいし）を主張したりする運動を取り締（し）まる法律が制定された。この法律の名称（めいしょう）を次から選びなさい。

**ア** 分国法（ぶんこくほう）　**イ** 治安維持法（ちあんいじほう）　**ウ** 徳政令（とくせいれい）　**エ** 国家総動員法

(8) 年表中の下線部hについて，太平洋戦争がおこるまでのできごとA～Dを古い順に正しく並べたものを，次から選びなさい。

A　日独伊三国同盟　　B　日中戦争　　C　満州事変　　D　二・二六事件

ア　C→D→B→A　　イ　A→C→D→B　　ウ　B→A→D→C　　エ　D→A→C→B

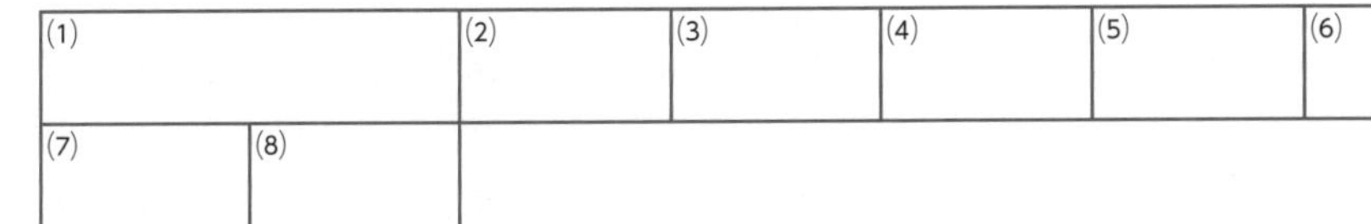

| (1) | (2) | (3) | (4) | (5) | (6) |
|---|---|---|---|---|---|
| (7) | (8) | | | | |

〔沖　縄〕

## 2 右の年表を見て，各問いに答えなさい。

（6点×6－36点）

| 西暦(年) | 日本の主なできごと | | 世界の主なできごと |
|---|---|---|---|
| 1776 | | | アメリカ独立宣言 |
| 1787 | 松平定信が寛政の改革を始める | A | ○18世紀後半，イギリスで産業革命進行 |
| 1841 | 水野忠邦が天保の改革を始める | | |
| 1858 | 日米修好通商条約が結ばれる | | |
| 1868 | 五か条の御誓文 | B | |
| 1894 | ①日清戦争が始まる | | |
| 1902 | 日英同盟が結ばれる | | |
| 1904 | 日露戦争が始まる | C | |
| 1914 | | | ②第一次世界大戦が始まる |
| 1941 | 太平洋戦争が始まる | | |
| 1945 | ポツダム宣言を受諾する | D | |
| 1951 | サンフランシスコ平和条約が締結される | | |
| 1972 | ③沖縄が日本に復帰 | | |

(1) 年表中のAの時期のできごととして誤っているものを，次から１つ選びなさい。

ア　蛮社の獄　　イ　大政奉還

ウ　フランス革命　　エ　アヘン戦争

(2) 年表中の下線部①について，この戦争の後に明治政府は，国に近代産業を発展させるために官営の施設を建設した。この施設の名称を，次から１つ選びなさい。

ア　八幡製鉄所　　イ　鹿鳴館

ウ　富岡製糸場　　エ　満　鉄

(3) 年表中の下線部②について，当時「ヨーロッパの火薬庫」とよばれ，この戦争のきっかけともなった事件のおこった都市がある，バルカン半島の位置を，右下の地図のア～エから１つ選びなさい。

(4) 年表中の下線部③について，明治政府によって琉球が沖縄県とされた時期を，年表中のA～Cから１つ選びなさい。

(5) 右下のグラフは，年表中のCの時期にあたる1925年～1937年までの日本の輸出額の変化を示している。1929年～1931年にかけて，輸出額が急減した理由を，次から１つ選びなさい。

ア　国際連盟の脱退や日中戦争の開始が，日本経済に悪影響を与えたから。

イ　シベリア出兵による戦費増大が，日本経済に悪影響を与えたから。

ウ　アメリカでの株価暴落をきっかけとする不況の影響が，日本にも及んだから。

エ　中国の辛亥革命の影響が，日本にも及んだから。

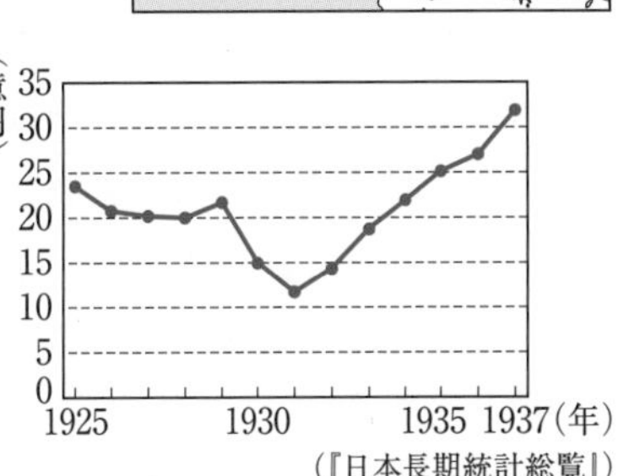


（『日本長期統計総覧』）

(6) 年表中のDの時期に行われたことを次から１つ選びなさい。

ア　地租改正　　イ　農地改革　　ウ　治安維持法の制定　　エ　国家総動員法の制定

| (1) | (2) | (3) | (4) | (5) | (6) |
|---|---|---|---|---|---|
| | | | | | |

〔沖縄―改〕

# 総合実力テスト

●時間 60 分　●合格点 75 点　●得点　　点

解答▶別冊22ページ

## 1 次の文章を読み，あとの問いに答えなさい。

((1)(11)各6点，他2点×9−30点)

「彼」は，1878年，a 自由民権運動の志士として活躍していた旧土佐藩士の子として生まれた。b 1906年に東京帝国大学を卒業したあと，外交官としての道を進み始めた。c 大久保利通の孫と結婚した彼は，義父が全権となった第一次世界大戦後の d パリ講和会議に参加した。昭和時代に入り，e 二・二六事件直後に成立した内閣の外務大臣候補となったが，陸軍の反対により実現しなかった。f 太平洋戦争後の２つの内閣で外務大臣を務めた彼は，1946年に内閣総理大臣となった。その後，一度政権を手放したが，g 1948年に政権に復帰して1954年に総辞職するまで政権運営した。その間，h サンフランシスコ講和条約締結による日本の国際復帰に力を注いだほか，i 戦後の新しい政治家たちを養成した。j 1967年に死去した際，戦後初の国葬として葬られた。

(1)「彼」とはだれか，あてはまる人物名を答えなさい。

(2) 下線部aについて，次のA～Dのできごとを正しい年代順に並べたものを，あとの**ア～エ**から１つ選び，記号で答えなさい。

A　国会期成同盟が結成されて国会開設の請願書が政府に提出された。

B　埼玉県秩父地方で生活に困った農民たちが武器を持って立ち上がり大規模な騒動をおこした。

C　板垣退助らは，民撰議院設立建白書を政府に提出して，国民が選んだ議員がつくる国会の早期開設を要求した。

D　西郷隆盛を中心に，政府に不満を持つ士族らが西南戦争をおこした。

**ア**　A→B→C→D　**イ**　D→C→B→A

**ウ**　C→D→A→B　**エ**　B→A→D→C

(3) 下線部bについて，日本は，この年の前年に外国との戦争に勝利している。その結果，締結された条約の内容として説明した次の**ア～エ**で，誤っているものを１つ選び，記号で答えなさい。

**ア**　日本は，朝鮮の独立を認めさせ，遼東半島・台湾などを得た。

**イ**　日本は，韓国における優越権の承認を得た。

**ウ**　日本は，旅順・大連をはじめとする地域の租借権を得た。

**エ**　日本は，南樺太などをロシアから得たが，賠償金は得られなかった。

(4) 下線部cについて，次の**ア・イ**の文章を読んで，ともに正しければ○を，ともに誤っていれば×を，どちらかが正しければその記号を答えなさい。

**ア**　明治政府は，欧米諸国と対等な立場に立つことを目的として岩倉使節団をアメリカやヨーロッパに送ったが，この使節団に大久保は参加していた。

**イ**　大久保は，内務省を設置して殖産興業を進め，警察制度を整えるなど，明治政府の指導者となった。

(5) 下線部dについて，この会議で結ばれた条約について説明した次の**ア～エ**の各文のうち，正しいものを１つ選び，記号で答えなさい。

**ア**　日本は，日英同盟を継続させたが，その結果，中国で三・一独立運動がおこった。

**イ**　日本は，山東省で得ていた利権を中国に返還することになった。

**ウ**　日本は，海軍の主力艦の保有率をアメリカによって制限されるようになった。

**エ**　日本は，太平洋の南洋諸島を委任統治領として支配することになった。

(6) 下線部eについて，この年よりあとのできごととして正しいものを，次の**ア〜エ**の各文のうちから１つ選び，記号で答えなさい。

**ア**　海軍の青年将校らが首相官邸をおそい，犬養毅首相を殺害した。

**イ**　北京郊外で日中両軍が衝突した盧溝橋事件をきっかけに日中戦争が始まった。

**ウ**　日本政府が，「満州国」を認めない国際連盟に対して脱退を通告した。

**エ**　日本の軍隊が，奉天(現在の瀋陽)郊外の柳条湖で南満州鉄道の線路を爆破した。

(7) 下線部ｆについて説明した次の**ア〜エ**の各文のうち，正しいものを１つ選び，記号で答えなさい。

**ア**　1942年のミッドウェー海戦の勝利以後，日本の戦局は一時好転したが，サイパン島が奪われたあとは悪化の一途をたどった。

**イ**　1944年に東条英機内閣が総辞職したあと，皇民化政策は行われなくなり，朝鮮･台湾の人々への徴兵はまったくなくなった。

**ウ**　1945年３月の東京大空襲では約10万人が犠牲となり，沖縄にはアメリカ軍が上陸し，民間人を巻き込んだ地上での戦闘が行われた。

**エ**　1945年7月，ドイツのポツダムでの会議では，アメリカ・中国・ソ連の名前で日本の無条件降伏を促す共同宣言が出された。

(8) 下線部ｇについて，1948年から1954年までのできごとではないものを，次の**ア〜ウ**のうちから１つ選び，記号で答えなさい。

**ア**　毛沢東の率いる共産党が中華人民共和国を成立させ，内戦に敗れた蒋介石の率いる国民政府は台湾に逃れた。

**イ**　アメリカのビキニ環礁での水爆実験により，マグロ漁船の第五福竜丸が「死の灰」を浴びた。

**ウ**　鳩山一郎内閣がソ連と日ソ共同宣言を調印し，北方領土は未解決のまま，戦争状態の終了を宣言して国交を回復した。

(9) 下線部ｈについて，次の**ア・イ**の文章を読んで，ともに正しければ○を，ともに誤っていれば×を，どちらかが正しければその記号を答えなさい。

**ア**　この条約と同時に，日米安全保障条約が結ばれ，東アジアの平和を守るという理由で，引き続き国内にアメリカ軍が駐留することが認められた。

**イ**　日本は，すべての交戦国とこの条約を結び，朝鮮の独立を承認し，台湾・千島・南樺太を放棄することになった。

(10) 下線部ｉについて，３人の総理大臣の説明がすべて正しければ○を，誤りがあればその記号を記しなさい。

**ア**　池田勇人内閣は「所得倍増」政策を打ち出して，経済成長を優先する政策をとった。

**イ**　佐藤栄作内閣のとき，沖縄が日本に返還されたが，アメリカ軍の基地は残された。

**ウ**　田中角栄内閣は，日中共同声明に調印して，中国と国交正常化させた。

(11) 下線部ｊについて，1967年，公害防止を目的とする法律が制定された。その後，地球環境問題への関心の高まりや新しい生活・都市公害の広がりを受けて，日本の環境政策の基盤となる法律が制定された。この1993年に成立した法律の名称を答えなさい。

| (1) | | (2) | (3) | (4) | (5) |
|---|---|---|---|---|---|
| (6) | (7) | (8) | (9) | (10) | (11) |

〔プール学院高―改〕

重要 **2** 系図１～系図５を見て，あとの問いに答えなさい。（3点×10－30点）

⑴ 系図１と系図３の（　A　）には共通の人物が入る。あてはまる人物名を答えなさい。

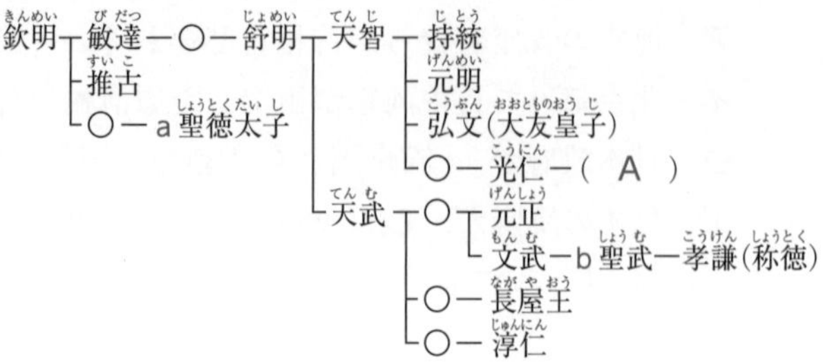

⑵ 次の文は，系図２の（　B　）が平等院鳳凰堂を建てた理由を述べたものである。空欄に入る適切な語句を答えなさい。

（　①　）思想が流行する世の中で，念仏を唱えて（　②　）仏にすがろうとし，この世に極楽浄土の様子をつくろうとしたため。

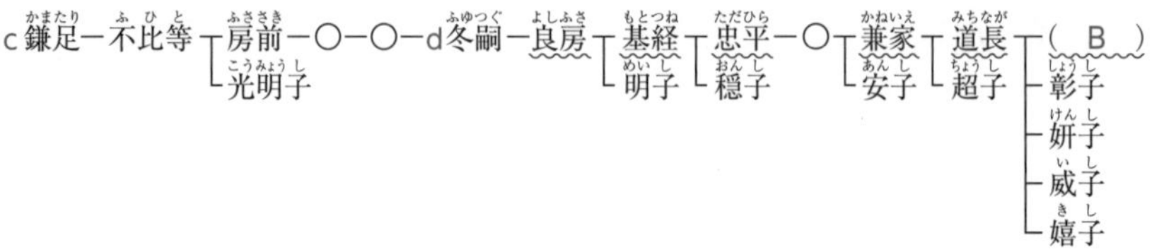

⑶ 系図３の平将門が活躍した時期と最も近い，農民の様子を述べたものを，次の**ア**～**エ**から１つ選び，記号で答えなさい。

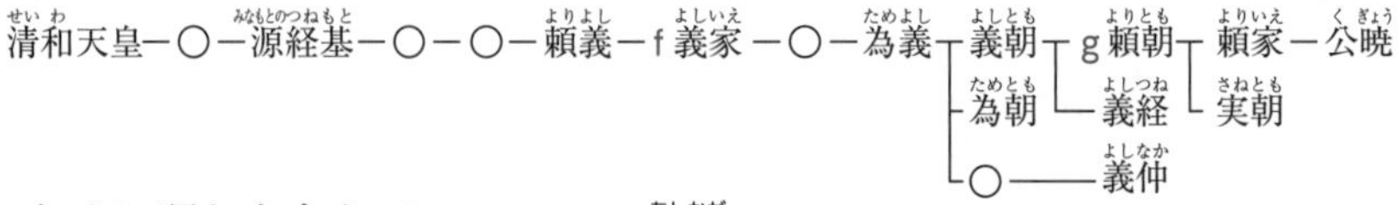

**ア**　荘園領主への納税が遅れた農民らが，地頭の横暴のために遅れたとして，それをやめさせるように荘園領主に訴えた。

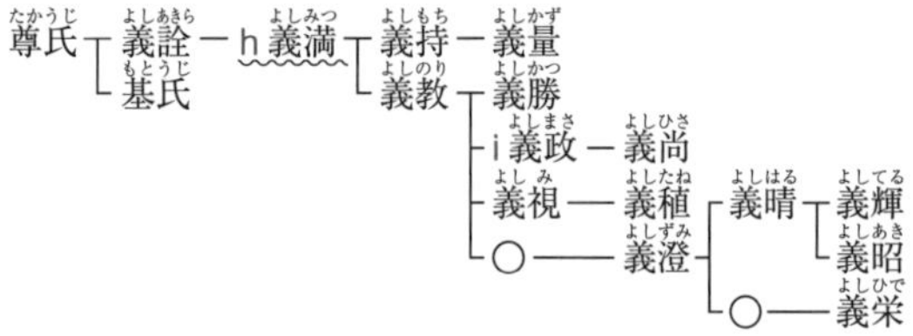

**イ**　農民らは，村の掟を自分たちで決め，違反者を厳しく罰し，年貢の引き下げや非法な代官をやめさせることを荘園領主と直接交渉した。

**ウ**　郡司と有力農民が，不正な取り立てを行って自分の財産とした国司の悪政を朝廷に訴え，国司の解任に成功した。

**エ**　農民には田の面積に応じて負担する租や，成人男子が都まで運んで納める調・庸などの税や兵役も課せられた。その負担の重さから逃亡する者も増えた。

系図１（皇室）

欽明─敏達─○─舒明─天智─持統／元明／弘文（大友皇子）／○─光仁─（　A　）
　　　推古
　　　○─a聖徳太子
舒明─天武─○─元正／文武─b聖武─孝謙（称徳）
　　　　　　○─長屋王
　　　　　　○─淳仁

系図２（藤原氏）

c鎌足─不比等─房前─○─○─d冬嗣─良房─基経─忠平─○─兼家─道長─（　B　）／彰子／妍子／威子／嬉子
　　　　　　　光明子　　　　　　　　明子　穏子　　　安子　超子

系図３（平氏）

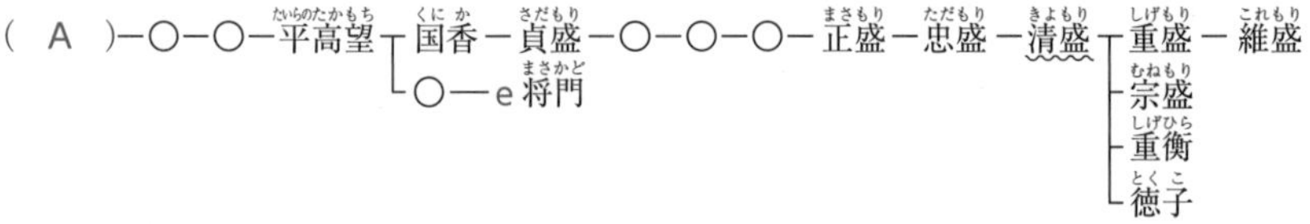

（　A　）─○─○─平高望─国香─貞盛─○─○─○─正盛─忠盛─清盛─重盛─維盛／宗盛／重衡／徳子
　　　　　　　　　　　　○─e将門

系図４（源氏）

清和天皇─○─源経基─○─○─頼義─f義家─○─為義─義朝─g頼朝─頼家─公暁／実朝
　　　　　　　　　　　　　　　　　　　　　　為朝　義経
　　　　　　　　　　　　　　　　　　　　　　○──義仲

系図５（足利氏）

尊氏─義詮─h義満─義持─義量
　　　基氏　　　　義教─義勝／i義政─義尚／義視─義稙／○──義澄─義晴─義輝／義昭
　　　　　　　　　　　　　　　　　　　　　　　　　　　　○──義栄

⑷ 系図３の平清盛について述べた文として誤っているものを，次の**ア**～**エ**から１つ選び，記号で答えなさい。

**ア**　大輪田泊に港を開き，中国と貿易を行った。

**イ**　一族を高位高官につけず，昔からの家臣を重用した。

**ウ**　全国の約半分の国を支配し，国司と結びついて利益を得た。

**エ**　上皇方と天皇方が対立した保元の乱に動員されて勝利した。

⑸ 系図１～系図５の中で，おじ・おいのあと継ぎ争いから戦乱となったものがある。次の文にあてはまる，おじ・おいを含む系図はどれか。系図の番号を書きなさい。

都を大津に移し，戸籍をつくるなどの急な改革を行った人物の死後，政治方針の違いなどを巡(めぐ)っておじとおいが争い，おじが勝利をおさめた。

(6) 右の写真①～③がつくられたころに活躍(かつやく)した人物を，系図のａ～ｉからそれぞれ１つずつ選びなさい。

(7) 系図２，系図３，系図５の波線の人物は，すべて共通の朝廷の最高官職についている。その官職の名称を答えなさい。

①

②

③

| (1) | (2) | ① | | ② | (3) | (4) |
|---|---|---|---|---|---|---|
| (5) 系図 | (6) | ① | ② | ③ | (7) | |

〔広島大附高一改〕

## 3 次の問いに答えなさい。 (5点×8－40点)

(1) 地図１は，第一次世界大戦中のヨーロッパを中心としたものである。次の問いに答えなさい。

①第一次世界大戦開戦の発端(ほったん)となった事件がおこった都市を，地図中の**ア**～**カ**から１つ選びなさい。

②地図中の**キ**の，第一次世界大戦のころまでの国名を答えなさい。

地図1

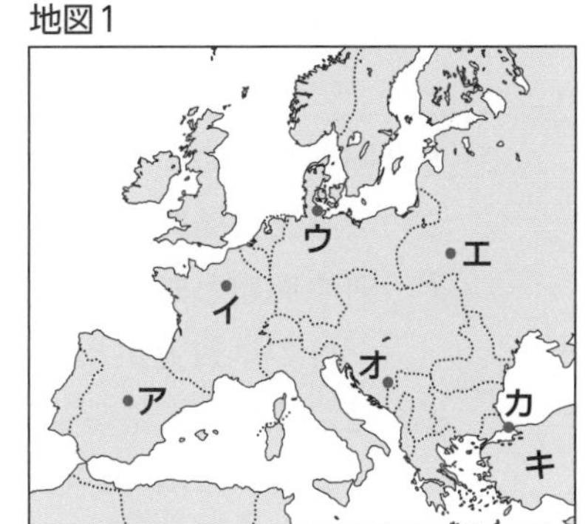


(2) 下の資料１は，第一次世界大戦が始まった翌年に，日本政府が中国政府に提出した二十一か条の要求の一部を要約したものである。あとの問いに答えなさい。

**資料1**

> 一、中国政府は，(　　)が山東省(さんとう/シャントン)にもっているいっさいの権利を日本に譲(ゆず)る。
> 一、日本の旅順(りょじゅん/リュイシュン)・大連(だいれん/ターリエン)の租借(そしゃく)の期限，南満州(まんしゅう)鉄道の利権の期限を99か年延長する。

①資料中の(　)にあてはまる，第一次世界大戦中に日本が戦った国はどこか，国名を答えなさい。

②下線部の権益は，1905年に結ばれた条約によって，日本がある国から譲り受けたものである。ある国とはどこか，次の**ア**～**エ**から１つ選びなさい。

**ア** アメリカ　**イ** イギリス　**ウ** イタリア　**エ** ロシア

(3) 次ページの地図２は，1930年ごろの中国東北部とその周辺を示したものである。地図を参考にして，20世紀前半の中国東北部に関する説明として適切なものを，次の**ア**～**エ**から１つ選びなさい。

**ア** 日露戦争後，日本は長春(ちょうしゅん/チャンチュン)から旅順までの鉄道の経営権を獲得(かくとく)し，南満州鉄道株式会社がその運営にあたった。

**イ** ロシアのシベリア鉄道に対抗(たいこう)するため，中国は自ら満州里(マンチューリー)からハルビンを経てウラジオストクに至る鉄道を完成させた。

**ウ** 関東軍は旅順郊外の柳条湖(りゅうじょうこ/リウティアオフー)で鉄道を爆破(ばくは)し，それをきっかけに中国東北部全域を支配下におさめた。

**エ**　中国東北部の実権を掌握した日本の軍部は，北京郊外での軍事衝突をきっかけに満州国との全面戦争に突入した。

地図２

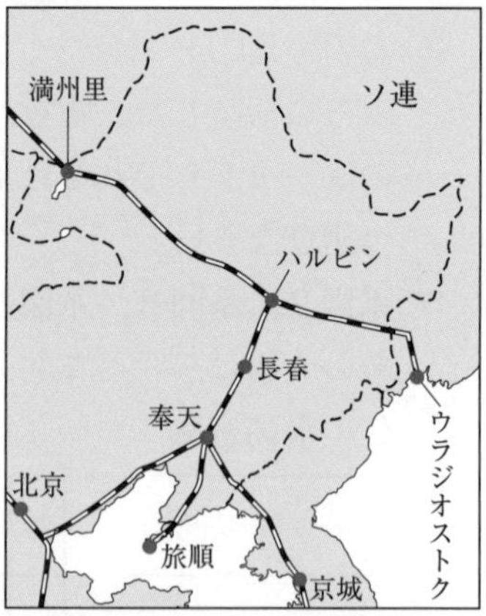

満州里
ソ連
ハルビン
長春
奉天
北京
旅順
京城
ウラジオストク

⑷ 第二次世界大戦と日本に関する次のことがらを，古いものから順に並べ，記号で答えなさい。

**ア**　連合軍がポツダム宣言を日本へ通告

**イ**　アメリカ軍の沖縄本島上陸

**ウ**　アメリカ軍による東京大空襲

**エ**　ソ連が日本に対して宣戦を布告

⑸ 資料２について，あとの問いに答えなさい。

**資料２**

第１章　第１条 ⒜ ……
⒝ 連合国は，日本国及びその領水に対する日本国民の完全な主権を承認する。
第２章　第２条 ⒜ 日本国は，……朝鮮に対するすべての権利，権原及び請求権を放棄する。
⒝ ……
⒞ 日本国は，……樺太の一部……権利，権原及び請求権を放棄する。

①連合国と日本の間で講和会議が開かれ，平和条約が調印された。資料２はその一部である。この会議及び条約について述べた文として正しいものを，次の**ア**～**エ**から１つ選びなさい。

**ア**　領土問題と賠償金の２つの点を解決する全面講和を求める声もあったが，結局領土問題だけの単独講和となった。

**イ**　社会主義国であるソ連・ポーランド・中華人民共和国の３国は講和会議には出席したが，平和条約に調印しなかった。

**ウ**　日本は，吉田茂首相を首席とする全権団を講和会議が開催されたワシントンに送り，48か国との間で平和条約を結んだ。

**エ**　平和条約の締結で，日本は朝鮮の独立を承認し，台湾・澎湖諸島・千島列島・南樺太などを放棄することになった。

②資料２の条約で沖縄や小笠原諸島などをアメリカの施政下におくことを定めてから，沖縄が日本に復帰するまでには長い時間を要した。沖縄の復帰に関する説明として誤っているものを，次の**ア**～**エ**から１つ選びなさい。

**ア**　ベトナム戦争の際にアメリカ軍が沖縄の基地を使用したことで，復帰運動がさかんになった。

**イ**　復帰後もアメリカ軍の基地が沖縄に残り，基地の存在に伴う問題はまだ解決していない。

**ウ**　核兵器を「持たず，つくらず，持ち込ませず」の非核三原則を復帰後の沖縄にもあてはめることが，日本とアメリカの間で合意された。

**エ**　先進国首脳会議（サミット）の場で沖縄の復帰が議題とされたことで，アメリカは沖縄の復帰を認めた。

| ⑴ | ① | ② | ⑵ | ① | ② |
|---|---|---|---|---|---|
| ⑶ | | ⑷ → → → | ⑸ | ① | ② |

〔筑波大附高一改〕

〔写真提供〕 国立国会図書館など

# 解答編

中学 ハイクラステスト 歴史

第1章　古代までの日本

## 1｜文明のおこりと国の成り立ち

### Step A　解答

本冊▶p.2〜p.3

①岩宿　②稲作(水田耕作)　③漢(後漢)
④卑弥呼　⑤サヘラントロプス・チャデンシス
⑥ホモ・サピエンス　⑦中国　⑧孔子
⑨秦(の始皇帝)　⑩広開土王(好太王)碑
⑪前方後円　⑫仏教　⑬十七条の憲法
⑭遣唐使　⑮大化の改新　⑯壬申　⑰隋
⑱唐　⑲新羅　⑳エジプト　㉑甲骨文字
㉒始皇帝　㉓ローマ帝国　㉔ポリス
㉕アレクサンドロス(大王)　㉖ヘレニズム
㉗竪穴住居　㉘磨製　㉙高床倉庫　㉚卑弥呼
㉛推古　㉜冠位十二階　㉝十七条の憲法
㉞遣隋使　㉟中大兄皇子　㊱公地公民

**解説**

①関東ローム層の赤土の中から**打製石器**が発見され，日本にも**旧石器時代**があったことが明らかになった。⑫552年に伝わったとする説もある。⑯**天智天皇**の弟の大海人皇子と，天皇の子の大友皇子が皇位を巡って争った。㉑獣の骨や亀の甲に刻まれた，殷の時代の文字である。㉕紀元前4世紀，北方のマケドニアがギリシャを征服し，この大王のもとで大帝国が築かれた。㉖ヘレニズムは「ギリシャ風」という意味。㉟孝徳・斉明天皇の皇太子として改新政治を進め，668年には即位して**天智天皇**となった。

### Step B-①　解答

本冊▶p.4〜p.5

**1** (1)ウ　(2)イ
(3)①煮る(炊く)　②高床倉庫　③ア

**2** (1)ウ　(2)イ　(3)飛鳥文化，エ
(4)ア→エ→ウ→イ

**3** (1)大化　(2)ウ　(3)エ

**解説**

**1** (1)**ア**は古墳時代，**イ**は縄文時代，**エ**は弥生時代である。

(2)今から5000年ほど前の遺跡とあるから，縄文時代である。**イ**は，当時の人々が住んでいた，**竪穴住居**の跡である。

(3)①写真1は**縄文土器**である。縄文土器は食べ物の煮炊きや，貯蔵などに使用された。②湿気や害虫などを防ぐために，床が地面より高くつくられている。③稲作は現在の九州地方に伝わり，そこから西日本→東日本へと広まっていった。

**2** (1)仏教や儒教の考えを取り入れ，天皇への忠誠，仏教の尊崇などを説き，役人の心構えを示している。

(2)**ア**．**壬申の乱**は，天智天皇(中大兄皇子)の死後におこったできごとである。天智天皇の弟の大海人皇子と天皇の子の大友皇子が，皇位を巡って争ったが，大海人皇子が勝って飛鳥に都を移し，**天武天皇**となった。**ウ**．**大宝律令**は701年，文武天皇のときにつくられた律令制度の基本法である。刑部親王・藤原不比等らが編集に携わった。**エ**．5世紀に，大和国家の5人の王(倭の五王)が南朝にたびたび使いを送ったと，宋の歴史書『宋書』の倭国伝に記されている。

(3)飛鳥地方で栄えたわが国最初の仏教文化である。**聖徳太子**は仏教を深く信仰し，人々にも仏教を信仰することをすすめ，**法隆寺**や四天王寺などを建てた。

(4)**ア**．**白村江の戦い**で，663年のできごとである。
**イ**．**大宝律令**は，8世紀の最初の年，701年に制定された。**ウ**．藤原京は，694年につくられた。
**エ**．668年，中大兄皇子が即位して，天智天皇となった。670年，天智天皇のもとで全国の戸籍がつくられた。

> **ここに注意**　**中大兄皇子**が**即位**してなったのが**天智天皇**。その弟で，壬申の乱に勝利した**大海人皇子**が即位してなったのが**天武天皇**。

**3** (1)中大兄皇子(天智天皇)らが行った政治改革を，このときの年号をとって**大化の改新**とよぶ。

(2)**ウ**の白村江の戦いで，日本は百済を救うために朝鮮半島に出兵したが，唐・新羅連合軍に敗れた。

(3)**ア**の保元(1156〜1159)，**イ**の文永(1264〜1275)，**ウ**の慶長(1596〜1615)は年号だが，**エ**の戊辰は干支。

➡ひっぱると，はずして使えます。

Step B-② 解答　本冊▶p.6〜p.7

**1** ① 5　② 大和政権　③ 645　④ 蘇我
⑤ 大海人　⑥ 672　⑦ 壬申　⑧ 701

**2** (1) 孔子　(2) イ　(3) 十七条の憲法

**3** (1) エ　(2) a—姓　b—能力(才能)　(3) ウ

**4** (1) ① ウ　② オ　③ ケ　④ キ
(2) a—甲骨　b—鉄製

解説

**1** ① 5世紀の初めに，百済から『千字文』と『論語』が朝廷に贈られ，漢字と儒教がわが国に伝えられた。

② ヤマト王権，大和王権でも正解である。

③・④ 645年，**中大兄皇子**，**中臣鎌足**らがおこした「**大化の改新**」とよばれる国政改革の出発点となったクーデターを，乙巳の変という。この変で，中大兄皇子，中臣鎌足らが，蘇我入鹿を暗殺した。さらに入鹿の父親の蝦夷を自殺に追い込んだ。

⑤〜⑦ **壬申の乱**に勝った大海人皇子は都を飛鳥に移し，即位して天武天皇となった。

⑧ **大宝律令**が制定されたのは701年で，日本の年号でいうと大宝元年となる。

**2** (1) 儒学の祖は孔子である。朱子学(儒学の一派)は江戸時代，幕府政治の思想的な柱となった。

(2) 前漢は，B.C.202年に高祖(劉邦)によって建てられたが，A.D. 8年，新に倒された。**ア**．奴国の王は，57年，後漢の光武帝に貢物を贈り，皇帝から「漢委奴国王」という文字が彫られた**金印**を授けられた。**イ**．『漢書』地理志といわれる歴史書に記された，紀元前後の日本の状況である。**ウ**．5世紀のことがらである。倭の五王は，大王の地位と朝鮮半島南部での軍事的指揮権を中国の皇帝に認めてもらおうと，中国の南朝にたびたび使いを送った。**エ**．3世紀のことがらである。魏の帯方郡を通じて，魏の皇帝に使いを送り，「親魏倭王」の称号と，多くの銅鏡などを授けられた。

(3) 仏・法・僧を敬い，不正を行わないことなどを明文化した。

> **ここに注意**　(2) **漢は中国の統一王朝。前漢(前202〜後8)と後漢(25〜220)に分かれる。57年，奴国の王が貢物を送ったのは，後漢の光武帝。**

**3** (1) **ア**は5世紀，**イ**は1世紀，**ウ**は3世紀のことがらである。

(2) a．姓は「かばね」と読む。大和政権に仕えた各氏ごとの地位を表すよび名である。b．官位や職務の世襲をやめ，氏や姓にかかわりなく才能や功績のある人材を登用した。

(3) **ア**は十七条の憲法，**イ**は『**万葉集**』に収められた，大伴御行の歌である。**エ**は奈良時代に出された**三世一身法**である。

**4** (1) ①〜④ 中国の古代国家の興亡を，年代の古い順に整理しておく。殷→周→春秋・戦国→秦→漢の順を覚えておくとよい。

(2) a．エジプト文明の象形文字，メソポタミア文明の**くさび形文字**とともに覚えておく。b．春秋・戦国時代には鉄製農具が広く使われて農業の生産が高まり，商工業もさかんになった。

## 2 | 律令政治の確立と摂関政治

Step A 解答　本冊▶p.8〜p.9

① 三世一身法　② 墾田永年私財法　③ 平安京
④ 藤原良房　⑤ 菅原道真　⑥ 前九年
⑦ 白河上皇　⑧ 保元　⑨ 平治　⑩ 太政大臣
⑪ 唐　⑫ 高麗　⑬ 十字軍　⑭ 太政官
⑮ 太政大臣　⑯ 国司　⑰ 郡司　⑱ 大宰府
⑲ 租　⑳ 調　㉑ 庸　㉒ 防人　㉓ 大宝律令
㉔ 平城京　㉕ 東大寺　㉖ 墾田永年私財法
㉗ 桓武　㉘ 征夷大将軍　㉙ 摂政　㉚ 関白
㉛ 藤原頼通　㉜ 平将門　㉝ 藤原純友　㉞ 白河
㉟ 院政　㊱ 太政大臣

解説

②・㉖ 律令政府自身が土地公有の原則を破ったものであり，荘園発生の一因となった。③ 784年，**桓武天皇**は**平城京**から長岡京に都を移し，造営工事を始めたが，造営長官が暗殺され工事も進まず，794年，**平安京**に都を移した。④ 娘の生んだ惟仁親王をわずか9歳で清和天皇として即位させるとその摂政となり，藤原氏の勢力を確立した。⑦・㉞・㉟ 上皇が院で政務をとり，中・下級貴族がこれを支えた。1086年，**白河上皇**が始めた。

Step B-① 解答　本冊▶p.10〜p.11

**1** (1) 班田収授　(2) イ　(3) エ
(4) 墾田永年私財法　(5) 防人

**2** (1) ウ　(2) 唐　(3) ア　(4) イ　(5) ア

**3** (1) エ→ア→イ→ウ　(2) ウ　(3) 寝殿造，エ

解説

**1** (1) 律令体制のもとでの土地制度である。奈良時代のころからしだいに実施が困難となり，902年を最後に，まったく行われなくなった。

(2) 708年につくられた貨幣である。

(5) 防人のほか，都の警備にあたった兵士を，**衛士**という。

**2** (1) 724年に即位したので，奈良時代の天皇である。

(2) 隋にかわり中国を統一した**唐**である。

(3) 律令制度における最高の役職である。

(4) 現在の神戸港である。

(5) **ア**は1185年のできごと，**イ**は743年に出された墾田永年私財法による。**ウ**は1016年，**エ**は1086年のできごとである。

**3** (1) **ア**．保元の乱は1156年，平治の乱は1159年におこった。**イ**．平清盛が太政大臣になったのは1167年である。**ウ**．1185年，義経を捕らえることを口実に頼朝は朝廷にせまり，守護と地頭をおくことを認めさせた。**エ**．前九年合戦は1051〜1062年，後三年合戦は1083〜1087年。どちらも東北地方でおこった戦い。

(2) ① **冠位十二階**の制定は飛鳥時代，**御成敗式目**の制定は鎌倉時代である。② 広隆寺の弥勒菩薩像は飛鳥時代，**平等院**の阿弥陀如来像は平安時代につくられた。③ 高句麗は668年（日本では飛鳥時代）に滅亡。百済は660年（日本では飛鳥時代）に滅亡。

**ここに注意**　(3) 約50年にわたり，摂政・関白の地位を独占したのは，藤原道長の息子の藤原頼通である。藤原道長は摂政の地位にはついたが，関白の地位にはついていないことに注意。

**Step B-②　解答**　本冊▶p.12〜p.13

**1** (1) 平城京　(2) 長安　(3) 710年　(4) 防人
(5) 万葉集

**2** (1) イ→ウ→エ→ア　(2) 801（年）〜900（年）
(3) 菅原道真

**3** (1) ウ　(2) エ　(3) ウ

**4** (1) エ　(2) ウ　(3) 院政

解説

**1** (1) **平城京**は，784年に長岡京に都が移されるまで続いた。

(2) 平城京は，唐の都**長安**（現在の西安）にならってつくられた。

(3) 710年，元明天皇のときに都が平城京に移された。

(4) 防人は初め全国から徴発されたが，730年以降は東国の兵士に限られた。

(5) 天皇から農民の歌に至るまで，約4500首を収めている。

**2** (1) **ア**．**平治の乱**がおこったのは1159年，**イ**．**平将門の乱**は935〜940年，**藤原純友**の乱は939〜941年，**ウ**．平等院の建立は1052年，**エ**．**院政**の開始は1086年。

(2) 900年“から”ではなく，900年“まで”であることに注意。

(3) 菅原道真の意見によって，遣唐使は停止されたが，のちに本人は大宰府（現在の福岡県）に流された。

**3** (1) **ウ**は**聖徳太子**がつくった**冠位十二階**で，飛鳥時代の様子である。

(2) 写真は，平氏一族が守護神として厚く信仰するようになった**厳島神社**である。

(3) 厳島神社は，安芸国（現在の広島県の西部）につくられた。

**4** (1)奈良時代の中ごろから，政権を巡る貴族の争いがたびたびおこり，また，僧の身分でありながら天皇の位をねらう者が現れるなど，政治が混乱した。

(2) **ア**は鎌倉文化，**イ**は天平文化，**エ**は飛鳥文化である。**国風文化**は，唐からの文化を踏まえつつも，日本独自の要素が多く盛り込まれた文化。

(3) 1086年，白河天皇は天皇の位を子の堀河天皇に譲って上皇となったのちも，院で政治を行った。このような政治を**院政**という。

## 3｜古代の社会・文化

**Step A　解答**　本冊▶p.14〜p.15

① 仏教　② 法隆寺　③ 高松塚　④ 薬師寺
⑤ 古事記　⑥ 日本書紀　⑦ 東大寺
⑧ 古今和歌集　⑨ 枕草子　⑩ 源氏物語
⑪ 万葉集　⑫ 校倉　⑬ 寝殿　⑭ 清少納言
⑮ 土佐日記　⑯ 竪穴住居　⑰ 土偶　⑱ 貝塚
⑲ 稲作　⑳ 銅鐸　㉑ 埴輪　㉒ 前方後円墳

㉓ 渡来人　㉔ 仏教　㉕ 法隆寺　㉖ 釈迦三尊像
㉗ 聖武　㉘ 正倉院　㉙ 唐招提　㉚ 摂関
㉛ 紫式部　㉜ 清少納言

解説

① 538年と552年の２つの説がある。⑧ 醍醐天皇の命により，**紀貫之**らが編集した。⑫ 三角形の断面をした材木を井げたに組み上げてつくられた建築様式である。⑬ 家屋が左右対称につくられ，長い廊下でつながれていた。⑱ 当時の生活を知る貴重な遺跡である。明治時代にアメリカ人の**モース**が**大森貝塚**を発掘したのが最初である。

## Step B　解答

本冊▶p.16～p.17

**1** (1) 写真１―法隆寺　写真２―正倉院
(2) 写真１―ウ　写真２―イ
**2** (1) ① イ　② エ　③ ア　(2) ① 麻　② ウ
**3** (1) イ→ア→エ→ウ　(2) ウ
**4** (1) イ　(2) イ

解説

**1** (1) 広志の会話に「世界最古の木造建築といわれ，世界文化遺産に指定されている寺院」とあるから，写真１は**法隆寺**である。
(2) **エ**の桃山文化は，16世紀後半から17世紀初期の文化。
**2** (1) ③ **イ**．57年，**奴国**の王が漢に使いを送り，漢の皇帝から金印を授かった。**ウ**．239年，**邪馬台国**の女王**卑弥呼**は魏に使いを送り，「親魏倭王」という称号や銅鏡などを授かった。**エ**．執権**北条時宗**は元の要求を拒否し，御家人を指揮して北九州の防備をかためさせた。
(2) ② **ア**は飛鳥時代，**イ**は古墳時代，**エ**は平安時代である。
**3** (1) **ア**は８世紀の初め，**イ**は７世紀の中ごろ，**ウ**は８世紀の終わりのころ，**エ**は８世紀の中ごろである。
(2) **ア**．1052年が末法最初の年と信じられ，**浄土信仰**が広がる一因となった。**イ**．土師器の製法は５世紀のころ，大陸から渡ってきた**渡来人**によって伝えられた。**エ**．邪馬台国では，大人と下戸という厳しい身分の差があった。
**4** (1) 写真の建物は**藤原頼通**が建てた**平等院鳳凰堂**である。藤原道長・頼通父子が政権を握っていたのは，11世紀の前半から中ごろまで。**イ**は，９世紀初めのころの事象である。
(2) 藤原清衡が建てた，岩手県平泉にある阿弥陀堂である。内部に阿弥陀仏の三尊像を安置している。

## Step C-①　解答

本冊▶p.18～p.19

**1** (1) **ウ**　(2) **イ**　(3) **ウ**　(4) **エ**　(5) **エ**　(6) **エ**
**2** ① ○　② ○　③ **イ**　④ **ク**　⑤ **ウ**　⑥ **オ**
⑦ ○　⑧ ○　⑨ **オ**　⑩ ○　⑪ **エ**　⑫ ○
**3** (1) **藤原道長**　(2) **ウ**　(3) **エ**

解説

**1** (1) Ⅰは紀元前後ごろの日本の様子をあらわしたものである。このころの中国の王朝は**漢**である。
(2) 須恵器は古墳時代の中期ごろから平安時代にかけてつくられた。
(3) 607年，聖徳太子は**小野妹子**らを**遣隋使**として派遣した。
(4) 高麗（コリョ）は10世紀の初めのころ，新羅（シルラ）にかわり朝鮮半島を統一した王朝。
(5) 国造は大和政権が設けた地方官である。
(6) 年貢は荘園領主や大名が農民に課した税。
**2** ⑤は応仁の乱ではなく**壬申の乱**，⑥は天智天皇ではなく**天武天皇**がそれぞれ正しい。中大兄皇子は大津京で即位して**天智天皇**となったが，天智天皇の死後，天皇の子の大友皇子と天皇の弟の大海人皇子が，天皇の位を巡って争い，壬申の乱がおこった。この乱に勝った大海人皇子が都を飛鳥に移し，即位して天武天皇となった。
⑨ **遣唐使の停止**を建言したのは小野妹子ではなく**菅原道真**である。
**3** (1) 藤原兼家の息子は藤原道長，道長は娘を天皇のきさきとして嫁がせ，その間に生まれた子（道長にとっての孫）が天皇に即位することで，外祖父となって実権を握った。この方法で，道長の子である藤原頼通も同様に実権を握り，藤原家は栄華を誇ることになった。
(2) 大化元年は645年であるが，**ア**の初めての遣唐使の派遣は630年，**イ**の白村江の戦い（はくすきのえ（はくそんこう））は663年，**エ**のわが国初めての全国的な戸籍（庚午年籍）は670年につくられた。
(3) 藤原京は現在の奈良県，飛鳥地方にあった都。**ア**は平安京，**イ**は長岡京，**ウ**は難波宮（難波京）。

## Step C-② 解答

本冊▶p.20〜p.21

**1** (1) エ　(2) イ　(3) ウ　(4) ア

**2** (1) ① 青森(県)　② 佐賀(県)　③ 埼玉(県)
(2) ウ　(3) ア

**3** (1) ア　(2) エ

### 解説

**1** (1) **ア**は旧石器時代，**イ**は弥生時代，**ウ**は古墳時代。
(2) **イ**は鎌倉文化。
(4) **イ**は14世紀の前半，**ウ**は鎌倉時代，**エ**は11世紀後半〜12世紀後半のころ。

> **ここに注意**　(3) **最澄**は**比叡山**に**延暦寺**を建て，**天台宗**を広めた。**空海**は**高野山**に**金剛峯寺**を建て，**真言宗**を広めた。天台宗と真言宗，最澄と空海，延暦寺と金剛峯寺は混同しやすいので注意する。

**2** (2) 沖縄や北海道では弥生文化があまり伝わらず，続縄文文化などともよばれる地域独自の文化がはぐくまれた。**ア**の縄文時代にはマンモスやオオツノジカといった大型動物は日本列島からいなくなっていた。**イ**の須恵器が伝わったのは古墳時代。**エ**の青銅器が祭器の主体として使われていたのは弥生時代。
(3) **ア**のローマ帝国の東西分割は395年(4世紀後半)，**イ**の隋王朝による統一は589年(6世紀後半)，**ウ**のインカ帝国の滅亡は1533年(16世紀前半)，**エ**の新羅による統一は676年(7世紀後半)。

**3** (2) ① 紀伊の国は南海道に含まれた。② **租**は女子にも課せられ，収穫の約3％を稲で納めた。

第2章　中世の日本

# 4｜鎌倉幕府の成立と元寇

## Step A 解答

本冊▶p.22〜p.23

① 征夷大将軍　② 承久　③ 六波羅探題
④ 御成敗式目(貞永式目)　⑤ 文永　⑥ 弘安
⑦ 徳政令　⑧ チンギス=ハン　⑨ 元　⑩ 執権
⑪ 六波羅探題　⑫ 守護　⑬ 地頭　⑭ 御恩
⑮ 奉公　⑯ 御家人　⑰ 壇ノ浦　⑱ 征夷大将軍
⑲ 侍所　⑳ 執権　㉑ 後鳥羽上皇　㉒ 北条泰時
㉓ 惣領　㉔ 分割　㉕ チンギス=ハン　㉖ 元
㉗ 元寇　㉘ 文永の役　㉙ 弘安の役　㉚ 徳政令

### 解説

⑨ フビライ=ハンが国号を元と改めた。⑩・⑳ 鎌倉幕府で将軍を補佐して政治を行う最高の職である。
⑭〜⑯ 御家人と将軍は土地を仲立ちに，御恩と奉公の関係で結ばれていた。

> **ここに注意**　⑫⑬ **守護**は国ごとにおかれ，軍事・警察を担当した。**地頭**は**荘園**や**公領**におかれ，**年貢**の**徴収**や土地を管理したりした。おかれた場所，職務の内容を混同しないよう注意。

## Step B 解答

本冊▶p.24〜p.25

**1** (1) 源頼朝　(2) 後鳥羽上皇，ウ　(3) ウ

**2** (1) 元　(2) てつはう
(3) 世界の記述(東方見聞録)　(4) ア
(5) ① 御家人　② 御恩

**3** (1) ア　(2) ア・ウ・エ

**4** (1) A—1221　B—京都　C—北条泰時　(2) エ

### 解説

**1** (2) **承久の乱**に敗れた**後鳥羽上皇**は，乱後，隠岐に流された。
(3) **ア**．**管領**は**室町幕府**で将軍を補佐して政治を行う最高の職である。**イ**．**京都所司代**は**江戸幕府**の職名で，京都の警備や西国大名の監視などにあたった。
**エ**．**問注所**は**鎌倉幕府**・室町幕府で裁判の仕事をした役所である。

**2** (4) 火薬・羅針盤・活字印刷のいわゆる三大発明は，中国からヨーロッパへと伝わっていった。
(5) 元との戦いでは，新たな領土の獲得はなかったので，幕府は御家人にじゅうぶんな恩賞を与えることができなかった。そのため，御家人は幕府に対して不満を高めていった。

**3** (1) 御家人には先祖伝来の所領があり，その支配権を将軍から保障された。
(2) 良寛は江戸時代の歌人・禅僧，一休は室町時代の禅僧である。鎌倉時代に新たに誕生した仏教宗派は，武士や庶民の要求にこたえた，わかりやすく信仰しやすい教えだったため，旧仏教(真言宗や天台宗など)。の圧迫のなか，人々の間にひろがっていった。

**4** (2) **御成敗式目**が適用されるのは**幕府の勢力範囲**においてであり，朝廷や荘園領主がもつ規範を，幕府は否定していない。

# 5｜室町幕府の成立と応仁の乱

**Step A　解答**

本冊▶p.26〜p.27

① 建武の新政　② 足利尊氏　③ 日明
④ 応仁の乱　⑤ 山城　⑥ 一向一揆　⑦ 明
⑧ 朝鮮(李氏朝鮮)
⑨ アメリカ大陸付近の島(西インド諸島)
⑩ インド航路　⑪ ルター　⑫ マゼラン　⑬ 管領
⑭ 侍所　⑮ 鎌倉府　⑯ 山名持豊(宗全)
⑰ 細川勝元　⑱ 後醍醐天皇　⑲ 新田義貞
⑳ 楠木正成　㉑ 公家　㉒ 吉野　㉓ 南北朝時代
㉔ 足利義満　㉕ 細川氏　㉖ 四職　㉗ 倭寇
㉘ 勘合　㉙ 惣　㉚ 寄合　㉛ 国一揆
㉜ 一向一揆　㉝ 分国法

**解説**

③ 1404年に明との貿易が始まったが，４代将軍足利義持のとき中断された。その後，６代将軍義教のとき再開された。㉕ 管領に任じられた細川・斯波・畠山の３つの有力な守護家は三管領とよばれる。㉖ 侍所の長官を所司といい，**四職**とよばれる山名・赤松・一色・京極の４家から任じられた。㉝ 家法ともいわれた。

**Step B　解答**

本冊▶p.28〜p.29

**1** (1) 平清盛　ア，イ，エ　(2) ア　(3) 後醍醐天皇
(4) ア　(5) オ
**2** (1) ① コロンブス　② イエズス会　(2) 琉球王国
**3** (1) イ　(2) A―二毛作　B―水車　(3) ウ
(4) A―地侍　B―惣
**4** (1) 足軽　(2) 西陣織

**解説**

**1** (1) 平清盛は武士として初めて**太政大臣**になったが，摂政・関白にはなっていない。
(4) 10世紀は平安時代。**イ**．雪舟は室町時代の画僧，**ウ**．『平家物語』は鎌倉時代の中ごろに成立した。**エ**．鑑真が来日したのは奈良時代である。

**2** (1) ① コロンブスはアメリカ大陸付近の島(西インド諸島)へ到達した。② イエズス会から日本へはフランシスコ=ザビエルが訪れた。
(2) 15世紀の初めに，尚氏が沖縄本島を統一し，**琉球王国**を建てた。

**3** (1) **ア**は676年で日本では飛鳥時代，**ウ**は618年で日本では飛鳥時代，**エ**は1271年で日本では鎌倉時代にあたる。

**4** (2) 西軍の陣地跡より広まったので，西陣織とよばれる。

# 6｜中世の産業・社会・文化

**Step A　解答**

本冊▶p.30〜p.31

① 栄西　② 新古今和歌集　③ 親鸞
④ 吉田兼好　⑤ 金閣　⑥ 世阿弥　⑦ 銀閣
⑧ 南大門　⑨ 金剛力士　⑩ 蒙古襲来　⑪ 金閣
⑫ 銀閣　⑬ 書院　⑭ 平家物語　⑮ 藤原定家
⑯ 法然　⑰ 浄土真宗　⑱ 時宗　⑲ 日蓮
⑳ 臨済宗　㉑ 曹洞宗　㉒ 快慶　㉓ 足利義満
㉔ 観阿弥　㉕ 能(楽)　㉖ 足利義政　㉗ 書院
㉘ 雪舟　㉙ 龍安寺　㉚ 足利学校　㉛ 二毛作
㉜ 宋銭　㉝ 土倉　㉞ 問丸(問)　㉟ 座

**解説**

① 道元ではない。道元は曹洞宗を伝えた。② 300年前の905年には『古今和歌集』が編集されている。⑰ 浄土真宗は一向宗ともよばれる。

**ここに注意**　㉟ 鎌倉・室町時代に発達した商工業の同業者組合は座，江戸時代に発達した商工業の同業者組合は**株仲間**とよばれた。時代によって名称が異なることに注意。

**Step B　解答**

本冊▶p.32〜p.33

**1** (1) A―エ　B―ア　C―ウ　D―イ
(2) 下剋上
**2** (1) 東山文化　(2) ア
**3** (1) 二毛作　(2) イ　(3) ウ
**4** (1) 惣，イ　(2) イ

**解説**

**1** (2) 家臣が守護大名を倒して戦国大名になったことなどは，**下剋上**の例。

**2** (2) **イ**は鎌倉文化，**ウ**は桃山文化，**エ**は元禄文化である。

**3** (2) **ア**は江戸時代，**ウ**は奈良時代，**エ**は江戸時代である。

**4** (1) 産業が発達すると農民の生活も豊かになり，村の有力者の中には，武器をもち，地侍とよばれる者が現れた。村の寄合では，祭りや山野の利用，用水

の配分などを決めた。村の掟を定め，違反者を厳しく罰することもあった。このような自治組織は，**惣**とよばれた。**イ**．**五人組**は，江戸時代に，農民や町人を統制するために制度化されたしくみである。

(2) **イ**．**東大寺南大門**は12世紀の終わりのころ（鎌倉時代）に再建された。門の両側に**運慶**・**快慶**らによってつくられた**金剛力士像**がおかれている。

## Step C-① 解答

本冊▶p.34〜p.35

**1** (1) 1192 (2) ① **イ** ② **ウ**
(3) **エ** (4) **イ**
(5) **御恩** (6) **イ** (7) **イ**

**2** (1) **題目** (2) **念仏** (3) **禅宗**

**3** (1) **イ** (2) **人物名—足利義満，ア** (3) **ウ**

### 解説

**1** (2) ① 以仁王は後白河天皇の子である。平氏を倒す命令を諸国に伝え，自らも兵をあげたが，失敗して戦死した。② 源義仲はのち源範頼，義経らに滅ぼされた。

(7) **ア**は兄弟の関係，**ウ**はおばとおいの関係，**エ**は夫婦の関係である。

**2** 鎌倉時代に成立し広まった仏教には，浄土教系・禅宗系の諸宗派と日蓮宗（法華宗）とがある。題目は南無妙法蓮華経，念仏は南無阿弥陀仏。

**3** (1) 鎌倉幕府は銅銭をつくっておらず，鎌倉時代には宋から輸入された宋銭が使われていた。

(2) 足利義満は暗殺されていない。暗殺されたのは６代将軍足利義教で，1441年に家臣の赤松満祐によって暗殺された（嘉吉の乱）。

(3) **ア**．図３に描かれているのは承久の乱ではなく応仁の乱，**イ**．**一向一揆**によって国が支配されたのは山城国ではなく加賀国，山城国は国人（地侍）とよばれる層を中心とした**国一揆**がおこった。**エ**．観阿弥・世阿弥父子を保護したのは足利義政ではなく足利義満。

## Step C-② 解答

本冊▶p.36〜p.37

**1** (1) 写真１—b 写真２—c
(2) 写真１—エ 写真２—ウ

**2** (1) 元→明 (2) **イ** (3) **エ** (4) **イ**

**3** (1) 保元の乱→平治の乱
(2) **ア** (3) **イ** (4) **イ** (5) **エ**

### 解説

**1** 写真１は元寇の様子を描いた『蒙古襲来絵詞』で鎌倉時代，写真２は室町幕府８代将軍**足利義政**が建てた**慈照寺銀閣**で室町時代。

**2** (3) **後醍醐天皇**は，朝廷に実権を取り戻そうと倒幕をはかった。一度は隠岐に流されたが，楠木正成や足利尊氏らの協力で，1333年，鎌倉幕府を滅ぼした。鎌倉幕府の滅亡後，天皇中心の新たな政治を始めた（**建武の新政**）。

**3** (1) 1156年の**保元の乱**と1159年の**平治の乱**である。

(2) **イ**は奈良時代，**ウ**は室町時代。

(4) **ア**は13世紀，**ウ**は15世紀，**エ**も15世紀。

(5) **エ**は1221年におきた**承久の乱**のこと。

## Step C-③ 解答

本冊▶p.38〜p.39

**1** (1) **ウ** (2) **ア** (3) ① **強訴** ② Aから Bを守る
(4) **エ** (5) **カ**

**2** (1) **守護** (2) **ウ** (3) **堺，ア**

**3** (1) **イ** (2) **エ**

### 解説

**1** (1) 後醍醐天皇が行った**建武の新政**は，天皇親政とよばれる天皇にほぼすべての権力を集中させる政治であるので適さない。

(2) 徳政令とは基本的にはそれまでの借金を帳消しにするものである。この**永仁の徳政令**によって，それまでの借金はなくなったものの新たな借り入れができなくなった御家人たちはさらに困窮していき，幕府への不満が高まる一因となった。

(4) 浄土信仰で唱えられた念仏は南無阿弥陀仏，南無妙法蓮華経と題目を唱えるのは法華宗（日蓮宗）の教え。

(5) Aの奥州藤原氏の滅亡は1189年，Bの前九年合戦の平定は1062年，Cの平将門の乱がおきたのは935年。

**2** (2) **ア**．国ごとにおかれたのは**守護**である。**イ**．「石高」は，太閤検地以降に出てくる言葉。豊臣秀吉の行った太閤検地によって，従来の貫高制を米の収穫高による**石高制**に改めた。**エ**は室町時代についての内容である。

## 7｜ヨーロッパ人の来航と天下統一

**Step A　解答**　本冊▶p.40〜p.41

①種子島　②(フランシスコ=)ザビエル
③長篠　④本能寺　⑤文禄　⑥慶長
⑦関ヶ原　⑧長尾景虎(上杉謙信)
⑨武田晴信(信玄)　⑩毛利元就　⑪織田信長
⑫今川義元　⑬今川仮名目録
⑭甲州法度之次第(信玄家法)
⑮朝倉敏景十七箇条(朝倉孝景条々)
⑯ルネサンス　⑰コロンブス　⑱ルター
⑲ポルトガル　⑳鉄砲　㉑マゼラン　㉒平戸
㉓尾張　㉔桶狭間　㉕武田　㉖安土城
㉗楽市・楽座　㉘明智光秀　㉙北条
㉚太閤検地　㉛刀狩　㉜李舜臣　㉝狩野永徳
㉞洛中洛外図　㉟千利休　㊱有田焼
㊲歌舞伎踊り(歌舞伎)

**解説**

①ポルトガル人を乗せた中国船が暴風雨にあって**種子島**に流れ着いた。このとき，**鉄砲**が日本に伝えられた。②**フランシスコ=ザビエル**が鹿児島に来航し，日本に**キリスト教**を伝えた。㊱豊臣秀吉の朝鮮侵略の際，大名が朝鮮人の陶工を日本に連れて帰り，これらの人々によって，**有田焼**や萩焼，**薩摩焼**などが始められた。

> **ここに注意**　③㉔織田信長が今川義元を破ったのが1560年におこった**桶狭間の戦い**，鉄砲を有効に使った戦法で武田氏を破ったのが1575年におこった**長篠の戦い**である。長篠の戦いは桶狭間の戦いの15年後におこっている。

**Step B　解答**　本冊▶p.42〜p.43

**1** (1)オ　(2)オ　(3)ア　(4)イ　(5)エ
**2** (1)エ　(2)ウ　(3)ウ　(4)岐阜県
**3** (1)①ルター　②イエズス
　③(フランシスコ=)ザビエル
(2)イ

**解説**

**1** (1)**武家諸法度**は江戸時代，大名統制のために出された。
(2)豊臣秀吉が大阪城を築いた石山本願寺あとと<u>まちが</u>えないように注意。
(5)**ア**は奈良時代，**イ**は室町時代，**ウ**は明治時代の**地租**改正，**オ**は江戸時代の**五人組**の制度である。
**2** (2)**太閤検地**によって，直接耕作する農民に土地の権利が認められた。
(3)農民の一揆を防ぎ，耕作に従事させるため，1588年，豊臣秀吉は**刀狩令**を出し，農民から刀・やり・弓・鉄砲などの武器を取り上げた。
**3** (1)キリスト教では，ルターらのプロテスタントとカトリックの勢力争いが激しくなっていくなかで日本などアジア地域にも，布教を広げることになり，イエズス会の**フランシスコ=ザビエル**らが来日した。

## 8｜江戸幕府の成立と幕府政治

**Step A　解答**　本冊▶p.44〜p.45

①征夷大将軍　②大阪夏の陣
③禁中並公家諸法度　④徳川家光　⑤奉書船
⑥出島　⑦参勤交代
⑧島原・天草一揆(島原の乱)　⑨ポルトガル
⑩清　⑪大老　⑫老中　⑬寺社奉行
⑭通信使　⑮オランダ　⑯中国(明・清)
⑰関ヶ原　⑱譜代　⑲外様　⑳武家諸法度
㉑参勤交代　㉒寺社奉行　㉓町人　㉔えた
㉕本百姓　㉖庄屋　㉗五人組　㉘村八分
㉙朱印状　㉚大阪(堺)　㉛長崎
㉜島原・天草一揆(島原の乱)　㉝ポルトガル
㉞出島　㉟絵踏

**解説**

⑤海外へ渡航する船には，朱印状のほかに老中が発行する奉書が必要になった。⑦**参勤交代**は，3代将軍徳川家光の武家諸法度で制度化された。⑭**朝鮮通信使**でも正解。将軍の代がわりや祝い事のときに，使節団が派遣された。㉚**朱印船貿易**で活躍した人物は，人名と出身地をセットで覚える。京都―角倉了以・茶屋四郎次郎，大阪―末吉孫左衛門。

**Step B　解答**　本冊▶p.46〜p.47

**1** (1)①老中　②勘定奉行　③京都所司代
(2)A―キ　B―イ
**2** (1)ウ　(2)ウ　(3)イ
**3** (1)日本町，フィリピン　(2)朱印船
**4** (1)長崎　(2)ウ　(3)エ→イ→ウ→ア→オ

**解説**

**1** (2) A **田沼意次**は年貢に頼らず，商業を重視することで財政の立て直しをはかろうとした。株仲間の結成を奨励し，これに営業を独占させる代わりに税金を納めさせた。B 社倉の設置や寛政異学の禁などで，**松平定信**の行った**寛政の改革**とわかる。

**2** (1) 桐生は今の群馬県にあたる。**ア**は京都府，**イ**は愛知県，**エ**は神奈川県。

(2) 武家諸法度が最初に定められたのは２代将軍徳川秀忠のときだが，参勤交代が制度として定められたのは３代将軍**徳川家光**のとき。

(3) **樽廻船**は，上方（大阪など）から江戸に酒などを運んでいた。

**3** (1) aはフィリピン最大の島であるルソン島である。

(2) 資料２は**朱印状**。朱印船は，豊臣秀吉や徳川家康から渡航許可の朱印状を受けた公認の貿易船で，西国大名や大商人が東南アジア方面へ出かけて貿易を行った。

**4** (2) **長崎貿易**では，銀や銅のほか，金，海産物，陶磁器なども輸出された。また輸入品には，生糸や絹織物のほかに，砂糖や医薬品などがあった。

(3) **ア**は1639年，**イ**は1624年，**ウ**は1635年，**エ**は1616年。

## Step C-① 解答

本冊▶p.48～p.49

**1** (1) A―生糸　B―島原・天草一揆（島原の乱）
(2) ウ　(3) ウ

**2** (1) イ　(2) ウ　(3) ア

**3** (1) エ　(2) エ　(3) エ

**4** (1) ×　(2) ○　(3) ○

**解説**

**1** (2) **宗教改革**で衰えてきたカトリック側は，勢力の盛り返しをはかるためイグナチウス=ロヨラや**フランシスコ=ザビエル**を中心に**イエズス会**をつくり，アジアなどへの布教につとめた。

**2** (1) インドのカリカット。(2) 少年使節は1582年に長崎を出発し，８年後の1590年に帰国した。**ア**は1789年，**イ**は1689年，**ウ**は1541年。(3) **ア**は1590年，**イ**は1582年，**ウ**は1637～38年，**エ**は1600年。

**3** (2) cは1615年におきた大阪夏の陣。この合戦で豊臣秀吉の子秀頼は母淀君とともに自害し，豊臣氏は滅んだ。**ア**は1607年，**イ**は1609年，**ウ**は1614年，**エ**は1616年。

**4** (1) イエズス会を創設したのは，プロテスタントではなくカトリック。

(2) 九州のキリシタン大名によって，伊東マンショ・千々石ミゲル・原マルチノ・中浦ジュリアンの少年４名らが天正遣欧少年使節として遣わされた。

## Step C-② 解答

本冊▶p.50～p.51

**1** ①イ　②ケ　③カ　④ア　⑤オ　⑥ウ
⑦ソ　⑧タ　⑨エ　⑩チ
(1) 参勤交代
(2) 享保の改革，ア
(3) ウィリアム=アダムズ（三浦按針）
(4) コロンブス，イサベル，ウ

**2** (1) ウ
(2) 例 オランダはキリスト教を広めなかったため。

**3** (1) 例 家臣同士で武力で問題を解決することを防ぐため。
(2) 例 家臣が他家とつながって下剋上がおこることを防ぐため。
(3) 例 治水事業や新田開発を行うなどして収穫をふやし，年貢を確保できるようにした。／鉱山や特産品などを開発し，領地の富裕化を図った。

**解説**

**1** (3) もう１人の外交顧問は，ウィリアム=アダムズとともにリーフデ号に乗っていて豊後（大分県）に漂着した，オランダ人のヤン=ヨーステンである。

**2** (1) **ア**．鉄砲は堺や根来などで国産化されていった。**イ**．ザビエルの所属していたイエズス会はカトリックの一派，**エ**．南蛮貿易では日本は銀を輸出した。

(2) 切支丹宗門というのはキリスト教のことをさしており，幕府はキリスト教を広める国々との貿易を禁止した一方，キリスト教を広めないということを条件にオランダとの貿易を継続した。

**3** (1)大名の権力の低下を防ぐため，武力による衝突と同時に，大名を通さない問題解決をも禁止するねらいがあった。

(2) 家臣がかってに他家や他国とつながることを禁止することで，反乱などをおこしにくくするねらいがあった。

(3) 下剋上などが頻繁におこっていたこの時代は，力で領民を押さえつけるというよりは，領地を豊かにし，その中で利益を上げていくという政策が多くとられた。

## 9 近世の産業・社会・文化

### Step A 解答

本冊▶p.52〜p.53

① 田畑永代売買禁止令 ② 株仲間
③ 近松門左衛門 ④ 松尾芭蕉 ⑤ 俵屋宗達
⑥ 菱川師宣 ⑦ 燕子花図屛風
⑧ 風神雷神図屛風 ⑨ 見返り美人図
⑩ 備中ぐわ ⑪ 千歯こき ⑫ 千石どおし
⑬ 新田 ⑭ 干鰯 ⑮ 綿 ⑯ 青木昆陽
⑰ 生糸 ⑱ 西陣 ⑲ 桐生 ⑳ 佐渡 ㉑ 生野
㉒ 金座 ㉓ 両替商 ㉔ 蔵屋敷 ㉕ 蔵元
㉖ 札差 ㉗ 株仲間 ㉘ 冥加金 ㉙ 五街道
㉚ 本陣 ㉛ 菱垣 ㉜ 河村瑞賢 ㉝ 西廻り航路
㉞ 林羅山 ㉟ 新井白石 ㊱ 中江藤樹

**解説**

⑬ **新田開発**の結果，18世紀初めのころの耕地面積は，豊臣秀吉のころと比べて，約２倍に増えた。⑭ いわしを干してつくった肥料で，九十九里浜が主産地であった。㉜ 河村瑞軒でも正解。**東廻り航路**，**西廻り航路**を整備したほか，大阪の安治川を開いた。

**ここに注意** ㉕㉖ **諸藩の蔵屋敷で，年貢米や諸国の特産物の管理や売買をまかされた商人が蔵元。掛屋を兼ねた者が多かった。旗本・御家人の代理として俸禄米を受け取り，それを売りさばいた商人が札差。**

### Step B 解答

本冊▶p.54〜p.55

**1** (1) イ (2) 株仲間 (3) 打ちこわし
**2** (1) 江戸，京都，大阪 (2) 蔵屋敷 (3) 両替商
(4) 仲買
**3** (1) ウ (2) エ (3) ア
**4** (1) 関所 (2) 日本橋

**解説**

**1** (3) 江戸時代には，多くの村が団結して領主に年貢の軽減や不正を働いた代官の交代などを要求する**百姓一揆**がおこり，都市では，米の売り惜しみをした商人に対する**打ちこわし**がしばしばおこった。

**2** (3) 為替や手形を発行して，今の銀行と同じような仕事をしていた組織として**両替商**があった。

(4) 問屋と小売商，または問屋と生産者，荷主との中間にあって商品の取り引きをするもの。

**3** (1) 田沼意次の時代におきたのは天保ではなく天明の大飢饉。

(2) アメリカ独立宣言は1776年。

**4** (1) **関所**は街道の重要地点や領国の出入り口などに設置された。

## 10 幕府政治のゆきづまりと新しい学問

### Step A 解答

本冊▶p.56〜p.57

① 生類憐みの令 ② 新井白石 ③ 享保
④ 公事方御定書 ⑤ 田沼意次 ⑥ 天明 ⑦ 寛政
⑧ 大塩（平八郎） ⑨ 天保 ⑩ 名誉革命
⑪ 独立宣言 ⑫ フランス革命 ⑬ 徳川家康
⑭ 徳川家光 ⑮ 徳川綱吉 ⑯ 徳川吉宗
⑰ 松平定信 ⑱ 水野忠邦 ⑲ 生類憐みの令
⑳ 長崎貿易 ㉑ 徳川吉宗 ㉒ 目安箱
㉓ 相対済し令 ㉔ 足高の制 ㉕ 印旛沼
㉖ 打ちこわし ㉗ 松平定信 ㉘ 棄捐令
㉙ 水野忠邦 ㉚ 上知令 ㉛ 本居宣長
㉜ 杉田玄白 ㉝ 解体新書 ㉞ 高野長英
㉟ 蛮社の獄 ㊱ 東海道中膝栗毛
㊲ 南総里見八犬伝 ㊳ 喜多川歌麿 ㊴ 葛飾北斎
㊵ 東洲斎写楽 ㊶ 与謝蕪村 ㊷ 小林一茶

**解説**

㉓ 金銭に関する訴訟を幕府は受理せず，当事者間で解決させようとした法令。㉔ 在職中に限って不足高を支給して役職に就かせ，その役職を辞めたあとは，もとの知行高に戻すという制度。㉚上地令でも正解。

**ここに注意** ㉞ **高野長英は『戊戌夢物語』を，渡辺崋山は『慎機論』を書いて幕府の対外政策を批判した。なお，渡辺崋山の「崋」の字に注意。「華」は誤りである。**

### Step B 解答

本冊▶p.58〜p.59

**1** (1) ウ (2) エ (3) キ (4) ケ (5) ク
**2** (1) ウ (2) イ (3) ア (4) イ
**3** (1) A—エ B—ア C—ウ D—オ
(2) ① 寺子屋 ② ウ
**4** ウ

**解説**

**1** 明らかに関係がないと考えられるものが**ア・オ・カ**

である。残りについてみると，**イ**は徳川家斉の時代，**ウ**は徳川家光のとき，**エ**は徳川綱吉，**キ**は徳川吉宗，**ク**は水野忠邦，**ケ**は棄捐令で，**松平定信**の**寛政の改革**で実施された。**コ**は**水野忠邦**が**天保の改革**を始める前のできごと。

**2** (1) 田沼意次の老中就任が1772年であることから考える。

(2) 漢訳洋書の輸入の禁を緩和したのは，８代将軍の**徳川吉宗**である。

(3) **杉田玄白**，**前野良沢**らが，オランダ語で書かれた『ターヘル=アナトミア』を翻訳し，**『解体新書』**と名づけて出版した。

(4) 年表中の③は，天保の薪水給与令で1842年のこと。**アヘン戦争**で清がイギリスに敗れたことを知った幕府は**異国船打払令**をゆるめ，日本に近づいた外国船が薪水や食料を要求したらこれらを与え，穏便に退去させるという，薪水給与令を出した。

**3** (1) 地図中の**ア**は松前，**イ**は佐渡，**ウ**は長崎，**エ**は対馬，**オ**は琉球である。

(2) ② **化政文化**に関する文を選ぶ。**ア**は室町時代の**北山文化**，**イ**と**エ**は**桃山文化**。

**4** 株仲間の解散令は1841年で，このときではない。

## Step C-③ 解答

本冊▶p.60〜p.61

**1** (1) X―関所　Y―荷運び

(2) **東海道**，**参勤交代**

(3) 例 **川越人足は幕府によって管理されており，収益は江戸幕府の収入にもなっていたため。**(39字)

(4) **北前船**，**ウ・オ**　(5) **十返舎一九**

**2** (1) **徳川吉宗**　(2) **イ**，**脱穀**

(3) **工場制手工業(マニュファクチュア)**

### 解説

**1** (1) Y．運搬など荷物を運ぶという意味なら正解。

(2) 参勤交代は江戸への行き帰りで多数の武士たちが通行するので，沿道の街にとって大きな収入源となっていた。

(3) 大井川は駿府城の外堀を兼ねていたこともあるが，主要道である東海道に人足が必ず必要な場所を設けることで幕府の収入源ともなっていた。

(4) 寒さの強い北海道では，当時は米の生産はほとんどできず，米からつくられる酒もほとんどつくられていなかった。

(5) この作品は十返舎一九の『**東海道中膝栗毛**』。

**2** (2) **ア**は**踏車**。足で踏んで水をくみ上げた。**ウ**は**備中ぐわ**。これを使うことにより深く耕すことができるようになった。**エ**は**唐箕**。手で回して風をおこし，玄米ともみ殻，ごみなどを選別した。

## Step C-④ 解答

本冊▶p.62〜p.63

**1** (1) **あ―寛政　い―水野忠邦**

(2) **a―ア　b―ウ　c―エ**

(3) 例 **(元禄文化は，)17世紀の末から18世紀の初めにかけて，上方を中心に，豊かな町人の文化として花開いた。人形浄瑠璃では近松門左衛門らが活躍し，多くの名作を描き，人々を感動させた。(化政文化は，)19世紀の初めに，江戸の町人を中心として栄えた。川柳や狂歌が流行し，浮世絵では喜多川歌麿の美人画や葛飾北斎らの風景画が人気を集めた。**

(4) **エ**　(5) **イ**

**2** (1) **田沼意次**　(2) **問屋制家内工業**　(3) **イ**　(4) **ウ**

**3** (1) **エ**　(2) **大塩平八郎**　(3) **エ**

### 解説

**1** (4) **ア**は室町時代におけるアジアのできごと，**イ**は安土桃山時代におけるアジアのできごと，**ウ**は明治時代におけるアジアのできごとである。

(5) **ア**は室町時代におけるヨーロッパのできごと，**ウ**は江戸時代におけるアジアのできごとである。**エ**は**コロンブス**が西インド諸島のサン=サルバドル島に到達したのは1492年のことであり，このとき日本は，室町時代であった。

> **ここに注意**　(3) **元禄文化も化政文化も町人を中心とする文化だが，元禄文化は大阪や京都などの上方を中心に，化政文化は江戸を中心に栄えたことに注意。**

**2** (1) 問題文中の「商人の力を利用」などから**田沼意次**と判断する。

(2) このような生産形態は，織物業などでみられた。安易にマニュファクチュア(工場制手工業)と書かないように。

(3) **本居宣長**の生存期間は1730〜1801年である。

(4) **ア**は1824年，**イ**は1741年ごろ，**ウ**は1774年，**エ**は1715年のできごとである。

**3** (1) **ア**．1782年，老中田沼意次の時代，**イ**．1841年，老中水野忠邦の天保の改革，**ウ**．1721年，８代将軍徳川吉宗の享保の改革，**エ**．1789年，老中松平定信の寛政の改革，**オ**．1722～1730年，８代将軍徳川吉宗の享保の改革で行われた上げ米の制。

(2) 大塩(平八郎)の乱は1837年。**大塩平八郎**はもと大阪町奉行所の役人で陽明学者でもあった。

第４章　近代日本の歩みと世界

## 11 欧米諸国のアジア進出と日本の開国

### Step A 解答

本冊▶p.64～p.65

① **間宮林蔵**　② **異国船打払令**　③ **ペリー**
④ **日米和親条約**　⑤ **井伊直弼**
⑥ **日米修好通商条約**　⑦ **法の精神**
⑧ **社会契約論**　⑨ **ナポレオン**　⑩ **アヘン戦争**
⑪ **太平天国の乱**　⑫ **工場制手**　⑬ **工場制機械**
⑭ **資本家**　⑮ **レザノフ**　⑯ **プチャーチン**
⑰ **ラクスマン**　⑱ **モリソン号**　⑲ **ペリー**
⑳ **名誉革命**　㉑ **権利の章典**　㉒ **モンテスキュー**
㉓ **ルソー**　㉔ **人権宣言**　㉕ **ルイ16世**
㉖ **異国船打払令**　㉗ **アヘン**　㉘ **日米和親条約**
㉙ **日米修好通商条約**　㉚ **領事裁判権**
㉛ **安政の大獄**　㉜ **桜田門外**　㉝ **生糸**
㉞ **薩英戦争**　㉟ **坂本龍馬**　㊱ **薩長同盟**

解説

① **樺太**を探検し，樺太が島であることを確認した。
②・㉖ 異国船打払令は**外国船打払令**ともいわれる。
⑦ この著書で，三権分立(権力分立)の考え方を示した。
⑱ モリソン号はアメリカの商船である。日本人漂流民を連れて通商を求めて浦賀(神奈川県)に来航したが，異国船打払令によって砲撃を受けた。

### Step B 解答

本冊▶p.66～p.67

**1** (1) C—オ　D—エ
(2) Ｉ—人権宣言　K—ムガル帝国
(3) オランダ，中国(清)　(4) イ，エ　(5) ア
(6) イ　(7) ア　(8) オ

**2** ①② ア，コ　③ ス　④ タ　⑤⑥ テ，ト
⑦ ニ　⑧ ア　⑨⑩⑪ ネ，ノ，ハ　⑫ コ
⑬ ノ　⑭ ノ　⑮ シ　⑯ チ
⑰⑱⑲ エ，カ，ケ　地図—エ

解説

**1** (6) **ア**．ピューリタン(**清教徒**)とは，イギリスで**カルバン**の教えを信仰する人々のこと。**ウ**．『権利の章典』が発布されたのは，**名誉革命**の翌年の1689年。同年に議会が定めた『権利の宣言』をウィリアム３世が承認し，法律として発布した。**エ**．このような内閣がつくられるのは，『権利の章典』の発布以後。**オ**．名誉革命について述べたもの。

(8) アヘン戦争後，**南京条約**が結ばれ，上海などの５港を開いて，自由貿易を行うことになった。

**2** ④～⑦ **大老井伊直弼**は，朝廷の許可を得ないまま通商条約を結んだり，14代将軍を独断で決めるなど，独裁的な政治を行った。1858～59年には反対派の公家や大名，武士などを取り締まり，厳しく処罰した(**安政の大獄**)。これに反発した水戸藩などの浪士が1860年，江戸城の桜田門外で井伊直弼を暗殺した(**桜田門外の変**)。⑧～⑯ 1863年，**長州藩**は攘夷を実行するため，下関海峡を通る外国船に砲撃を加えた。翌年，アメリカなど４国の連合艦隊が，前年の外国船砲撃の報復として長州藩を攻め，連合艦隊の兵士が下関砲台を占領した。いっぽう**薩摩藩**は，**生麦事件**(1862年，島津久光の行列を騎馬で横切ったイギリス人３人を，薩摩藩士が殺傷した事件)の報復として，翌年イギリスの砲撃を受けた(**薩英戦争**)。外国と直接戦い，攘夷が不可能であることを知った長州藩と薩摩藩は土佐藩の**坂本龍馬**らの仲立ちで同盟を結び，倒幕運動の中心勢力となった。

## 12 明治維新と新しい政治

### Step A 解答

本冊▶p.68～p.69

① **大政奉還**　② **王政復古**　③ **五箇条**
④ **戊辰戦争**　⑤ **廃藩置県**　⑥ **徴兵令**
⑦ **西南戦争**　⑧ **鹿鳴館**　⑨ **日朝修好条規**
⑩ **大政奉還**　⑪ **五箇条の御誓文**　⑫ **版籍奉還**
⑬ **廃藩置県**　⑭ **地租改正**　⑮ **佐賀の乱**
⑯ **神風連の乱**　⑰ **西南戦争**　⑱ **大政奉還**
⑲ **王政復古**　⑳ **鳥羽・伏見**　㉑ **1869**
㉒ **版籍奉還**　㉓ **1871**　㉔ **県令**　㉕ **廃藩置県**
㉖ **学制**　㉗ **官営(模範)**　㉘ **1873**　㉙ **徴兵令**
㉚ **西南戦争**　㉛ **地租改正**　㉜ **地券**　㉝ **３％**
㉞ **板垣退助**　㉟ **征韓論**　㊱ **江華島事件**
㊲ **日朝修好条規**　㊳ **樺太・千島交換条約**

解説

②・⑲ 天皇中心の新政府の成立を宣言し，徳川慶喜に対して官職と領地の返上を命じた。⑥・㉙ 満20歳以上の男子に，３年間兵役につくことを義務づけた。最初は多くの免除規定があったため，実際に徴兵されたのは，ほとんどが貧しい家の次男や三男などであった。⑯ 敬神党の乱ともいう。廃刀令発布に憤激した熊本の不平士族が挙兵し熊本鎮台を襲ったが，鎮圧された。㊳ 駐露公使の**榎本武揚**がロシアとの交渉にあたった。

**ここに注意** (1)⑤ **エ**．藩の土地と人民を朝廷に返させた政策が**版籍奉還**。版籍奉還と書かないように。藩を廃止して，府と県をおいた改革が**廃藩置県**。

**2** (1) 1867年の大政奉還の翌年に**戊辰戦争**がおこった。

(2) ① **イ**は大正時代のことがら。

**3** (2) 維新の三大改革とは**学制**，**地租改正**，**徴兵制**の３つを指す。**ア**は地租改正で地主・自作農に与えられた地券，**エ**は徴兵を逃れるための要領を書いた出版物で，『徴兵免役心得』といわれるもの。

## Step B 解答

本冊▶p.70～p.71

**1** (1) ① **インド大反乱**　② **井伊直弼**　③ **徳川慶喜**

④ **イ**　⑤ **ウ**

(2) ① **薩摩―イ　長州―オ**

② **1877年**　③ **エ**

**2** (1) **エ**　(2) ① **イ**　② **学問のすゝめ**　③ **薩摩**

**3** (1) **富岡製糸場，生糸**　(2) **ア，エ**

解説

**1** (1) ① 19世紀の半ばは，アジアの激動の時期といえる。中国で1840～42年に**アヘン戦争**がおこり，中国の半植民地化が進む。さらに1851～64年に**太平天国の乱**，1856年の**アロー号事件**をきっかけにアロー戦争(1856～60年)がおこり，中国は大きくゆれる。インドでは1857～59年に**インド大反乱**という，インド人兵士たちのイギリスに対する武装蜂起がおこった。日本では同じ時期に，アメリカの求めに応じて開国し，1868年に明治維新を迎えた。④ 明治天皇が発表した新しい政治方針とは，**五箇条の御誓文**のことで，1868年に発表された。**ア**．**義和団事件**は1899年に始まった。**イ**．**南北戦争**は1861～65年。**ウ**．**ムッソリーニ**は1919年に**ファシスト党**を結成してその党首となり，1922年に政権を握った。**エ**．ナポレオンは1799年，統領政府を樹立して政権を握った。

⑤ **ア**．群馬県につくられたのは**富岡製糸場**。

**イ**．地価の３％を地租として，土地所有者に現金で納めさせた。**エ**．版籍奉還ではなく**廃藩置県**。

**オ**．『学問のすゝめ』を著したのは**福沢諭吉**。福沢諭吉は**慶應義塾**を創設した。

(2) ① **ア**も長州の出身だが，安政の大獄で死罪になった。**ウ**は土佐，**エ**は肥前の出身。② 西暦の1877年は明治10年にあたる。

## Step C-① 解答

本冊▶p.72～p.73

**1** (1) **イ，スペイン**　(2) **エ，人権宣言**

(3) **ア，インドシナ**　(4) **イ，諸国民の富(国富論)**

**2** ① **エ，d**　② **ア，b**　③ **オ，e**　④ **ウ，a**

⑤ **イ，c**

**3** (1) **イ**　(2) **エ**　(3) **イ**　(4) **イ**

**4** (1) **戊辰戦争**

(2) 例 **各藩主に土地と人民を天皇に返させた。(18字)**

(3) **エ**

解説

**1** (1) コロンブスが援助を受けたのは，スペインのイサベル女王である。

(2) **エ**は1628年にイギリスで出されたものである。**フランス革命**では，**人権宣言**が発表された。

(3) フランスとアフガニスタンはまったく無関係である。フランスは1887年，ベトナムとカンボジアをあわせてフランス領インドシナをつくりあげ，東南アジアでの植民地経営に乗り出した。

(4) **イ**の『資本論』は，19世紀の半ばにマルクスが書いた。

**2** A群の①は1840～42年，②は1851～64年，③は1894年，④は1911年，⑤は1919年。C群のaは1911年，bは1858～59年，cは1918年，dは1841～43年，eは1894年である。

**3** (3) **イ**の文中の長官とは**開拓使長官黒田清隆**，同郷の商人とは黒田清隆と同じ**薩摩藩**出身の五代友厚のことを指し，**イ**の事件を**開拓使官有物払下げ事件**という。この事件をきっかけに，国会開設を要求する運動は最高潮に達した。

(4) **イ**は**立憲改進党**の主張である。**自由党**はフランス流の人民主権を唱えた。

**4** (1) **戊辰戦争**は**鳥羽・伏見の戦い**に始まり，函館の**五稜郭の戦い**まで続いた。
(3) **ア**．キリスト教禁制は継続された。**イ**．武士は士族となった。**ウ**．**岩倉具視**を代表とする使節団を欧米に送り出し，西郷隆盛は留守役にまわった。

Step C-② 解答 本冊▶p.74〜p.75

**1** (1) 五箇条の御誓文 (2) ウ (3) ア
**2** (1) ウ (2) ① エ ④ イ
(3) ① ロシア ③ ドイツ ④ イギリス
⑤ フランス
**3** (1) 岩倉具視 (2) ア (3) ウ (4) 津田梅子
(5) ウ (6) イ

解説

**1** (1) **五箇条の御誓文**は1868年に発布された。
(3) **エ**の東郷平八郎も鹿児島出身だが，**日本海海戦**でロシアの**バルチック艦隊**を破ったのは1905年で五箇条の御誓文が発布された明治初期のできごとではない。
**2** (1) 日清戦争で清が敗れると，清は帝国主義列強の侵略の対象となった。
**3** (6) **ア**．国産の生糸はフランスをはじめとするヨーロッパやアメリカなど，欧米向けに輸出された。**ウ**．コンドルは**鹿鳴館**などを設計した建築家，日本美術を見いだしたのはフェノロサ。**黒田清輝**は印象派の画風を日本に持ち込んだ画家。**エ**．赤痢菌の発見が**志賀潔**，黄熱病の研究が**野口英世**，ペスト菌の発見が**北里柴三郎**である。

## 13 立憲政治と日清・日露戦争

Step A 解答 本冊▶p.76〜p.77

① 民撰議院設立 ② 国会開設 ③ 立憲改進党
④ 大日本帝国憲法 ⑤ 日清 ⑥ 下関 ⑦ 日露
⑧ ポーツマス ⑨ 日比谷 ⑩ 甲午農民戦争
⑪ 義和団 ⑫ 自由 ⑬ 立憲改進 ⑭ フランス
⑮ イギリス ⑯ 天皇 ⑰ 枢密院 ⑱ 帝国議会
⑲ 板垣退助 ⑳ 国会期成同盟 ㉑ 私擬憲法
㉒ 伊藤博文 ㉓ ドイツ ㉔ 欽定憲法
㉕ 甲午農民 ㉖ 日清戦争 ㉗ 下関 ㉘ 陸奥宗光
㉙ 遼東半島 ㉚ ロシア ㉛ フランス
㉜ イギリス ㉝ 日英同盟 ㉞ 1904
㉟ 日本海海戦 ㊱ ポーツマス

解説

⑨ **ポーツマス条約**で**賠償金**がとれなかったことなどもあって，国民は政府を激しく攻撃した。東京では，警察が焼き打ちされる事件がおこった。⑩・㉕ 朝鮮の民間信仰をもとにした宗教（東学）を信仰する人々が農民と結び，外国人の排斥や政治改革をめざして，朝鮮南部一帯で蜂起した。⑪ 1900年，「扶清滅洋」を唱える**義和団**が北京の外国公使館を取り囲んだが，日本を主力とする８か国の連合軍によって鎮圧された。

Step B 解答 本冊▶p.78〜p.79

**1** (1) イ (2) 福沢諭吉 (3) ウ
(4) ３％ (5) ア (6) ア
(7) ｉ―ア ｊ―エ (8) イ (9) エ
**2** ① 1895 ② 下関 ③ 遼東
(1) エ (2) 甲午農民戦争
(3) イ→エ→ア→ウ (4) ドイツ，フランス
(5) ア (6) エ (7) イ

解説

**1** (3) 満二十歳に達した男子は，士族・平民にかかわらず３年間の兵役につくことを義務づけられた。しかし，最初は多くの免除規定があったため，実際に徴兵されたのは，平民の次男や三男などがほとんどであった。
(7) 初代の総理大臣は**伊藤博文**，大日本帝国憲法発布時の総理大臣は**黒田清隆**である。伊藤は長州，黒田は薩摩の出身である。
(8) 国権の最高機関と位置づけられているのは，現在の日本国憲法のもとでの国会である。

**ここに注意** (7) **黒田清隆は大日本帝国憲法発布時の総理大臣。黒田清輝は印象派の画風を日本にもたらした画家。**

**2** (5) **ア**．ハーグ密使事件（1907年，日本の朝鮮侵略の意図が露骨になってきたため，韓国皇帝がハーグ万国平和会議に密使を送り，韓国の実状を訴えた。このことがかえって日本の韓国圧迫の口実となった。）を契機に，日本は韓国の内政権を掌握した。**イ**．日露戦争に勝利後，1905年，韓国保護条約を結んで韓国の外交権を握り，漢城（現在のソウル）に**韓国統監府**を設置して伊藤博文が初代統監となった。
**ウ**．1910年，**韓国併合**に伴い韓国は朝鮮に，漢城は

京城に改称された。京城に**朝鮮総督府**を設置し，初代総督に陸軍大臣の寺内正毅が就任した。**エ**．1909年，ハルビンで安重根に暗殺された。

## 14 世界の動きと近代の産業・社会・文化

### Step A 解答

本冊▶p.80〜p.81

① 足尾(銅山) ② 領事裁判権(治外法権)
③ 八幡製鉄所 ④ ポーツマス ⑤ 伊藤博文
⑥ 朝鮮総督府 ⑦ 大逆 ⑧ 関税自主権
⑨ 三国協商 ⑩ 辛亥革命 ⑪ 北里柴三郎
⑫ 志賀潔 ⑬ 黄熱病 ⑭ 与謝野晶子
⑮ 樋口一葉 ⑯ 石川啄木 ⑰ 森鷗外
⑱ 夏目漱石 ⑲ ノルマントン号
⑳ 日英通商航海条約 ㉑ 領事裁判権(治外法権)
㉒ 小村寿太郎 ㉓ 帝国主義 ㉔ エチオピア
㉕ 伊藤博文 ㉖ 朝鮮総督府 ㉗ 辛亥革命
㉘ 中華民国 ㉙ 軽工業 ㉚ 重工業 ㉛ 幸徳秋水
㉜ 治安警察法 ㉝ 福沢諭吉 ㉞ 中江兆民
㉟ ルソー ㊱ 岡倉天心 ㊲ 黒田清輝
㊳ 滝廉太郎

**解説**

① **足尾銅山**から流れ出る鉱毒が原因で，**渡良瀬川流域**の田畑は荒廃，魚類は死滅した。死亡者や失明者が出るなど，住民にも大きな被害が出た。⑦ 天皇暗殺を企てたとして，**幸徳秋水**ら多数の社会主義者が捕らえられ，そのうちの12名が死刑になった。⑲ イギリスの貨物船**ノルマントン号**が和歌山県沖で難破し，船長と船員はボートで脱出したが，日本人乗客全員が水死した。

**ここに注意** ⑨ **三国同盟**ではない。三国同盟はドイツ・イタリア・オーストリアの間で結ばれた軍事同盟。

### Step B 解答

本冊▶p.82〜p.83

**1** (1) イ (2) ウ (3) 労働基準法
**2** (1) 廃藩置県 (2) ウ (3) ア
(4) 例 官営の八幡製鉄所ができ，重工業が発達した。
**3** (1) 地租 (2) プロイセン，伊藤博文 (3) 製糸業
(4) 関税自主権
**4** (1) エ (2) 義和団事件 (3) エ

**解説**

**1** (2) **ア**．睡眠のための時間は，22時30分〜5時ごろまでで，6時間30分くらいである。**イ**．朝食，昼食，夕食の時間を合計すると，食事の時間は1日に1時間くらいである。**エ**．睡眠時間を除く自由時間は，入浴などの21時〜22時30分までと，食事の時間及び，5時〜6時までの起床時間である。

**2** (3) 1882年，大阪に設立された民間の紡績会社とは大阪紡績会社のこと。同じ年に，**大隈重信**を党首に**立憲改進党**が結成された。**イ**は1885年，**ウ**は1880年，**エ**は1890年。

**3** (1) 1880(明治13)年のグラフであり，明治維新時と大きな変化はないと考えられる。このころの歳入の中心は**地租**であった。

(2) プロイシアでも正解。

### Step C-③ 解答

本冊▶p.84〜p.85

**1** (1) ア (2) エ (3) ア (4) イ
(5) 社会主義者—ア 講和条約の誤り—c
(6) 朝鮮総督府
**2** (1) ① A—ペリー B—井伊直弼
② 不平等条約の改正
(2) ① 日清戦争
② 例 遼東半島を清に返すように要求した。
**3** A—甲午農民 (1) イ (2) ア (3) エ

**解説**

**1** (1) **伊藤博文**は1909年，ハルビンで韓国人の安重根に暗殺された。**西南戦争**をおこした**西郷隆盛**は1877年，政府軍に敗れて自害した。**坂本龍馬**は1867年，明治維新を見ないまま，京都で中岡慎太郎とともに暗殺された。

(2) **エ**が誤り。経営難に陥ったために，1893年に三井に払い下げられた。

(5) キリスト教徒の**内村鑑三**も非戦論を唱えたが，社会主義者ではない。文は，**c**が誤り。日露戦争の講和条約は**ポーツマス条約**。この条約で日本は賠償金を得ることができなかった。

**2** (2) 朝鮮を巡る日本と清(a)との争いを虎視眈眈とねらっているロシア(b)を描いたもの。② 満州への進出をねらう**ロシア**は，**ドイツ**，**フランス**とともに，**遼東半島**を清に返還するよう日本に勧告してきた。

**3** (3) **下関条約**で日本の植民地となった台湾を支配す

るために，台湾総督府がおかれた。

Step C-④　解答　本冊▶p.86〜p.87

**1** (1) 廃藩置県　(2) ア　(3) イ

(4) 例 シベリア出兵による需要の高まりを見越して商人が米を買い占めたことにより米価が急上昇し，米屋が打ち壊されるなどの米騒動がおこった。

(5) エ

**2** (1) 例 征韓論を主張して対立した。(13字)

(2) 神風連の乱（敬神党の乱）　(3) 大久保利通

(4) 秩父事件

解説

**1** (2) **イ**の長岡半太郎は原子モデルの提唱，**ウ**の野口英世は黄熱病の研究，**エ**の木村栄は緯度の公式の発見で知られる。

(3) Xはイギリス，Yは日本を表しており，のちに日英同盟を結ぶことになる。

(5) **エ**の『羅生門』は芥川龍之介。

**2** (2) 福岡では秋月の乱，山口では萩の乱がおこった。

第5章　2つの世界大戦と現代の日本と世界

# 15| 第一次世界大戦と大正デモクラシー

Step A　解答　本冊▶p.88〜p.89

① 護憲　② 二十一か条　③ 米騒動
④ 関東大震災　⑤ 護憲
⑥⑦ 普通選挙，治安維持　⑧ 張作霖（チャンツオリン）
⑨ サラエボ　⑩ ロシア　⑪ パリ　⑫ 五・四
⑬ 国際連盟　⑭ ワシントン　⑮ 三国同盟
⑯ ドイツ　⑰ イギリス　⑱ 日本　⑲ 三国協商
⑳ 1925年　㉑ 25　㉒ 15　㉓ 制限　㉔ 1914
㉕ ドイツ　㉖ 日英同盟　㉗ 袁世凱（ユワンシーカイ）
㉘ 二十一か条の要求　㉙ レーニン
㉚ ソビエト社会主義共和国連邦
㉛ ベルサイユ条約　㉜ 国際連盟　㉝ ワシントン
㉞ 九か国条約　㉟ 四か国条約　㊱ 犬養毅
㊲ 原敬　㊳ 加藤高明　㊴ 吉野作造

解説

①⑤ **護憲運動**は，**憲政擁護運動**ともよばれている。

②㉘ **二十一か条の要求**を中国政府につきつけたのは大隈重信内閣で，このときの外務大臣は加藤高明だった。

③ 富山県の一漁村で暴動がおこり全国に波及した。

> **ここに注意**　⑭ 1921年に開かれたのは**ワシントン会議**で，主力艦の保有量を制限する軍縮条約などが結ばれた。**ロンドン海軍軍縮会議**は1930年に開かれ，補助艦の保有量を制限する軍縮条約が結ばれた。

Step B　解答　本冊▶p.90〜p.91

**1** (1) ① 第一次世界　② パリ　③ ウィルソン　④ 1920　⑤ ソビエト

(2) 無併合・無賠償・民族自決

(3) ベルサイユ条約

(4) 日本　(5) 国際連盟

(6) 例 政治体制の異なる社会主義（共産主義）国家であったため。

(7) ワイマール憲法

**2** (1) エ　(2) 米騒動　(3) イ

(4) イギリス・フランス・ロシア　(5) 1918

**3** (1) ウ　(2) ア

解説

**1** (2) 十一月革命によって成立したソビエト政府は『平和に関する布告』を発表し，無併合・無賠償・民族自決の原則を世界に示した。講和会議の主導権をソビエトに奪われることをおそれたアメリカは，**ウィルソン大統領**が同じ提案をしたが，他の戦勝国に受け入れられず，結局，平和14か条の発表となった。

(4) 日本は，ベルサイユ条約で中国山東（シャントン）省のドイツ権益を引きついだが，その後の1921年から開かれたワシントン会議の結果，日中間の直接交渉により，山東省の権益を中国に返還した。

(7) **ワイマール憲法**は，世界史上代表的な民主的憲法といわれる。国民主権，20歳以上の男女の普通選挙，秘密投票などを定めている。

**2** (1) アメリカ合衆国は議会の反対で国際連盟には加盟しなかった。

**3** (1) **ア**．退陣したのは寺内正毅内閣。**イ**．20歳以上の男女が選挙権を得たのは第二次世界大戦後。**エ**．犬養毅首相らを五・一五事件で暗殺したのは海軍将校ら。

## 16 第二次世界大戦と日本

Step A　解答　　本冊▶p.92〜p.93

①ロンドン　②満州事変　③上海事変
④リットン　⑤五・一五　⑥国際連盟
⑦二・二六　⑧盧溝橋　⑨国家総動員法
⑩日ソ　⑪太平洋戦争　⑫ヤルタ　⑬ポツダム
⑭ポーランド　⑮第二次世界大戦　⑯満州事変
⑰日中戦争　⑱太平洋戦争　⑲政党政治
⑳財閥　㉑五・一五事件　㉒二・二六事件
㉓世界恐慌　㉔ニューディール　㉕ブロック
㉖スターリン　㉗ファシスト　㉘柳条湖
㉙国際連盟　㉚日独伊三国同盟
㉛国家総動員法　㉜独ソ不可侵条約
㉝ポーランド　㉞真珠湾　㉟ミッドウェー
㊱沖縄　㊲広島　㊳長崎　㊴ポツダム宣言

解説

③1932年1月におこった第一次上海事変。列国の強い抗議を受け，5月に停戦した。⑫ソ連の対日参戦を決定したのはヤルタ会談。ポツダム会談ではない。

**ここに注意**　⑧㉘**柳条湖事件→満州事変**に発展。**盧溝橋事件→中国との全面戦争(日中戦争)へ発展。**

Step B　解答　　本冊▶p.94〜p.95

**1** (1) a—満州　b—中華人民
c—サンフランシスコ
(2) 原敬　(3) ウ　(4) イ　(5) ア

**2** (1) 292　(2) D→A→B→C

**3** (1) a—アメリカ　b—イギリス　c—ソ連
(2) A—ポツダム　B—ヤルタ

解説

**1** (2) 米騒動による寺内正毅内閣総辞職のあとを継いで初の本格的政党内閣の首相となった原敬は，華族ではなかったことから平民宰相とよばれた。

(3) **ア**の民本主義は社会主義ではなく民主主義，**イ**は樋口一葉ではなく市川房枝ら。

(4) これを**ブロック経済**という。

(5) 陸海軍は改組ではなく解体され，のちに今日の自衛隊につながる警察予備隊が設置される。保安隊はそれを改組したもの。

**2** (1) 1937年7月，盧溝橋事件をきっかけに，中国との全面戦争(**日中戦争**)へと発展した。同年9月，中国国民党と中国共産党が手を結び，抗日民族統一戦線を結成した。

(2) Aは1941年，Bは1945年4月，Cは1945年8月，Dは1939年。

**3** Aはポツダム会談で発表された**ポツダム宣言**，Bはヤルタ会談で結ばれた**ヤルタ協定**。

Step C-①　解答　　本冊▶p.96〜p.97

**1** (1) ① A—イ　B—エ　C—ア　D—エ　E—イ
(2) エ→イ

**2** (1) 全国水平社　(2) イ→ウ→ア　(3) 吉野作造
(4) ア　(5) ウ

**3** (1) エ　(2) エ　(3) 孫文　(4) ウ

解説

**1** (2) bの**パリ**で第一次世界大戦の講和会議が開かれ，パリ郊外のベルサイユで条約が結ばれた。dの**サラエボ**でオーストリア皇太子夫妻がセルビア人に暗殺される事件がおきた。

**ここに注意**　(1) Aの帝政を倒し，臨時政府を樹立したのが**三月革命**。レーニンを指導者に臨時政府を倒し，世界最初の社会主義政府を誕生させたのが**十一月革命**である。

**2** (4) 伊藤博文らをヨーロッパに派遣したのは，憲法などの国家制度を調査させるためである。**ドイツ(プロイセン)の憲法**を学んだ伊藤は，帰国後，憲法草案の作成を始めた。

(5) **ア**はイギリスやフランス，**イ**はソビエト連邦，**エ**はドイツやイタリアで行われた。

**3** (1) **ア**は誤り。大戦中は輸出額が輸入額を上回り(輸出超過)，貿易黒字であった。第一次世界大戦が始まると，日本は連合国に軍需品を供給し，アジアやアフリカなどへの輸出を増やした。この結果，輸出超過で日本は好景気を迎え，「船成金」や「鉄成金」など，急に大金持ちになる者も現れた。**イ**も誤り。大戦が終わると輸出や国内の需要が減少して不景気となったが，輸出入額とも，大戦前の水準にまで落ち込んではいない。**ウ**も誤り。農業生産額は減少していない。農業生産額は大戦中，約3倍に増加している。**エ**は正しい。鉱工業労働者の人口は，グラフ2の第2次産業のところに注目する。大戦中，鉱工業労働者の人口に大きな変化はみられない。しかし，鉱工業の生産額は大戦中大きく増加している。鉱工業労働者の人口はあまり変化していないのに，生産額が大きく上昇しているわけだから，労働者１人あたりの生産額が増加したことになる。

(2) **エ**は誤り。**国際連盟**発足時の参加国数は42である。

(3) このころ反政府運動がおこり，軍隊の一部も加わって革命運動が全国に広がった。

(4) **ウ**は誤り。義務教育が９年になったのは，**六・三・三・四制**が実施された**太平洋戦争後**のことである。

**Step C-② 解答**　本冊▶p.98〜p.99

**1** (1) 伊藤博文，エ　(2) イ　(3) ウ　(4) イ　(5) エ　(6) ウ　(7) (ア)→エ→ウ→イ

**2** (1) エ　(2) ウ　(3) ① C　② ガンディー　(4) ア，ジュネーブ

**解説**

**1** (1) 伊藤博文は**ハルビン**で韓国人の**安重根**に暗殺された。

(2) **三民主義**を唱えたのは**孫文**である。民族・民権・民生の３つの尊重が大切であるという考えである。

(3) 第一次世界大戦中，日本が同盟を結んでいた国はイギリスである。大戦後，パリで開かれた講和会議で，中国の山東省におけるドイツの権益を日本が引き継ぐことが決まると，中国の反日感情が高まり，**五・四運動**へと発展した。

(4) **ア**は明治時代の初めのころのできごと，**ウ**と**エ**は太平洋戦争後のできごとである。

(5) 日本との中立条約を破り，日本に宣戦を布告した国はソ連。**ア**はフランス，**イ**はドイツ，**ウ**はイギリスやフランス。

(6) 1945年８月６日，アメリカは**広島**へ原子爆弾を投下し，３日後の８月９日には**長崎**にも投下した。

(7) **イ**は1937年，**ウ**は1936年，**エ**は1933年。

> **ここに注意**　(2) 1912年，**孫文**を臨時大総統に**中華民国**が成立した。同年，**袁世凱**は孫文と協力して清の皇帝を退位させて清朝を滅ぼし，孫文に代わって臨時大総統に就任。翌年，正式に中華民国の大総統となった。

**2** (1) 第一次世界大戦後に結ばれた条約は**ベルサイユ条約**である。この条約によって，ドイツは本国の領土の一部を削減され，すべての植民地を失った。また多額の賠償金を課せられ，軍備も縮小させられた。**ア**は1951年に結ばれた日本と連合軍との講和条約，**イ**は1895年に結ばれた日清戦争の講和条約，**ウ**は1905年に結ばれた日露戦争の講和条約である。

(2) **ア．関税自主権の回復**は1911年，**イ．ワシントン会議**が開かれたのは1921〜22年，**エ．日独伊三国同盟**は1940年に成立した。

(3) ① 第一次世界大戦後，民族自決の原則に基づいて東欧諸国が独立を果たした。② **非暴力・不服従**を唱える**ガンディー**の指導のもと，イギリスに対して抵抗運動をおこした。

(4) 下線部**ア**が誤り。国際連盟の本部は，スイスの**ジュネーブ**におかれた。

> **ここに注意**　(2) **ア．領事裁判権(治外法権)の撤廃**は，外相の**陸奥宗光**の尽力により，日清戦争の始まる直前に達成した。**関税自主権の回復**に成功したのは1911年のことであり，外相の**小村寿太郎**によって成し遂げられた。条約改正の内容，年代，人物名をセットで覚える。

# 17 戦後の諸改革と冷戦

**Step A 解答**　本冊▶p.100〜p.101

① 軍事裁判　② 日本国憲法　③ 教育基本法　④ 湯川秀樹　⑤ サンフランシスコ　⑥ 国際連合　⑦ 国際連合　⑧ 北大西洋条約機構　⑨ 中華人民　⑩ アジア・アフリカ　⑪ 1920　⑫ 1945　⑬ 多数決　⑭ ジュネーブ　⑮ ニューヨーク　⑯ 1889　⑰ 1946　⑱ 1947　⑲ 天皇　⑳ 国民　㉑ 貴族院　㉒ 参議院　㉓ ポツダム宣言　㉔ マッカーサー　㉕ GHQ　㉖ 東京裁判　㉗ 財閥　㉘ 農地改革　㉙ 労働組合法　㉚ 教育基本法　㉛ 日本国憲法　㉜ 基本的人権　㉝ 国際連合　㉞ 中華人民共和国　㉟ 大韓民国　㊱ 朝鮮戦争　㊲ サンフランシスコ平和条約　㊳ 日米安全保障条約　㊴ 日ソ共同宣言

**解説**

① 東京裁判ともいわれる。⑧ NATOともいわれる。⑩ A・A会議または，会議の開かれた都市の名前からバンドン会議ともいわれる。㉙ 労働組合法・労働関係調整法・労働基準法の３つを合わせて**労働三法**という。

Step B 解答 本冊▶p.102〜p.103

**1** (1)① **イ** ② **エ** ③ **エ** (2)① **イ** ② **エ**
**2** (1) **サンフランシスコ平和条約** (2) **イ**
**3** (1) **エ** (2) **イ**

解説

**1** (1) ① 労働力不足を補うために，学生や生徒が軍需工場などで働いた。② 祖母が生まれたのは，**満州事変**がおこった年なので1931年である。戦争が終わったのは祖母が満14歳のときで1945年。**ア**は1949年，**イ**は1919年，**ウ**は1917年，**エ**は1933年におこったできごとである。③ **エ**は誤り。本格的な**政党内閣**は**原敬内閣**が最初であるが，この内閣は**護憲運動**によって誕生した内閣ではない。護憲運動によって誕生した初めての政党内閣は，1925年に成立した加藤高明内閣である。以後，**五・一五事件**で**犬養毅内閣**が倒れるまで，政党内閣が続いた。

(2) ① **極東国際軍事裁判**の開始は1946年５月。**ア**は1950年６月，**イ**は1946年11月，**ウ**は1947年３月，**エ**は1948年８月。② aは1956年10月，bは1956年12月，cは1951年９月。1956年10月，**日ソ共同宣言**の調印によって日本はソ連との国交を回復し，同年12月，**日本の国際連合加盟**が実現した。

**2** (2) **ア**は誤り。イギリスとは安全保障条約を結んでいない。**ウ**も誤り。ソ連解体後も，**ロシア**との間で**北方領土問題**解決のための努力が続けられている。しかし，返還のめどはたっていない。**エ**も誤り。1954年の第五福竜丸事件を契機に反核運動が高まり，翌55年，**原水爆禁止世界大会**が広島で開かれた。

**3** (1) 日本で最初の労働組合は1897年に設立されたとされ，労働組合法によるものではない。

(2) **ア**．ソビエト連邦は調印していない。**ウ**．奄美諸島の返還は1953年，小笠原諸島の返還は1968年。
**エ**．中華人民共和国とは1978年に**日中平和友好条約**を結んだ。

# 18 日本の発展と世界の動き

Step A 解答 本冊▶p.104〜p.105

① **オリンピック** ② **沖縄**
③ **日本国有鉄道(国鉄)** ④ **文化大革命**
⑤ **ヨーロッパ共同体** ⑥ **アフガニスタン**
⑦ **新潟水俣病** ⑧ **イタイイタイ病**
⑨ **四日市ぜんそく** ⑩ **水俣病** ⑪ **国後** ⑫ **択捉**
⑬ **歯舞** ⑭ **色丹** ⑮ **所得倍増計画** ⑯ **石炭**
⑰ **石油** ⑱ **GNP** ⑲ **過密** ⑳ **過疎** ㉑ **公害**
㉒ **中東戦争** ㉓ **文化大革命** ㉔ **天安門**
㉕ **国際連合** ㉖ **ペレストロイカ**
㉗ **ベルリンの壁** ㉘ **ヨーロッパ連合**
㉙ **国連平和維持活動**

解説

① アジアで最初のオリンピックであった。同じ年に**東海道新幹線**が営業を始めた。② 小笠原諸島は1968年に日本に返還された。小笠原諸島・沖縄返還を実現したのは，ともに佐藤栄作内閣のとき。③ 中曽根康弘内閣のとき。この内閣のとき，**電電公社(現，NTT)**，**専売公社(現，JT)**の民営化を，**国鉄(現，JR)の分割・民営化**を実現した。⑦ 第二水俣病ともいわれる。㉒ 産油国のアラブ諸国が**中東戦争**を有利に解決するため，原油価格を大幅に引き上げ，石油の輸出を制限した。

Step B 解答 本冊▶p.106〜p.107

**1** (1) **ア** (2) **ウ** (3) **イ** (4) **エ** (5) **ウ** (6) **エ**
(7) ① **最初―日露戦争**
**最後―第二次世界大戦(太平洋戦争)**
② **2番目―エ 冷戦―ア**

解説

**1** (1) **ア**が誤り。1990年のイラクのクウェート侵攻をきっかけにおこったのが**湾岸戦争**であるが，この時点では冷戦は終わっている。前年の1989年，米ソ首脳会談で冷戦終結宣言(マルタ宣言)が出され，米ソ対立に終止符が打たれた。イラクのサダム=フセインが石油利権をねらってクウェートに侵攻したが，アメリカを中心とする多国籍軍が国連決議を受け，武力によってクウェートを解放した。

(2) aはニカラグア，cはカンボジア，dはアフガニスタン，gはルワンダ，hはナミビアである。**パレスチナ紛争**はパレスチナ人(アラブ民族)とイスラエル(ユダヤ民族)の対立。４回の中東戦争を経て1993年に和平合意が成立したが，その後も，テロ・紛争が続いた。**コソボ紛争**は，新ユーゴスラビア連邦(現セルビアとモンテネグロ)内のコソボ自治州に住むアルバニア系住民の分離・独立運動を原因としておこった。**東ティモール**はポルトガルの支配下にあったが，1975年，ポルトガルの撤退直後にインドネシアに武力占領された。1999年の住民投票の結果，賛成多数で独立を決定し，2002年５月，正式に独立し，国際連合への加盟も実現した。

(3) **ア**は誤り。一般事項の議決は，加盟国の過半数の賛成が必要だが，重要事項の議決は加盟国の３分の２以上の賛成が必要である。**ウ**も誤り。中立の立場で介入。**エ**も誤り。湾岸戦争などに派遣された多国籍軍は国連軍ではない。

(4) **エ**が誤り。第１回非同盟諸国首脳会議はベオグラードで開かれた。

(5) **ウ**が正しい。東南アジア非核地帯条約（1997年発効）や，ラロトンガ条約（1986年発効）など，非核地帯条約が結ばれている。

(6) **エ**は誤り。日本では死刑制度は廃止されていない。

(7) **ア**は冷戦における主な国々の関係。**イ**は日露戦争（1904～05年），**ウ**は第二次世界大戦（1939～45年），**エ**は第一次世界大戦（1914～18年）における主な国々の関係を示したもの。

## Step C-③ 解答

本冊▶p.108～p.109

**1** (1) **ア** (2) ① **エ** ② **イ** (3) **ウ** (4) **ア** (5) **イ**
(6) a―**イ** b―**ウ** c―**ア** (7) **イ**

### 解説

**1** (1) **ア**が誤り。**大政翼賛会**が結成されたのは1940年で，太平洋戦争前のこと。国民を統制し，戦争に協力させる役割を果たした。

(2) ① サンフランシスコはアメリカ合衆国にある都市。② **イ**の条文で，日本は独立国として主権を回復したが，**ウ**と**エ**の条文に記されたとおり，日本は朝鮮の独立を認め，千島列島や樺太の一部などに対する権利を放棄することなどが取り決められた。

(3) Cは1956年。**ア**は1955年，**イ**は1972年，**ウ**は1956年，**エ**は1954年。1956年10月，**日ソ共同宣言**の調印によって**日ソ間の国交が回復し**，同年12月，日本の**国際連合加盟が実現**した。

(4) Dは1978年のできごと。福田赳夫内閣の園田直外相が中国を訪れ，北京で条約の調印が行われた。**ア**は1964年，**イ**は1973年，**ウ**は1960年，**エ**は1968年のできごと。

(6) **ア**は1972年，**イ**は1945年，**ウ**は1965年。

(7) インドネシアのバンドンで開かれたアジア・アフリカ会議（A・A会議）。バンドン会議ともいう。

**ここに注意** (1) 大政翼賛会の末端の組織が隣組といわれるもので，戦時体制のもとに組織された。５～10軒ぐらいでまとまり，食料の配給や防空演習などを共同で行った。(4) 1973年の第四次中東戦争をきっかけにおこったのが第一次石油危機（第一次石油ショック），1979年のイラン革命をきっかけにおこったのが第二次石油危機（第二次石油ショック）である。

## Step C-④ 解答

本冊▶p.110～p.111

**1** (1) 京都（議定書） (2) EU離脱
(3) 情報リテラシー (4) 労働基準法
(5) 総理大臣―竹下登 税率―３（%）

**2** (1) 難民 (2) **ウ** (3) **イ** (4) PKO

**3** (1) **ア** (2) **ア** (3) **ウ**

### 解説

**1** (2) この結果を踏まえて，３度の延期ののち2020年にイギリスは正式にEU（ヨーロッパ連合）を離脱した。このイギリスのEU離脱のことを，英国を表す形容詞“British”と退出を意味する“exit”の混成語でブレグジットとよぶ。

(5) 消費税の税率は1989年が３%，1997年から５%，2014年から８%，2019年から10%（一部軽減税率８%）となってきた。

**2** (2) **ア**．ソ連の援助を受けた共産党が内戦に勝利し，アメリカが支援した国民党は台湾にのがれた。**イ**．アメリカ中心の北大西洋条約機構，ソ連中心のワルシャワ条約機構が正しい。**ウ**．キューバ危機とよばれる。**エ**．1965年は戦争が激化した年。その後1976年に南北ベトナムは統一された。

(4) PKOは国連平和維持活動の略称。

**3** (1) ケネディは1960年代初頭のアメリカ大統領で，1962年のキューバ危機を回避した。

(2) **イ**．日中共同声明が出されたのは1972年，**ウ**．ベルリンの壁が築かれたのは1961年，崩壊が1989年である。**エ**．アメリカで同時多発テロがおきたのは2001年。

(3) **ア**．本庶佑はノーベル医学・生理学賞，**イ**．大江健三郎はノーベル文学賞，**エ**．下村脩はノーベル化学賞の受賞者である。

テーマ別問題 ①

# 史　料

解答

本冊▶p.112～p.113

**1** (1) イ　(2) 百済(ペクチェ)　(3) 島原・天草一揆（島原の乱）
(4) オ　(5) エ　(6) ア　(7) ア

**2** (1) 月　(2) エ　(3) 4（日目）　(4) イ　(5) カ

解説

**1** (1)『日本書紀』は天武天皇の皇子である舎人親王らによって編集され，720年に完成した。神代から持統天皇の終わりまでを記している。『古事記』と混同しないよう注意。『古事記』は太安万侶が稗田阿礼のよみならわした神話・伝承を筆録した歴史書で，712年に完成した。

(2) 百済の聖明王が仏像・経巻を欽明天皇に献上したときが仏教の公式の伝来（公伝）といわれる。538年と552年の２説があるが，『日本書紀』は後者の説をとっている。

(3) 領主の圧政とキリシタン弾圧に抵抗して，島原・天草地方の農民が**天草四郎**を総大将に反乱をおこしたが，幕府が送った大軍により鎮圧された。以後，禁教が強化され，鎖国の完成へと向かった。

(4) 余念を排しひたすら座禅することを「只管打坐」という。「只管打坐」を説いたのは，**道元**が南宋から伝えた**曹洞宗**である。

(5) 永平寺は福井県にある曹洞宗の大本山である。

(6) 天平十五年は西暦743年。この年，開墾地の永久私有を認めた**墾田永年私財法**が出された。これは律令政府自身が土地公有の原則を破ったものであり，**荘園**が発生する一因となった。

(7) **聖武天皇**は仏教を信奉し，政治や社会の乱れを仏教の力でしずめようとした。

**ここに注意**　(4) 平安時代末から鎌倉時代中期にかけて数派の新仏教が生まれ，禅宗も日本に伝えられた。日本に禅宗を伝えたのは，臨済宗の開祖栄西と，曹洞宗の開祖道元である。法然を開祖とする浄土宗，親鸞を開祖とする浄土真宗，一遍を開祖とする時宗，日蓮を開祖とする日蓮宗（法華宗）とともに，宗派名と開祖名をセットで覚える。

**2** (2) X．平塚らいてうと新婦人協会を設立したのは樋口一葉でなく市川房枝であるから誤り。Y．1925年の普通選挙法では「25歳以上のすべての男子」に選挙権が与えられた。20歳以上のすべての男女となり，女性にも選挙権が認められるのは1945年のことなので誤り。

(3) このビラは**二・二六事件**のときのものなので，クーデターの発生は2月26日。

(4) 二・二六事件の発生は1936年，近代的な徴兵制度を行う徴兵令が最初に出されたのは1873年なので，その差はおよそ60年となる。

(5) c．満州国建国（1932年）→ b．国際連盟脱退（1933年）→ a．盧溝橋(ルーコウチアオ)事件（1937年）となる。

テーマ別問題 ②

# 年　表

解答

本冊▶p.114～p.115

**1** (1) 邪馬台国　(2) エ　(3) ア　(4) ウ　(5) エ
(6) 韓国　(7) イ　(8) ア

**2** (1) イ　(2) ア　(3) イ　(4) B　(5) ウ　(6) イ

解説

**1** (1)『**魏志**』の倭人伝に記されている日本の古代国家。**卑弥呼**を女王に立て，30余りの国を従えていた。

(2) **ア**は江戸時代の**武家諸法度**。大名を統制するための決まりである。**イ**は明治政府の基本方針を示した**五か条の御誓文**，**ウ**は鎌倉時代に，北条泰時が定めた**御成敗式目（貞永式目）**である。室町幕府もこれを継承した。戦国大名の**分国法**にも影響を与えた。

(3) **イ**は江戸時代，**ウ**は鎌倉時代，**エ**は安土桃山時代である。

(4) ３国に分かれていた琉球は15世紀の初めに尚巴志によって統一され，**琉球王国**が築かれた。

(5) **天保の改革**を行ったのは**水野忠邦**である。**徳川吉宗**は**享保の改革**を，**松平定信**は**寛政の改革**を行った。

(6) 1909年，初代統監だった伊藤博文がハルビンで安重根(アンジュングン)に暗殺されると，翌10年，日韓併合条約を結んで韓国を日本の領土とした。京城(キョンソン)（現在のソウル）に**朝鮮総督府**を設け，厳しい植民地支配を行った。

(7) **普通選挙**の実施にあたり，共産主義活動をおさえるために治安維持法が制定された。1928年に改正され，罰則に死刑が加えられた。

(8) Aは1940年に成立した。Bは1937年に始まり1945年まで続いた。Cは1931年に，Dは1936年におきた。

**ここに注意** (7)**治安維持法と名称の似たものに治安警察法がある。この法律は，盛り上がる労働運動や農民運動を弾圧するために，1900年，山県有朋内閣が制定した。**

**2** (1) **ア**は1839年におこった弾圧事件。幕府の対外政策を批判した**高野長英**や**渡辺崋山**らが処罰された。1837年，モリソン号事件がおこると，長英や崋山らは，幕府の鎖国政策を批判した。**イ**は1867年，江戸幕府15代将軍**徳川慶喜**が政権を朝廷に返したこと。**ウ**は1789年，フランスでおこった市民革命である。**絶対王政**に反対する市民が立ち上がり，三部会から独立してつくられた**国民議会**によって**人権宣言**が発表され，民主主義の基本原理を明言した。1793年に国王を処刑し，共和制をしいた。**エ**はアヘンの密輸を巡っておこったイギリスと清の間におこった戦争である。清がイギリスのアヘンを没収したのを契機に1840年，イギリスが清に戦争をしかけ，清を圧倒した。1842年に**南京条約**が結ばれ，清は賠償金を支払い，**香港**を譲り，上海など5港を開いて自由貿易を行うことになった。これ以後，中国の半植民地化が進んだ。

(2) 現在の北九州市につくられた官営の製鉄所である。下関条約で得た賠償金の一部を使ってつくられた。**イ**は東京につくられた西洋建築物。条約改正を有利に進めるための**欧化政策**として，舞踏会や音楽会などがたびたび催された。**ウ**は1872年，群馬県富岡につくられた官営工場である。**殖産興業政策**の一環として設立され，生糸生産の近代化を進めた。**エ**は1906年に設立された半官半民の会社で，正式名称は**南満州鉄道株式会社**である。ポーツマス条約によって得た長春以南の東清鉄道を経営するために設立された。鉄道のほか，沿線の炭鉱や製鉄所を経営して大会社に成長した。

(3) **ア**はユーラン(ユトランド)半島，**ウ**はイタリア半島，**エ**はイベリア半島である。

(4) 1871年の**廃藩置県**で琉球王国は鹿児島県に編入され，翌年の琉球藩の設置に伴い，尚泰を琉球藩王とした。79年には琉球藩の解体と沖縄県の設置が布告され，尚泰は上京を命じられた。

(5) **ア**．日本が国際連盟を脱退したのは1933年，日中戦争の開始は1937年である。**イ**．シベリア出兵は1918～22年。社会主義建設をめざすソビエト政府を倒そうと，日本・イギリス・アメリカ・フランスがシベリアに軍隊を出した。**エ**．**辛亥革命**は清が滅亡し中華民国がおこった革命である。1911年，四川省の暴動から始まり，**孫文**を中心に革命運動が進展した。翌年，孫文を臨時大総統とする**中華民国**が成立し，孫文と結んだ袁世凱が清の皇帝を退位させ**清は滅亡**した。

(6) **ア**は明治時代の1873年から始められた。**ウ**は大正時代の1925年，**エ**は太平洋戦争前の1938年。日中戦争の長期化に伴い，議会の承認なしに，人的・物的資源を統制・運用する権限を政府に与えたもの。治安維持法は1945年に，国家総動員法は1946年にそれぞれ廃止された。

**ここに注意** (1) **ウ．日本で寛政の改革が行われていたころ，世界ではフランス革命がおこっていた。寛政の改革の始まった時期とフランス革命の始まった時期は，ほぼ同時期におこった日本と世界のできごととして覚えておくとよい。**

## 総合実力テスト

**解答** 本冊▶p.116～p.120

**1** (1) 吉田茂 (2) ウ (3) ア (4) ○ (5) エ (6) イ (7) ウ (8) ウ (9) ア (10) ○ (11) 環境基本法

**2** (1) 桓武(天皇) (2) ① 末法 ② 阿弥陀 (3) ウ (4) イ (5) (系図) 1 (6) ① i ② a ③ g (7) 太政大臣

**3** (1) ① オ ② オスマン帝国 (2) ① ドイツ ② エ (3) ア (4) ウ→イ→ア→エ (5) ① エ ② エ

**解説**

**1** (2) C．民撰議院設立建白書(1874年)→D．西南戦争(1877年)→A．国会期成同盟(1880年)→B．秩父事件(1884年)となる。

(3) この年の前年に日本が勝利した戦争は日露戦争で，ロシアと結んだ条約は**ポーツマス条約**となるが，**ア**は日清戦争時に清と結んだ下関条約の内容であるので誤り。

(5) **ア**．三・一独立運動は朝鮮でおこった運動であり，中国でおこった反帝国主義運動は五・四運動。**イ**．日本が山東省の利権を中国(清)に返還したのは，ワシントン会議の場を借りた日中間の交渉によるものなのでこのときではない。**ウ**．海軍の主力艦保有数の制限が行われたのは**ワシントン軍縮会議**によってなのでこのときではない。

(6) 下線部eの**二・二六事件**は1936年で，それ以降におこったのは**イ**の盧溝橋事件(1937年)。**ア**の五・一五事件は1932年，**ウ**の国際連盟脱退は1933年，**エ**の柳条湖事件は1931年。

(7) **ア**．ミッドウェー海戦では日本は大敗を喫した。**イ**．逆に1944年から徴兵が行われた。**エ**．ポツダム宣言はイギリス・アメリカ・中国の各代表の連名で出された。

(8) **日ソ共同宣言**は1956年。日本はこの共同宣言でソ連との国交を回復したことで，同年**国際連合に加入**した。

(9) **ア**は正しいが，**イ**の「すべての交戦国と」が誤り。

(11) 1967年に出されたのは**公害対策基本法**。

**2** (1) 平安時代最初の天皇である。律令体制の再建をはかり，都を**平城京**から長岡京に，さらに**平安京**に移した。

(2) Bは，藤原道長の息子の頼通である。① **平等院鳳凰堂**が完成した前年の1052年は，末法元年とされた。② 平等院鳳凰堂内部は来迎図で飾られ，定朝作の阿弥陀如来像が安置されている。

(3) 平将門が活躍したのは10世紀の前半の平安時代。**ア**は鎌倉時代。阿氐河荘の農民らが**地頭の横暴**を荘園領主に訴えた，カタカナで書かれた訴状が残っている。**イ**は南北朝時代のころから室町時代にかけてみられた。**ウ**は平安時代。**尾張国司藤原元命**の悪政について，国内の郡司・百姓らが朝廷に訴え，藤原元命は国司を解任された。**エ**は奈良時代の農民の様子。

(4) **イ**は誤り。一族を朝廷の高位高官につけ，栄華を誇った。

(5) おじ・おいのあと継ぎ争いからおこった戦乱は**壬申の乱**。おじとは天智天皇の弟の大海人皇子(天武天皇)，おいとは天智天皇の子の大友皇子。

(6) ①は東求堂同仁斎。**書院造**で知られ，足利義政のころに栄えた**東山文化**。②は法隆寺金堂の釈迦三尊像。止利仏師の作といわれ，**飛鳥文化**の代表的彫刻である。③は**東大寺南大門**。12世紀の終わりのころに再建された。

(7) 平清盛は武士として初めてこの官職についた。

**3** (1) ① **バルカン半島**の**サラエボ**で，オーストリアの皇太子夫妻がセルビアの青年に暗殺された(サラエボ事件)。② 13世紀末に成立した**オスマン帝国**。第一次世界大戦で敗れ，セーブル条約によって領土が西ヨーロッパ列強に分割された。

(2) ① 日英同盟に基づき，日本はイギリスが属する連合国側に立って参戦し，ドイツ軍基地のある山東半島，ドイツ領南洋諸島を占領した。② 1905年に結ばれた条約とは，**ポーツマス条約**である。

(3) **イ**は誤り。満州里～ハルビンを経てウラジオストクに至る鉄道は**東清鉄道**。これは中国ではなくロシア利権の鉄道。**ウ**も誤り。柳条湖は奉天(現在の瀋陽)の郊外。**エ**も誤り。北京郊外でおこった軍事衝突とは盧溝橋事件のこと。この事件をきっかけに中国との全面的な戦闘状態に入った(**日中戦争**)。

(4) いずれも1945年のできごとであるが，**ア**は7月，**イ**は4月，**ウ**は3月，**エ**は8月。

(5) ① **ア**は誤り。**全面講和**とはソ連・中国を含める全連合国と平和条約を締結すること。**単独講和**とは西側諸国とだけ平和条約を締結すること。**イ**も誤り。中華人民共和国と中華民国は，講和会議に招かれなかった。**ウ**も誤り。講和会議が開催されたのはサンフランシスコである。② **エ**が誤り。**サミット**が初めて開かれたのは1975年のことであり，沖縄は3年前の1972年，日本に復帰している。

**ここに注意** (5) ① **インド，ビルマ(現ミャンマー)，ユーゴスラビアは講和会議に不参加。ソ連・ポーランド・チェコスロバキアは講和会議には参加したが，平和条約の調印を拒否。**

☆24